第二语言习得名著译丛

Speech Production and Second Language Acquisition

言语产出与第二语言习得

[英] 尤迪特·科莫斯（Judit Kormos）/ 著
郝丽霞　王晓艺　/ 译

世界图书出版公司
广州·上海·西安·北京

图书在版编目（CIP）数据

言语产出与第二语言习得 /（英）尤迪特·科莫斯（Judit Kormos）著；郝丽霞，王晓艺译. -- 广州：世界图书出版广东有限公司，2022.12

ISBN 978-7-5232-0068-1

Ⅰ.①言… Ⅱ.①尤… ②郝… ③王… Ⅲ.①第二语言－语言学习－研究 Ⅳ.①H003

中国版本图书馆 CIP 数据核字（2022）第 255532 号

书　　名　言语产出与第二语言习得
　　　　　YANYU CHANCHU YU DI-ER YUYAN XIDE
著　　者　[英] 尤迪特·科莫斯（Judit Kormos）
译　　者　郝丽霞　王晓艺
责任编辑　程　静
装帧设计　书艺歆
责任技编　刘上锦
出版发行　世界图书出版有限公司　世界图书出版广东有限公司
地　　址　广州市海珠区新港西路大江冲 25 号
邮　　编　510300
发行电话　020-84453623　84184026
网　　址　http://www.gdst.com.cn
邮　　箱　wpc_gdst@163.com
经　　销　新华书店
印　　刷　广州市迪桦彩印有限公司
开　　本　787 mm × 1092 mm　1/16
印　　张　15.5
字　　数　285 千字
版　　次　2022 年 12 月第 1 版　2022 年 12 月第 1 次印刷
国际书号　ISBN 978-7-5232-0068-1
定　　价　45.00 元

咨询、投稿：020-84451258　gdstchj@126.com
（如有印装错误，请与出版社联系）

总 序

一

第二语言习得（Second Language Acquisition，简称 SLA）研究起源于上世纪中叶。当时，由于居主导地位行为主义“刺激－反应论”的影响，人们一向都把语言学习视为模仿和重复的过程。然而，N. Chomsky“天赋论”的提出对前者的理论提出了巨大挑战。天赋论认为，语言能力是人类与生俱来的天赋，第二语言与第一语言在习得上并无本质的差异。这种语言能力说得到了儿童语言习得研究的进一步证实。后来，D. Hymes 在 Chomsky“语言能力说”的基础上又提出了交际能力的概念，为 SLA 研究提供了新的视角。

进入 20 世纪 70 年代末，伴随 S. Krashen 输入假说的提出，研究者将注意力转移至输入和语言接触在习得中的作用方面。于是，语言输入及其对语言习得的影响、学习动机、年龄、社会语境和认知能力等话题便成了 SLA 的研究热点。此后，又有学者提出将心理学家 L. S. Vygotsky 的社会文化论引入 SLA 研究。这些学者认为，语言习得不仅仅是认知过程，更是学习者通过与语言环境互动和交流获得语言的过程。社会文化论强调社会互动和文化语境对 SLA 的重要影响，这就打破了当时认知论主导 SLA 研究的旧有格局，为二语习得提供了新的理论框架和研究方向。

90 年代后（特别是新世纪以来），SLA 研究取得了长足的发展，其研究方法亦呈多样化发展态势，形成了科学而系统的研究范域。同时，许多新兴研究领域如信息辅助语言学习、数字化读写能力研究、个体差异研究和在线虚拟环境研究等逐渐形成。网络数字技术和 SLA 理论的不断发展促进了数字技术在语言学习中的应用。研究者通过实地语境观测、语言学习过程的系统描写、精准的实验分析、实验室计算机模拟，以及教育技术在语言习得中的应用等取得了许多令人振奋的研究成果。可以说，近 30 年是 SLA 研究发展的繁盛时期。继 90

年代 William Ritchie 和 Tej Bhatia 合作主编的《第二语言习得综览》（*Handbook of Second Language Acquisition*，1996）和《儿童语言习得综览》（*Handbook of Child Language Acquisition*，1999）两本大部头专集的出版，进入新世纪后又相继有十余部重量级的综论性专集面世，如 Catherine J. Doughty 和 Michael H. Long 主编的《第二语言习得综览》（*The Handbook of Second Language Acquisition*，2003）、Alison Mackey 和 Susan M. Gass 主编的《第二语言习得中的研究方法》（*Research Methods in Second Language Acquisition*，2012）、Julia Herschensohn 和 Martha Young-Scholten 主编的《剑桥第二语言习得综览》（*The Cambridge Handbook of Second Language Acquisition*，2013）等。此后，国际著名出版社 Routledge 又推出了“Routledge 第二语言习得综览”文库系列，其中包括 Naoko Taguchi 主编的《第二语言习得与语用学综览》（2019）、Paula Winke 和 Tineke Brunfaut 主编的《第二语言习得与语言测试综览》（2020）、Nicole Tracy-Ventura 和 Magali Paquot 主编的《第二语言习得与语料库综览》（2020）、Aline Godfroid 和 Holger Hopp 主编的《第二语言习得与心理语言学综览》（2022）、Kimberly Geeslin 主编的《第二语言习得与社会语言学综览》（2022）；Shaofeng Li、Phil Hiver 和 Mostafa Papi 主编的《第二语言习得与个体差异研究综览》（2022）、Nicole Ziegler 和 Marta González-Lloret 主编的《第二语言习得与技术综览》（2022）、Rosa M. Manchón 和 Charlene Polio 主编的《第二语言习得与写作综览》（2022），以及 Tracey M. Derwing、Murray Munro 和 Ron I. Thomson 主编的《第二语言习得与交际综览》（2022）等。

这些成书于不同时期的概览性专集，分别从各自不同的角度对 SLA 研究的发展历程进行了全面的梳理，并通过历时和共时的考察，清晰地再现了特定历史时期的热点问题和理论演进，详实地总结了前人的主要观点和研究成果。在这些专集中，早期的综览多以综述 SLA 的不同理论和方法、研究问题、研究趋向和成果为主，论题甚为广泛，一般不聚焦于某具体专题；而后期的专集则更多以专题的形式呈现，对 SLA 学科内部的划分更趋深入、系统，更注重跨学科研究方法和成果的介绍。这些《综览》的面世不仅可以使学习者对 SLA 研究的发展历程有一个全方位的了解，还能帮助他们准确把握这一研究领域的最新动态和发展趋向。专集中的所有文章均出自特定分支领域的名家之手，每章或书末都附有完整的参考文献，而这些文献资源恰恰是 SLA 学习者和研究者最为宝贵的资料来源，具有极其重要的学术参考价值。如今，SLA 研究已全面覆盖了儿童和成人对第二（或第三）语言或方言的习得与应用，其中广泛吸纳了心理学、教育学、人类学、传播学等相关学科的研究方法。对第二语言习得的过程、特点、规律及其复杂性的深入发掘，使人们能够更好地预测和阐释学习的过程，并从中获得更加行之有效的学习策略和教学方法。

二

本系列译丛第一辑的 5 部英文原著由世界图书出版广东有限公司从泰勒弗朗西斯出版集团（Taylor & Francis Group）购入汉译版权，它们分别是：《第二语言习得与关键期假说》（*Second Language Acquisition and the Critical Period Hypothesis*，1999）、《第二语言习得中的普遍语法》（*Universal Grammar in Second-Language Acquisition*，2004）、《第二语言习得中的形式－意义联结》（*Form-Meaning Connections in Second Language Acquisition*，2004）、《言语产出与第二语言习得》（*Speech Production and Second Language Acquisition*，2006），以及《社会语言学与第二语言习得》（*Sociolinguistics and Second Language Acquisition*，2014）。以下是这 5 部专著的简要介绍：

《第二语言习得与关键期假说》的主编是美国德克萨斯大学奥斯丁分校语言学教授 David Birdsong，其研究以第二语言习得、双语现象、心理语言学和法语语言学见长。该书共 7 章，详细讨论并分析了第二语言习得中影响人们最终语言输出的各种神经认知和经验的影响因素，探究了关键期假说作为阐释机制的充分性和适度性，旨在对成人第二语言习得关键期假说给予公允的学术评价。该书涵盖了第二语言习得关键期假说的系统阐释和诸多热点问题，其中包括语言规模与关键期的协同进化，第二语言习得关键期年龄与语言表现之间的关系，第二语言学习者发音的最终习得输出，以及第二语言习得年龄差异的语言和认知因素等。这部专著的出版为二语习得机制和认知发展研究开辟了一条崭新的路径。

《第二语言习得中的普遍语法》的著者为美国波士顿学院的语言学教授 Margaret Thomas，其研究领域主要为语言学史、理论语言学、语言学方法论、应用语言学和第二语言习得。她的这部专著共分 8 章，按历史发展进程叙述了人类语言发展及其重要的共性与特性，深入挖掘了第二语言及外语学习的本质和演变进程，特别是语言特性对 17 世纪普遍语言现象的贡献。该书集中讨论了希腊语研究对普遍语法史前研究的贡献、罗马语的双语现象、中世纪早期外语语法的出现，以及中世纪语法学家对人类语言本质特征的界定等。此外，作者还回顾了后索绪尔时代的欧洲语言学、美国结构主义、现代生成语法，及其各自从不同的角度对语言普遍性和语言学习的论述。全书史料丰富，具有重要的理论和学术价值，是一部不可多得的语言学史参考书。

《第二语言习得中的形式 – 意义联结》一书共有 4 位编者，他们是 Bill VanPatten、Jessica Williams、Susanne Rott 和 Mark Overstreet。其中 VanPatten 是美国密歇根州立大学的语言学教授，二语习得的著名学者，其研究领域主要为应用语言学、第二语言习得，以及把心理语言学和认知心理学应用于 SLA 研究等。Williams 是伊利诺伊大学芝加哥分校语言学荣誉教授，专长于第二语言习得研究。Rott 是 Williams 的同事，现任伊利诺伊大学语言学系日耳曼语研究中心主任。这部文集共收录形式 – 意义联结相关论文 12 篇，均为该领域具有重要影响的经典之作。自 20 世纪 60 年代语素研究开展以来，对形式 – 意义联结这一话题的讨论备受语言学家的关注，并取得了丰硕的成果。这部文集为读者展示了不同理论取向的二语习得研究者对形式 – 意义联结所持的不同观点和研究成果，对促进相关研究产生了重要的影响，这在一定程度上反映了当今二语习得主流研究的一个侧面，具有重要的学术价值。

《言语产出与第二语言习得》是英国兰卡斯特大学语言学系教授 Judit Kormos 的重要著作，其研究成果以第二语言学习与习得、第二语言写作和诵读障碍著称。该书共分 9 章。作者首先讨论了认知科学与言语产出的一些基本概念，总结了认知科学与二语习得 / 产出这一领域的相关研究发现和成果（其中包括词汇、句法和音系编码背后的认知过程和学习者自我监控与交际策略等），最后提出了双语言语产出的融合模式。作者还指出了未来的潜在研究方向和存在问题。总体而言，这是一部极具创新特色的研究著作，对促进认知科学与言语产出的跨学科研究具有重要的指导意义。

《社会语言学与第二语言习得》的作者为 Kimberly L. Geeslin 和 Avizia Yim Long。前者是美国印第安纳大学语言学教授，在第二语言习得和语言学习研究方面建树丰硕，主编有《西班牙语第二语言习得概览》等；后者为美国加州圣何塞州立大学语言学助理教授、SLA 研究专家。这部专著共 10 章，分 3 大主题：（1）社会语言学变异与第二语言习得的若干原则；（2）社会语言学与第二语言习得的研究方法；（3）第二语言中社会语言学能力习得研究的诸多启示。该书在回顾社会语言学基本原则的基础上，概述了用于解释第二语言中社会因素的多种理论路径，详析了社会语言学和第二语言习得跨领域研究的若干问题，探索了社会语境影响第二语言习得的不同范式，对 SLA 的社会因素做出了多元的理论阐释。

作者使用社会语言学的研究方法对传统的认知教学法进行了补充，为 SLA 开辟了一个全新的研究领域。

三

在过去的半个多世纪里，SLA 研究一直是语言学家和语言教育工作者最关注的热点之一。根据笔者近年来对国际著名大学专业排行榜位列前 30 的语言学科（系）设课情况的考察，我们发现，在这些历史悠久的名牌语言学专业，语言学的课程设置从本科直至博士具有很强的连贯性、层级性和系统性，它们大多都将“语言习得”课程列为除语言学专业基础课外最重要的必修课之一。然而，相对而言，我国大陆在 SLA 的研究方面仍显薄弱，亟待加快发展。为了弥补这一不足，我们编辑了此套“第二语言习得名著译丛”，旨在为国内对第二语言习得感兴趣的研究者、语言教师和大学学生提供必要的帮助和理论补充。此套译丛的第一辑共选编了 5 部 SLA 研究领域的经典名著。这些著作不仅有深入的理论探索和详实的案例分析，同时也提供了极其丰富的文献资源。我们希望，这些译著的出版能够引发国内更多语言学者和教师对第二语言习得理论和研究方法的广泛关注和积极探索，进一步促进我国 SLA 研究的深入开展，不断提升第二语言学习和教学的质量，以取得更丰硕的研究成果。

在本系列译丛（第一辑）即将付梓之际，我们首先要感谢东莞理工学院校长马宏伟教授，丛书总策划、东莞理工学院图书馆馆长、文传学院院长田根胜教授的鼎力支持，以及学校学科建设经费的资助。在本丛书的编译过程中，我们还得到了世界图书出版广东有限公司程静编辑的大力支持，以及泰勒弗朗西斯出版集团任晴女士在版权购买方面所提供的帮助与指导，在此一并表示感谢。最后，我们还要衷心感谢暨南大学中文系邵敬敏教授和广东外语外贸大学王初明教授所给出的宝贵意见和建议，感谢各位编委对本丛书的汉译出版给予的大力支持和指导。由于编译者的能力和学识所限，丛书的翻译难免会出现漏译或误译现象，承蒙读者给我们提出宝贵的批评和建议。

宫齐

2022 年 12 月

谨以此书献给 János Plészer（1948—2004）

目 录

第二部分

丛书编者序

“认知科学与第二语言习得”（Cognitive Science and Second Language Acquisition，CSSLA）系列丛书旨在系统地介绍认知科学（Cognitive Science，CS）的基本概念和研究成果及其与第二语言习得（Second Language Acquisition，SLA）之间的联系。整体来看，本系列丛书各册应结合起来为认知科学和二语习得这两个领域的概念和方法接口提供全面总览。换句话说，该系列中的各册书既可以单独阅读，也可以结合起来阅读，以获取更大的收获。第二语言习得这一领域与语言学、应用语言学、认知心理学和教育都相关，但却不尽相同。尽管已出版了大量的系列丛书，探究第二语言习得与教育问题、第二语言习得与语言学以及第二语言习得与应用语言学之间的联系，但目前还没有丛书探讨第二语言习得与认知科学之间的关系。近年来，认知科学的研究结果和理论构建对第二语言习得研究的影响日益增大。因此，有充分的理由认为，未来有关第二语言习得及其在教育中的应用的研究，将愈发受到认知科学及其分支学科所关注的问题的影响。“认知科学与第二语言习得”系列丛书旨在促进这种跨学科的理解，具体可分为以下四个领域：（1）知识表征，（2）认知加工，（3）语言发展，以及（4）个体差异。该系列的每本书都由两部分组成。在第一部分，作者尝试厘清各领域中的概念和操作问题，并总结现有的研究成果。在第二部分，作者指出与第二语言习得研究相关的、未来可能开展的研究。每一部分的结尾都附有重要参考文献（推荐阅读），旨在引导感兴趣的读者进一步查阅所涉及领域的主要文献资料。

《言语产出与第二语言习得》这本书属于认知科学的第二个领域，即认知加工领域。Judit Kormos 在这本书中出色地实现了本系列丛书的上述目标。第一章概述了本书要解决的问题，随后的章节阐述了有关言语产出过程的各家理论及其研究成果、技能学习研究的相关问题，以及与第二语言（L2）产出流利性这一概念紧密相关的自动性（automaticity）。第二部分各章节讨论了与第二语言习得理论和第二语言教学法相关的重要问题。内容包括双语词库（bilingual lexicon）的组织构建、第二语言的语法和音系编码，以及言语产出监控和成功运用交际策略的过程中涉及的有意识加工。

纵观全书，Judit Kormos 将她述评的已有研究与当前第二语言习得理论和教学中的重要问题联系起来，例如**强制性输出**（pushed output）的认知过程；说话人在监控自身和对话人的言语产出时，对语法及语音形式的关注以及主观意识即**注意**（noticing）所起的作用；双语词库中编码和检索过程的本质；以及在有指导的第二语言学习环境下，对言语产出的准确度、复杂度和流利度产生影响的认知因素。对这些问题感兴趣的研究人员、教师和学生将会发现，Judit Kormos 的书是一本极有价值的最新指南，介绍了认知科学这一宽泛领域的相关基本概念，以及当中与第二语言习得这一具体领域有关的研究和发现。

皮特 · 罗宾逊
丛书编辑

致 谢

首先，我要感谢我的母亲，她为我承担了许多家庭责任，使本书的撰写成为可能。在本书的写作过程中，我非常感谢我的丈夫给予我的耐心和帮助。我还要感谢 Peter Robinson 和匿名审稿人，感谢他们对原稿提出的宝贵意见；以及 Zoltán Dörnyei，即使处于千里之外，他也一直在我的职业生涯中给予我帮助。感谢匈牙利罗兰大学的同事们：Pál Heltai，Kata Csizér，Anna Csíky，Brigitta Dóczi，Gábor Kovács，Tibor Prievara 以及 Gergo Tamási，感谢他们阅读了部分原稿。最后，感谢本书的编辑 Cathleen Petree，感谢她对本书坚定不移的支持。本书的撰写还得到了 Békésy György 博士后研究基金的资助。

尤迪特 · 科莫斯

引言：第二语言言语产出研究中的若干问题 xvii

目前世界上讲双语的人比只讲一种语言的人多（Crystal，1987）。许多儿童可以同时习得两种语言，越来越多的青少年和成人学习者都在学校环境或通过移民而创造的自然语言环境中学习第二语言或外语。会话是使用最频繁、最基本的交际手段之一，它的首要功能是建立和维持社会关系。那么以下现象也就不足为奇了：在学习第二语言时，最常见的目标之一就是能够说这门语言，而其他技能的习得，比如阅读或写作，往往被视为是口语之外的次要目标。因此，为了促进口语技能的教学，了解一个人的第二语言言语产出机制是十分重要的。在充分熟悉第二语言言语产出所涉及的心理过程之后，教师可以了解学习者学习口语时所面临的问题，教材编撰者可以编写出更高效的教学材料，语言测试人员可以开发出工具，从而以更有效的方式测试口语能力。本书的目的有二：其一，让读者了解一般认知科学中关于言语产出的最重要的理论和发现；其二，指出这些理论和实证研究是如何与第二语言习得研究紧密相关的。希望本书能够帮助广大从业者（教师、测试人员、课程和教学材料设计者等）、学生，以及第二语言习得和心理学领域的研究人员更好地了解第二语言的言语产出机制与习得机制。

然而，要系统地解释第二语言的言语产出，并非易事。尽管第一语言（L1）的产出理论已经建立得较为完善，待回答的问题依旧比有定论的要多。如果在第一语言的这些言语产出模型中加入第二语言这个组成部分，构建第二语言的言语综合模型（comprehensive model of L2 speech），则会出现许多需要考虑的新问题。正如我们在本章和本书中将会看到的那样，第二语言言语产出研究有两种主要方法。第一种主要采用认知心理学的研究路径，通常由研究第一语言产出的那一批研究者完成。这些研究主要解决的问题是：第一语言研究中出现的问题如何同样适用于第二
语言使用者。该领域的研究人员通常使用复杂且精密的实验技术，研究在实验室条 xviii
件下的言语产出过程。另一种研究方法称为应用语言学方法，主要由第二语言习得研究者完成，他们通常具有扎实的心理学背景知识。这种方法通常采用实验和观察

的方式，旨在回答的第二语言言语产出问题往往源自第二语言学习问题。尽管早期基于应用语言学方法的第二语言言语产出研究在很大程度上忽视了认知心理学这一领域，但在过去的二十年里，认知心理学领域斩获的研究成果也被广泛应用于应用语言学研究方法中。自然，这两种方法有一些重叠之处，部分研究人员也同时属于两个研究群体，但二者之间的区别是很明显的：认知心理学视角下的第二语言产出研究几乎全部发表在心理学期刊上，而应用语言学视角的研究则主要出现在第二语言习得的期刊上。

引言部分概述了在过去二十年中受到关注的第二语言言语产出研究的主要问题。为了帮助读者更好地理解这些问题，笔者将首先简要介绍单语言语产出研究的相关理论与问题。接下来，按照言语产出的步骤，讨论在各个特定产出阶段出现的问题。在此之后，笔者将提出专门针对第二语言产出的问题，这些问题均不能划归到言语加工的某个特定阶段，或者说它们会发生在每个阶段，例如自动性、迁移（transfer）、语码转换（code-switching）、交际策略（communication strategies）的运用等问题。笔者在引言部分提出的各种问题都可以在本书的后续章节中找到答案。在最后一章中，我将采用一种全新的第二语言言语产出模型，对第二语言言语加工过程进行清晰连贯的阐释。该模型融合了心理语言学有关言语产出的最新理论，且符合该领域的大部分实证研究的数据结果。

第一语言言语产出研究的问题概述

言语产出研究者一致认为语言的产出有四个重要组成部分：（1）**概念化**（conceptualization）——规划你想说的内容；（2）**表达构建**（formulation）——对想要表达的信息进行语法、词汇以及音系编码；（3）**发音**（articulation）——产出语音；（4）**自我监控**（self-monitoring）——检查输出结果的正确性与得体性。另一个共识是概念化、表达构构和发音会按照此顺序依次发生，并且在第一
xix 语言产出中，对信息的计划过程需要学习者的注意，而建构和发音则是自动发生的，因此不同的处理机制可以并行工作，这使得第一语言的产出通常流畅而快速。研究人员也认为，言语产出的一个基本机制是**激活扩散**（activation spreading）。“激活扩散”是一个取自人脑研究的比喻性说法，它基于神经学研究的发现，即神经网络由相互连接的细胞（神经元）组成，这些细胞通过彼此之间的连接交换被称为“激活”的简单信号（Hebb，1949）。言语加工系统被认为由

层次化的结构组成（概念化、表达建构、发音），其中信息以扩散激活和知识储存的方式进行传播，后者包括词汇和概念记忆的储存等，激活也能从存储中的一个知识点传递到另一个相关的知识点。决策是根据所谓“节点”的激活水平做出的，这些节点代表各种单位，如概念、单词形式、音素等等。

目前有两种主要的第一语言言语产出理论：**扩散激活**模型（这一名称稍具误导性，正如之前所说，两种言语产出模型都认为言语处理系统中的信息传递方式是激活扩散）（Dell，1986；Dell 和 O'Seaghda，1991；Stemberger，1985 等）和**模块化理论**（modular theories）（Fry，1969；Garret，1976；Laver，1980；Levelt，1989，1993；Levelt，Roelof 和 Meyer，1999；Nooteboom，1980 等）。二者有两个主要区别。其一在于，它们是否允许各级编码之间的反馈。扩散激活模型允许激活从下一级的层级反向传输至上一级层级；而在模块化理论中，激活只能由上往下扩散。这意味着，在扩散激活理论中，如果某个特定过程中发生了错误，就会立即发出警告信号，激活会向上扩散至上一层级，言语加工从这一层级重新开始。在模块化模型中，错误并不会在它发生的那个层级上被注意到，而只会在不正确的话语片段被音系编码之后，或者是口头表达出来时才会被注意到。因此，在这一观点中，包含错误的信息需要从概念化层面再次进行编码。关注模块化理论的研究人员认为，言语产出系统中的加工模块（processing components）是自主的，也就是说，它们有自己的特征输入（characteristic input），并且在处理这些输入时独立于其他模块，由此得名言语产出的模块化理论。这两种理论的第二个主要区别与句法和音系编码相关。扩散激活理论认为，
说话者首先为句子和语音表征构造框架，然后为框架中的空位选择合适的单词或 xx
语音特征。模块化模型是**词汇驱动的**（lexically driven），即通过词汇来激活句法的构建过程。该模型假定词汇编码（lexical encoding）先于句法编码（syntactic encoding），而音系编码（phonological encoding）只有在词汇-句法编码完成之后才会开始。

这两个模型存在一个主要缺点，它们认为言语的产生是一个创造性的过程，在该过程中话语依照句法和音系规则逐词构建。Pawley 与 Syder 等（1983）最早指出，人们产出的大部分语言并不是创造性的构建成果，而是包含了从记忆中检索出来的整体成分，例如单词或短语序列。最近一些基于语料库的研究考察了这些储存在头脑中的表达序列（通常称之为**程式化语言**（formulaic language））的出现频率（Altenberg，1998；Eeg-Olofsson 和 Altenberg，1994；Moon，1998），

结果也证实了 Pawley 和 Syder 之假设的重要性。无论是言语产出的扩散激活模型还是模块化模型，均未讨论程式化语言在语言加工中的地位。Levelt（1989）在其关于言语产出的书中提到，习语和短语可以像单个单词一样存储在词汇库中，也就是说，它们也可能有自己的词汇表征，至于如何检索这些语言单位，他却没有做进一步的讨论。在本书的第三章中，我将尝试把程式化语言纳入言语产出的模型之中。

第二语言言语产出的主要阶段涉及的问题

在模块化模型中，信息的计划过程发生在概念化阶段。概念化的输出结果是**语前计划**（preverbal plan），它包含了要表达的信息在概念上的具体说明。在这一阶段，说话者可以利用**陈述性记忆**（declarative memory），这种记忆包含了有关交际情景和话语规则的信息。由于概念化阶段是唯一一个可以自主决定信息内容和形式的阶段，所以说话人要使用的交际语言也需在此阶段确定。语言的选择受到社会语言学（如不同语言的声望、对话者的社会地位等）和个人因素（如第二语言说话人的焦虑度、自信、熟练程度等）的制约。在这一阶段出现的问题是，说话人是为第一语言和第二语言制定两个**并行的言语计划**（parallel speech plans），还是共用一个言语计划且其中的每个概念都有一个语言标记。不过，并行言语计划这一设想终究只是昙花一现，它由 de Bot 在 1992 年提出，但一年后 de Bot 与 Schreuder 共同发表了一篇文章，摒弃了该提法（de Bot 和 Schreuder，
xxi 1993）。从那时起，关于语言选择的普遍观点是，语言选择是通过在语前计划中加入语言线索的方式完成的。

另一个与概念化和心理词库的组织相关的问题是，存储在词库中的词汇，即词元（lemma）是否包含语义信息。在概念化阶段，信息规划的一个重要环节是选择想要表达的概念，概念既可以体现为词汇，也可以是非词汇。词汇概念（lexical concept）能用一个词来表达，如 TEACHER—teacher（英语中“老师”的概念对应“teacher”这一单词）；非词汇概念（nonlexical concept）没有与其直接对应的单词，只能通过短语、小句或句子来表达，例如在俄语中，“隐私”这一概念并无对应单词。近年来，言语产出的模块化模型认为词元不包含语义信息，只包含句法特征（Levelt 等，1999；Roelofs，1992 等）。概念和语义信息被视为不可分割的整体，共同存储在长期记忆中，这一想法是基于记忆研究的假

设，即与某个词项相关的词汇意义和其他经验（感官、情感经验等）会形成一个相互关联的记忆痕迹网络。然而，在第二语言产出中，对于是否存在相互独立的语义与概念层级的表征，还存在相当大的分歧（参见 Pavlenko，1999）。

在词汇编码阶段，需要解决的第一个问题是，语前计划所包含的概念说明是否只激活词库中的第二语言词项，抑或是同步激活第一语言和第二语言词项。对口误的观察研究以及图片命名实验研究均表明，第一语言词汇在一定程度上也会被激活（Costa，Caramazza 和 Sebastian-Gallés，2000；Hermans，Bongaerts，de Bot 和 Schreuder，1998；Poulisse，1999；Poulisse 和 Bongaerts，1994 等）。待解决的下一个问题是，第一语言和第二语言词汇都被激活这一事实是否也意味着这两类词都是词汇编码的潜在对象。一种可能是，即使第一语言词汇也被激活，它们并未被纳入选择的范围，是被忽略的部分。另一种选择是，第一语言和第二语言词汇形成竞争关系。多数研究表明后者更符合实际情况（Costa，Colomé，Gómez 和 Sebastian-Gallés，2003；Hermans 等，1998；Lee 和 Williams，2001）。然而一些研究人员通过某一特定的图片命名任务（Costa 和 Caramazza，1999；Costa，Miozzo 和 Caramazza，1999；Hermans，2000）发现，第一语言词汇与第二语言词汇之间并无竞争关系。在词汇编码的过程中，我们需要回答的第三个问题是，词汇选择是如何被控制的，换句话说，说话者如何确保选择目标语言中的
单词，继而进行下一步的加工。解决这一问题最经济、最合乎逻辑的办法似乎是 xxii
在概念化阶段的语前计划中，详细规定语义、语体、语域，以及所要使用的语言等信息，那么词汇的选择就仅仅是找到匹配所有这些概念信息的词汇条目。

关于双语词库，双语研究的首要问题之一在于第一语言和第二语言词汇是否被组织在同一个词库中。如今人们普遍认为，第一语言和第二语言词汇都存储在同一个词库中，该词库被视作一个相互连接的网络（参见 Kroll 和 Tokowitz，2005）。然而，有关双语词汇存储系统的其他问题却存在很大的分歧和理论困惑。首先，一个争论不休的问题在于词库应包含哪些信息。正如前文所说，心理词库是否同样包含语义信息，抑或是只有词汇形式（称为词素（lexeme））、词项的句法和语音信息。第二个问题涉及双语概念或语义系统的组织，更确切地说，是第一语言和第二语言词汇的概念表征在多大程度上可以共享（参见 de Groot（1992）的**概念特征模型**（conceptual feature model））。近年来也有一些研究关注双语词库中词汇之间的联结关系（Wilks 和 Meara，2002；Wolter，2001 等）。

与词汇编码相比，第二语言言语产出中对句法编码的研究则略显不足。大多

数研究是由认知心理学家进行的，他们主要是第一语言言语产出领域的专家，研究了句法信息的编码机制在多大程度上会与词项一起存储（例如某些语言中“性”这一句法信息），以及第一语言和第二语言句法构建过程的激活在多大程度上是不同的。就性这一句法信息而言（包括名词可数性和动词及物性等其他附加句法信息），有两个重要的问题：（1）如果第一语言和第二语言的句法信息结构相似（例如性系统），那么两种语言的词汇所包含的句法信息是否可以共享？（2）每当单词被成功检索到之后，其语法特征是自动获取，还是根据句法特征节点的激活水平被人为选择（Costa，Kovacic，Franck 和 Caramazza，2003）？换句话说，第二个问题关注的是，性的选择是否是自动发生的，是否与性特征节点的激活水平无关，还是说该选择是一个基于激活的过程，它受到诸如先前使用的词的性信息等因素的影响。在句法构建过程的激活方面，迄今为止只有一项研究
xxiii 考察了如果第一语言和第二语言中特定结构的句法构建过程相同，会出现什么情况。Meijer 和 Fox Tree（2003）发现，两种语言共有的句法规则并没有语言标记，因此被存储在一起。第二语言句法编码的第三个问题是语法和词素的获取方式，该问题主要是第二语言习得研究者的关注对象。研究成果和理论思考表明，语法词素可以通过两种不同的方式被激活：在概念上被激活（基于语前计划包含的具体概念信息，例如动词的时态），或是通过句法编码过程被激活（例如德语中的赋格）（Myers-Scotton 和Jake，2000；Pienemann，1998）。

与句法编码一样，音系编码也是第二语言言语产出中未被充分研究的部分。这一阶段最重要的问题之一是，对于那些未被选中但仍被激活了的单词，其语音形式是否也会被激活，也就是说，激活是否可以从词元传递到词素（单词的语音形式）这一层级（Colomé，2001；Costa 等，2000；Hermans，2000；Kroll，Dijkstra，Janssen 和 Schriefers，2000）？下面举例说明这一问题。当一个德英双语者想要命名一只狗时，狗这一概念会同时激活扩散至英语词元“dog”和德语词元“hund”①。如果目标语言是英语，词项“dog”将被选中，因为它的激活程度最高。下一步，激活将扩散至“dog”这一词项的语音形式，它将会被音系编码。关于激活的级联（cascading of activation）问题在于德语词元“hund”是否也会将激活扩散至其音系形式，即使它并未被选中进行后续加工。该领域的大部分研究结果表明，在第二语言产出中，词汇和语音层级之间会发生激活的级联

① 在本书中，大写字母表示概念，引号中的内容表示词元和词项。

（Colomé，2001；Costa 等，2000；Hermans，2000；Kroll 等，2000）。最近通过实验技术尝试解决的另一个问题是，在第一语言和第二语言中，音位（phoneme）的表征是共享的还是各自独有的（Poulisse，1999；Roelofs，2003b）。这个问题最有可能的答案是，第一语言和第二语言音位是共同存储的，二者中相同的音位（如英语和荷兰语中的[t]）具有共同的记忆表征（Roelofs，2003b）。音系编码部分的第三个问题是，这一层级上的第二语言加工机制是否与第一语言言语产出中的加工机制具有相似的工作方式？Roelofs 的发现表明，第二语言的音系编码过程与第一语言的音系编码过程类似。至于发音阶段，在第一 xxiv
语言产出中，音节被认为是实施发音的基本单位，发音程序以组块的形式存储在被称为音节表（syllabary）的记忆库中（Levelt，1989）。De Bot（1992）指出，初级水平的第二语言说话人在很大程度上依赖于第一语言的音节程序，而高级水平的第二语言说话人通常可以成功地为第二语言音节创建单独的组块。

与第一语言和第二语言监控行为相关的研究重点在于，以实证的方式考察模块化模型和扩散激活模型，通过揭示监控行为的工作原理，可以解决言语产出领域的一个主要问题，即激活传递的方向问题。迄今为止，对第二语言说话者的自我纠正行为进行综合研究并尝试回答哪一种理论能最好地解释第二语言言语产出过程中的监控行为的相关研究较少（参见 Kormos，2000b；van Hest，1996）。研究发现，第二语言中的监控行为在许多方面都不同于第一语言，最重要的原因在于监控行为需要注意力。注意力资源是有限的，并且和第一语言不同的是，在第二语言言语加工中，词汇、句法和语音层级的加工都需要注意力，第二语言说话人几乎没有额外可用的注意力来进行自我监控。一些研究考察了注意力在监控行为中的作用，结果表明，监控行为的注意力资源会受到学习者的熟练程度和必须执行的任务的限制（参见 Kormos，1999）。

言语产出的普遍问题

第一语言和第二语言产出最重要的区别之一是，第二语言学习的目标语知识体系很少是完整的，他们往往缺乏必要的语言能力，从而无法以最初计划的形式表达他们想要传递的信息。因此，第二语言说话者只能经常有意识地努力克服交际中的问题，这种努力习惯上被称为交际策略（Færch 和 Kasper，1983；Tarone，1977）。Dörnyei 和 Scott（1997）区分了第二语言交际中的四类主要问题

来源：（1）资源匮乏；（2）言语加工的时间压力；（3）说话者言语产出中被感知到的缺陷；以及（4）解读对话者言语信息时被感知到的缺陷（本书并未讨论第四个问题，该问题与言语理解而不是言语产出相关）。资源匮乏可能在言语处理的三个阶段均有体现，即词汇、句法和音系编码（Dörnyei 和 Kormos，1998；Poulisse，1993）。除了缺乏第二语言词汇、句法和语音知识，第二语言说话者还
xxv 经常面临这样的问题：由于注意力资源有限，他们无法在现实生活中的交际时间限制内处理信息。第二语言说话者还可能在判断他们的言语信息是否准确、得体，以及对话者是否可以理解方面遇到问题，这些问题出现在言语监控阶段。

单语和双语言语加工差异的另一主要来源是，在双语言语产出中，另一种语言的影响，通常是第一语言对第二语言的影响，是无法消除的。第二语言言语产出的研究结果表明，第一语言和第二语言共享例如概念记忆、词汇库、音节表和音位库等知识存储，因此第一语言和第二语言中的对应项目会形成“竞争上岗”的关系（La Heij，2005；Poulisse，1999；Poulisse 和 Bongaerts，1994）。这种竞争带来的结果之一，是非目标语言中的语言单位可能会被选中，这通常被称为无意语码转换。语码转换也可能是有意发生的，要么是因为说话者能力不足，或是说话者认为另一种语言中的词语、短语或表达方式更能体现他（她）的交际意图（Myers-Scotton，1993）。尽管近十年来研究者对词汇语码转换达成了较为一致的共识，但语码转换后的话语句法结构一直是争论的焦点。从言语产出的角度看，问题可归纳如下：如何决定哪一种语言将主导句法编码？以及即使两种语言的元素同时出现在语码转换后的话语中，它们都仍然遵循着特定的结构合格性规则，这将如何实现（MacSwan，2000，2003；Myers-Scotton，1993；Woolford，1983）？

第一语言对第二语言产出的影响还可以体现在其他方面，最常见的表现是第一语言产出过程的有意识和无意识的迁移。有意识的迁移是交际策略的一个小类，用于弥补第二语言知识的不足；而无意识的迁移是在说话者没有意识到或者只是部分意识到的情况下，第一语言对第二语言产生的影响。在词汇编码中，迁移可以通过概念迁移、句法迁移和语音迁移等方式发生。与词汇编码相比，句法和语音处理中的迁移是一个更为复杂的问题。就句法编码而言，问题在于是否存在对第一语言迁移的约束，也就是说，是否任何类型的产出过程都能从第一语言迁移到第二语言，并且与学习者的语言能力水平无关（参见 Pienemann，Di Biase，Kawaguchi 和 Håkansson，2005）。第一语言在第二语言语音处理中也具
xxvi 有重要的作用。越来越多的证据表明，第二语言学习者经常用第一语言的音位替

代相似但不同的第二语言语音，并且他们经常应用第一语言的规则对第二语言的词汇或短语进行音系编码（参见 Leather，1999）。此外，用于产出给定语言音节的一系列发音动作（（称为**动作谱**（gestural scores）），是第一语言音位发音的自动化动作。其自动化程度如此之高，以至于即使是高级水平的 L2 说话人也很难再习得第二语言音位的新动作谱。

除了不完备的目标语知识体系，以及第一语言对第二语言的影响，第一语言和第二语言产出的第三个重要区别在于：第二语言说话者的语速。第二语言言语产出速度明显更慢这一特征，可以参照以下事实予以解释：第一语言言语处理很大程度上是自动完成的，无论是句法生成器（formulator）还是发音器（articulator），因此可以并行加工；第二语言言语加工在句法和音系编码阶段均需要投入注意力，因此部分输出只能依序逐个处理。换句话说，尽管词汇、句法、形态和音系编码在第一语言产出中大多是自动完成的，但在第二语言中，即使是高级水平的第二语言学习者，这些机制也只具备部分的自动性。因此，在第二语言习得研究中，自动性在第二语言言语产出中起着怎样的作用，它在第二语言学习过程中又将如何发展这一问题具有重要意义。尽管大多数第二语言学习者的最终目标是达到高水平的流利度，即学习如何在现实生活的交际时间限制内，流畅而高效地产出言语，但自动性问题长期以来却一直被第二语言言语产出领域所忽略。这一现象的主要原因或许是，尽管言语产出理论和学习的一般模型都得到了高度发展，但它们之间没有任何的连接和整合。在第一语言言语产出领域，没有研究试图解释模块化模型和扩散激活模型提出的各种言语处理机制是如何被习得的，这一问题直到最近才被一些第二语言习得研究者提出。在本书的第三章和第八章，笔者将论证自动化发生在言语产出的三个不同的领域，分别是：基于规则的句法与音系编码机制、词汇检索过程以及记忆储存的语言单位的创建。

小　结

本章的目的在于向读者介绍第一语言和第二语言的言语产出研究中最重要的问题，本书后续有七章将对这些问题进行更深入的探讨。第一章概述了言语加工领域的两大理论（即模块化理论和扩散激活模型）的基本理论主张。在第二章，通过综 xxvii
合考量言语产出的每个阶段出现的问题，以及为了解决这些问题而开展的研究，进一步探讨了上述两种理论的差异。第三章介绍了学习和自动化的基本认知理论，并尝试将技能习得模型与言语产出理论联系起来。本书的第二部分详细介绍了第二语言言语产出的研究概况，分别在各章具体讨论了言语产出的每一个阶段：第四章关注词汇编码和双语词库，第五章聚焦于句法和音系编码，第六章则探讨了第二语言言语产出的监控过程。在这一部分的每一章中，首先详细阐述言语产出的基本过程，然后讨论语码转换、迁移和习得等相关问题。第七章讨论了交际策略，并在言语产出的模块化模型框架下解释了交际策略的功能。第八章旨在让读者了解第二语言的流利性与自动性，并建立了学习理论与第二语言言语产出过程中的习得之间的联系。在本书的末章，笔者提出了一种全新的、综合的双语言语产出模型，该模型总结了迄今为止人们对第二语言言语产出的认识，并结合了心理语言学领域的最新进展。

第一部分

3 第一章　第一语言言语产出理论概述

早在 20 世纪初，研究者就对第一语言言语产出的相关心理语言过程产生了兴趣，当时 Meringer（1908）最先发表了他系统收集的德语母语者的口误资料。然而，直到 20 世纪 70 年代，首个综合性的第一语言产出理论才建立起来。从那时起，在过去的 35 年中，对第一语言口语产出的研究已经发展成为认知心理学领域的一门独立学科。尽管有关人们是如何产出语言的许多问题仍有待解决，但在实验心理学的现代研究方法，以及近年来出现的神经成像技术的支持下，如今我们已对言语加工的许多过程都有了良好的认识。本章的目的在于让读者了解第一语言产出研究中那些最具影响力的理论。而大多数单语和双语的言语产出理论都沿循着两大主要流派：**扩散激活理论**（spreading activation theory）（如 Dell，1986；Dell 和 O'Seaghda，1991；Stemberger，1985）以及**言语加工的模块化理论**（modular theory of speech processing）（如 Fry，1969；Garret，1976；Laver，1980；Levelt，1989，1993；Levelt 等，1999；Nooteboom，1980 等）。扩散激活理论范式的研究者认为，言语加工是在一个由语言单元和规则组成的交互网络中实施完成的。其中的决策制定基于被称为节点（nodes）的各激活层，这些节点代表着那些单元和规则。与之相反，传统的模块理论则假设，言语编码系统由独立的模块组成，各层级之间只允许单向连接。

扩散激活理论

言语产出的扩散激活理论并没有像 Levelt（1988，1993）的模块化模型理论那样被广泛使用，后者是第二语言言语产出研究中被引用最频繁的理论。不过，扩散激活模型的假设对以下 3 个方面的大多数研究都产生了影响，它们分别是：口误（如 Poulisse，1993，1999 等）、无意识语码转换（如 Poulisse 和 Bongaerts，1994），以及双语词汇的组织研究（如 Colomé，2001；Costa 等，1999；Hermans 等，1998；van Hell 和 de Groot，1998）。

4 Stemberger（1985）和 Dell（1986）设计了言语产出的首个互动激活扩散综

合模型。鉴于 Stemberger 的模型与 Dell 的模型仅在语法编码过程描述的一些细节上有所差异，因此我们这里仅讨论 Dell 的模型。如同言语产出的模块化模型（如 Fry，1969；Garrett，1976；Levelt，1989）一样，Dell 的扩散激活理论也假设在第一语言言语产出中包括 4 个知识层面：语义层（即词义）、句法层（如短语构造和词序规则）、形态层（如词的形态结构和词缀附加规则）以及音系层（如音位和音系规则）。根据生成语法（Chomsky，1965），以及所谓言语产出框架-槽位模型（frame-slot models）的各个原则（详见第二章中的句法加工小节），Dell 假设：某个特定层面的生成规则会构建含有槽位的框架，留待各个插入规则来填充。例如，在句法层面，英语中的规则为句子的主语创建一个位置，为动词短语创建另一个位置，如果必要的话，还会为介词短语创造相应的槽位。下一步是选择单词或短语来填充这些槽位。在形态层面，有许多词干和词缀槽位；在音系层面则设有音首（onset）、韵核（rime）和音位（phoneme）的槽位。我们先来看一下 Dell 本人所给的例子，以便说明这一过程。在 This cow eats grass（这头牛吃草）一句中，限定词 this（这）、名词 cow（牛）、现在时动词 eats（吃）和名词 grass（草）各自都有一个槽位。而就 eats（吃）一词来说，在形态层面，词干 eat（吃）和词缀 s 分别占有一个槽位。音系编码过程中，在音节层面，[k]占有音首槽位，而[au]占据韵核槽位；在音位层面，[k]占据一个辅音槽位，[au]占据一个元音槽位。

在 Dell（1986）的扩散激活模型中，词库被看作一个由相互联系的词项组成的网络，“包含语言单位的节点，如概念、词、词素、音位和音位特征如音节和音节的组成成分”（第 286 页）。在词库中，假定概念节点与定义词的词汇节点相连接，词汇节点与代表特定词素的词素节点相连接。下一步词素节点与指定音位的音位节点之间也建立连接，最后音位节点与音系特征节点（如唇音、鼻音、浊音等）相连。为了使词能够被选择填入句子中的特定槽位，每个单词都根据其所属的句法类别加以标记（如在上面的例句中，cow 被标记为名词）。同理，词素和音位也按其所属的类别加以标记（例如 eat 被标记为词干，s 被标记为词缀）。 5
图 1.1 是扩散激活模型的编码机制图解。

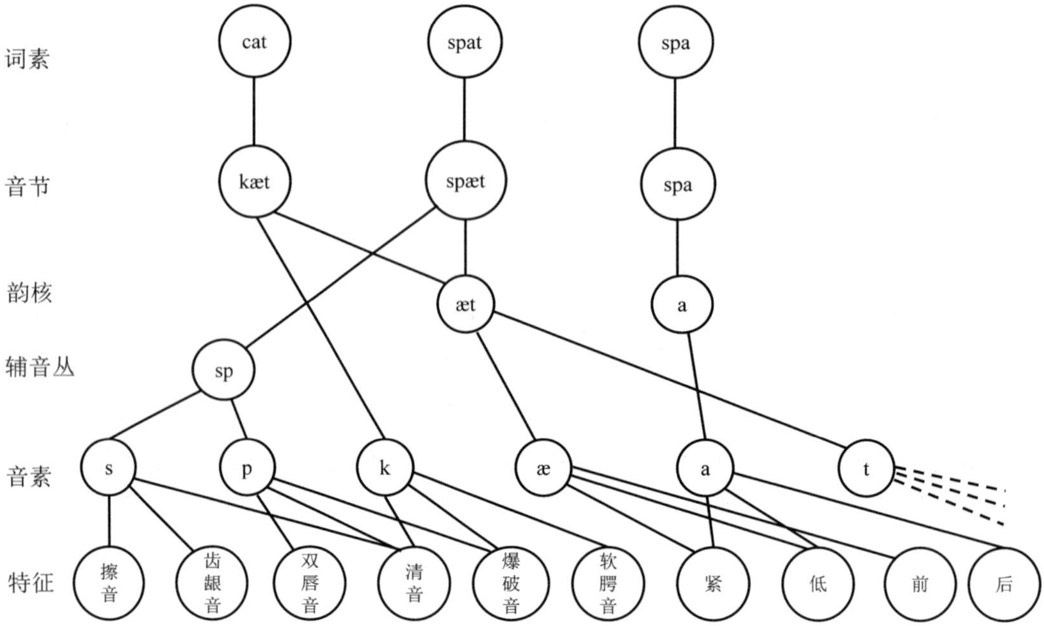

图 1.1 言语产出的扩散激活模型图解[①]

句子产出的驱动机制是扩散激活过程。在零错误的加工过程中，指定类别的节点的激活水平最高，它将被提取并选中。紧接着，这一节点会将激活扩散至较低层级的节点。举例来说，就单词节点 construct（建造）而言，激活会向前扩散至其音节成分节点“con”和“struct”。首先，“con”的激活程度比“struct”高，否则人们可能会说“structcon”而不是“construct”。接下来，激活会继续传递至音系的音段节点[k]、[o]和[n]。音节“con”的编码一旦完成，其节点的激活水平就会降低，以保证不会被重复选择。于是，下一个音节“struct”的编码就
6 可以开始了。在 Dell（1986）的模型中，选中的节点会被加以标记，这些标记明确了节点编码的顺序。激活不仅会从一个层级扩散至相邻的另一个层级，而且还可以跨越层级发生。例如，在词汇层面，词库中语义和音系上相关的词项也会在某种程度上被激活（例如，如果 dog（狗）是目标词，hog（猪）和 cat（猫）也会在一定程度上被激活）。这就解释了为什么会出现词汇替换以及音系相关的词汇错误，比如把 dog（狗）说成 cat（猫），或者把 dog（狗）说成 hog（猪）。

Dell（1986）还假设激活可以双向扩散，即可以自上而下和自下而上的。在

---

① 基于 Dell（1986）的模型绘制，征得许可后进行了调整，原图版权归 Gary Dell 所有。

产出句子时，激活过程由单词向下扩散至词素，再由词素向下扩散至音节。另一方面，言语感知则被视为与产出反向的激活扩散：当人感知到一个声音时，音节节点首先被激活，继而通过音节节点激活词素节点，以此类推。举例来说，如果一个人听到[k]、[æ]、[t]这几个音位，它们会激活音节节点[kæt]，该节点又将激活传递给单词节点 cat（猫），单词节点反过来选择了 CAT 这一概念。因为监控过程也包括对自身言语的感知，所以 Dell（1986）的理论认为并不存在单独的监控器，而是假定实现监控的方式与理解对话人言语的方式一样。例如，对于把“dog”说成“hog”这类音系上的替换错误，一旦说话人感知到[h]这一音位，激活就会反向传递至[hog]这一音节节点，于是编码过程就会从[dog]的音节层面重新启动。

需要注意的是，尽管 Levelt 和他的同事们在言语产出方面的研究被称为模块化模型，Dell 的理论在某种意义上也是模块化的，因为它假定存在一个层级的网络，这个网络由词、词素、音节、音位和音系特征这些不同的模块构成。不过，在 Levelt 的模型中，较低层级的加工机制启动之前，至少有一部分信息需要先由较高层级的模块进行加工；而与此不同的是，传统的扩散激活模型允许不同层级并行加工①。

Levelt 的言语产出模块化模型 7

已有研究在构建言语加工的综合模型方面进行了一些尝试，但在第二语言产出研究中应用最广泛的理论框架却是 Levelt（1989，1993，1995，1999a，1999b）最初为单一语言交际而开发的模型（相关示意图参见图 1.2）。本节介绍的是该模型的最新版本（Levelt，1999a）。Levelt 认为言语产出是模块化的，也

---

① 20 世纪 80 年代末和 90 年代初，模块化模型和扩散激活模型开始出现越来越多的融合迹象。模块化模型采用了扩散激活模型的一些原则，尤其是在词库组织和词汇提取方面（如 Levelt，1989，1993，1995；Levelt 等，1991a，1991b）。Dell 和 O'Seaghda（1991）也基于 Levelt 等人（1991b）的实验结果，修改了他们的扩散激活模型，认为言语产出系统在整体上是模块化的，但局部具有交互性。也就是说，不可能在每个相邻的层级之间都出现反向扩散激活。在后来的一篇文章中，Dell、Juliano 和 Govindje（1993）放弃了激活可以从音系层级反向扩散至词汇层级的主张，并且他们还得出了以下结论：在句法和音系编码中，不需要框架-槽位机制与生成规则。

就是说，通过系统中具有相对自主性的一系列加工模块的运作，可以对言语产出加以描述。Levelt 对模型的两个主要模块进行了区分：**修辞／语义／句法系统**与**音系／语音系统**。该模型假设存在 3 种类型的知识储存：**心理词库**（mental lexicon）、**音节表**（syllabary）（包含发音动作谱，即用于产出特定语言的音节的自动化动作组块），以及说话人的**外部和内部世界知识**（knowledge of the external and internal world）。其中最后一种知识储存又由三部分构成：一是**话语模型**（discourse model），指“说话人关于会话内容的知识存储，是他认为在会话进程中双方共有的知识”（Levelt，1989：114）、**受话者模型**（the model of the addressee）（话者互动的语境和持续进行会话的即时语境），以及**百科知识**（encyclopedic knowledge，关于世界的信息）。Levelt 以一种相当直接的方式对言语加工的基本机制进行了概念化：人们产出言语首先是将信息概念化，然后为其制定语言表征计划（即对其进行编码），最后在口头上表达出来。至于感知言语，则首先是由**声学-语音处理器**（acoustic-phonetic processor）感知到言语，然后在言语理解系统（即**句法分析器**（parser））中进行语言解码，最后由概念化模块对其进行解释。Levelt 的模块化模型的独特之处在于将声学-语音编码过程与句子加工过程整合到一个综合系统中，且在细节上不失丰富。例如，该模型细致地说明了词库的作用以及各加工模块涉及的监控过程，同时还详细描述了各模块之间明确的方向路径，这些路径是对不同的模块在产出它们的共同作品（即言语）时相互合作轮廓的勾勒。

在 Levelt 的模型中，各加工模块是执行某种特定功能的“专家”；换言之，模块之间并不共享加工功能。当且仅当某个模块接收到它的特征输入时，该模块的加工过程才会启动。模块化模型认为言语加工过程是增量式的，也就是说一旦部分语前信息被传递到句法生成器，概念生成器就会开始处理下一个信息组块，
8 尽管此时对前一个信息组块的加工仍在进行（Kempen 和 Hoenkamp，1987）。因此，在说话人完成整个信息的表达计划之前，句子的语音表达可能早已经开始。如此一来，不同的加工模块同时工作，并行加工就发生了。因为大多数现实的言语产出机制都是完全自动化的，尤其是在编码阶段，所以并行加工才得以实现。只有假设言语加工具有增量式、并行性以及自动性的特点，才能够解释语言能以极快的速度产出这一现象。

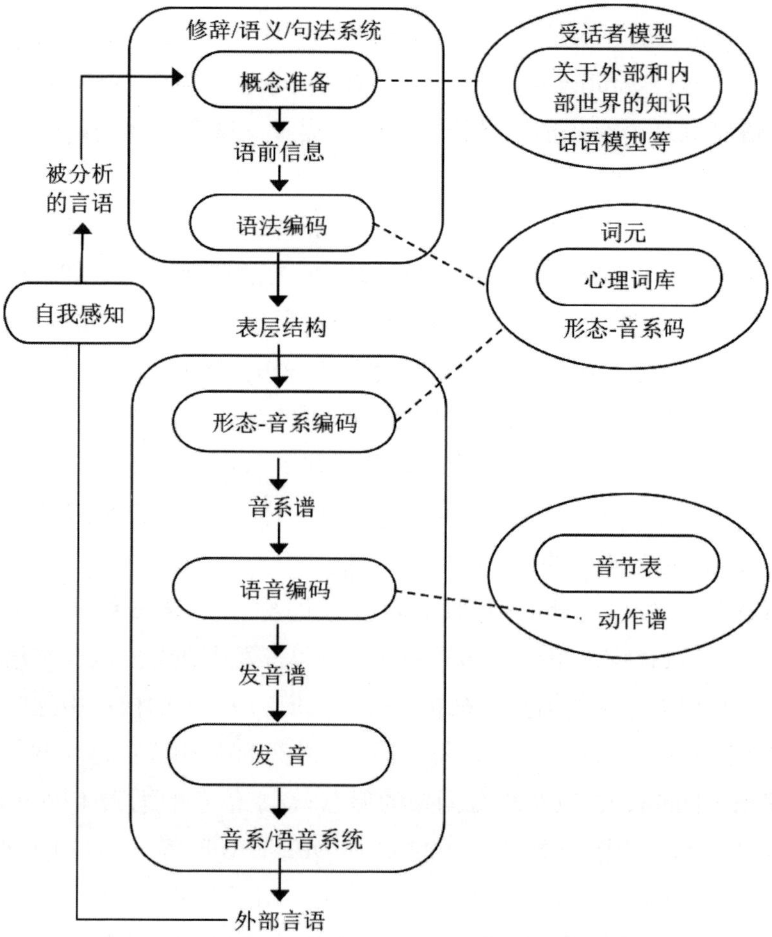

图 1.2 Levelt（1999a）的说话人行动方案①

现在我们来看看言语产出过程所涉及的主要加工模块，如图 1.2 所示，这是语言使用者的“行动方案（blueprint）”。在第一阶段，即**概念准备阶段** 9
（conceptual preparation），信息通过**宏计划**（macroplanning）和**微计划**（microplanning）而生成。宏计划涉及交际意图的阐释。交际意图通过**言语行为**（speech acts）进行表达，言语行为是指人们通过说话而实现的告知、指导、请求、道歉等行为（Austin，1962；Searle，1969）。为了实施言语行为，人们需要选择编码哪些信息，并决定信息被传达的顺序。一旦做出了这些决定，微计划就可以开始了。在微计划阶段，说话人决定他们传达信息的角度（例如，他或她应

① 版权（1999）归牛津大学出版社所有，经许可后重印。

该说“书在花瓶后面”还是“花瓶在书前面”)。另外一个需要确定的内容称之为“可及性状态(accessibility status)”。它的意思是说话人需要考虑一件物品、一个人、一个情境等是否在先前的话语中已经被提及。这会影响到诸如应该使用名词、短语还是代词(例如,“母亲”或“她”)等决策。还有些类似的决策,涉及新信息和旧信息由什么组成,也需要在微计划阶段制定。此外,微计划也包括提供信息的命题内容,例如明确信息的论元结构、指派题元角色(如,谁是动作的经历者或受事者)、明确所指对象(即对其进行量化和/或描述),以及确定信息表达的语气(如陈述、疑问、祈使语气等)(Levelt,1999a)。微计划还需包含特定语言的信息,例如,依据说话人使用的某种特定语言而选择恰当的时态和远近关系。宏计划和微计划的结果是形成**语前计划**(preverbal plan)。顾名思义,语前计划还不是语言,尽管它是语言可及的;换言之,模块化理论认为,语前计划包含了将意义转化为语言的所有必需的信息。

语前计划要被输入下一个加工阶段,即称之为**语法编码**(grammatical encoding)的阶段,词汇单位的选择和句法编码都发生在此阶段。在语法编码阶段,说话人心理词库中的信息会被检索,Levelt(1989)的模型中这些信息由一个个**词条**(lexical entries)组成,每个词条又由两部分构成:包含词条相关句法信息的**词元**(lemma),以及承载词条的形态-音系信息的**词素**(lexeme)。在模块化模型的最新版本中(Levelt,1999a,1999b;Levelt 等,1999),词元不包含语义信息,因为词库中包括一个单独的概念层,用于存储语义相关的说明。语法10 编码阶段的主要程序是**词元激活**(lemma activation);说话人进行词元检索,并找到其中词义与语前计划中相应语块所承载的语义信息匹配度最高的一项。基于Bresnan(1982)提出的句法词汇理论(lexical theory of syntax),Levelt(1989)认为对词元的选择会激活其相关的句法,进而触发句法构建过程。以动词 enter(进入)为例,它可选的补充成分信息也将被激活,动词短语的构建过程随之启动,即对宾语进行编码,如找到 the room(那个房间)。

语法编码的输出结果是表层结构(surface structure),“它是一个有序的词元串,由若干短语和更小的单位组成”(Levelt,1989:11)。表层结构在**形态-音系编码**(morpho-phonological encoding)过程中会得到进一步加工,其中第一步是在词库中检索某个词项的形态-音系信息。该信息明确了词的形态和韵律结构及其音段构成。在音系编码过程中,首先获取构成词的词素;接着设置韵律和音段特征,如重音和音高等;再后面是词素的音位选择。音系编码的最终结果是得到

音系谱（phonological score），或称为内部言语（internal speech）。下一个阶段的语音编码利用音节表中存储的所有发音动作，生成**发音谱**（phonological score）（关于音系及语音编码的具体介绍，参见第二章的句法加工部分）。最后一个阶段是发音，这时发音谱将被转化为外部言语（overt speech）。

Levelt 的模型还解释了言语产出中的**监控**（monitoring）。**监控器**（monitor）处于概念生成器中，但从独立的**言语理解系统**（speech comprehension system）（或**句法分析器**）接收信息，该系统又与心理词库相连接。为了避免不得不对知识进行复制，Levelt 假设言语产出与感知共用同一个心理词库，并且同一个言语理解系统不但用于加工说话人自己的言语，也用于检查其他说话人的言语（通过声学-语音加工模块实现）。不仅如此，同一个概念化模块既对感知到的信息执行理解任务，也负责生成说话人自己的信息。

在 Levelt 的言语加工系统中，有 3 个监控回路（monitor loops，即通向监控器的直接反馈通道），用于检查产出过程的结果。第一个回路负责在语前计划被发送至句法生成器之前，将其与说话人的原始意图进行比对。在这个阶段，语前计划可能需要做出修改，因为说话人可能发现生成的信息就其内容而言是不合适的，或者在特定的交际情景中是不可接受的。第二个回路涉及在发音前对语音计 11
划（即内部言语）进行监控，这种监控也被称为“隐性监控（covert monitoring）”（亦见 Postma 和 Kolk，1992，1993；Postma，Kolk 和 Povel，1990；Wheeldon 和 Levelt，1995）。简言之，这意味着在某些情况下，说话人会注意到编码错误，比如在实际说出口之前意识到某个词的选择错误。最后，生成的话语在发出语音后仍会被检查，这就构成了有声学-语音加工器参与的最后一个外部监控回路。当这三个监控回路中的任意一个察觉到言语输出存在错误或不当之处时，监控器就会发布警告信号，进而再次触发言语产出机制（关于监控的具体介绍，详见第二章的音系编码部分）。

小　结

本章回顾了第一语言言语产出的主要理论，详细介绍了单一语言言语加工的两种主要模型：扩散激活理论和模块化理论；指出两种理论的主要区别之一，在于是否允许跨越不同编码层级进行反馈。扩散激活模型允许激活从较低层级反向扩散至较高层级；而在模块化理论中，激活只能自上而下进行扩散。这两种理论对于句法编码和音系编码的观点也不同。扩散激活理论假设，说话人首先为句子和语音表征构建框架，然后为框架中的槽位选择合适的词或语音特征。模块化模型则是词汇驱动的，也就是由词汇激活句法构建的过程，并假设词汇编码先于句法编码，且只有在词汇-句法加工完成后音系编码才会开始。尽管言语加工的模块化理论存在一些不足之处（下一章笔者将这些不足与检验两个模型的实证研究相结合进行讨论），但在言语信息生成的问题上，该理论提供了迄今为止最详细最系统的解释，因而成为了第二语言言语研究中最具影响力的理论。扩散激活理论对第二语言研究领域也做出了非常大的贡献，尤其是在双语心理词库和词汇编码领域。我们将对这两个模型的具体评价放在第二章的总结部分。

第二章　第一语言言语产出 12
研究中的一些问题

在上一章中，我们了解到第一语言言语产出有两大理论。顾名思义，模块化模型假设言语加工是由自主模块以序列化的方式进行的，这些自主模块是言语产出特定阶段的“专家”。模块化理论还认为，言语产出的基本过程是激活扩散，认同模块化观点的研究人员指出激活只能向一个方向进行扩散。然而，研究扩散激活范式的科学家主张，激活也可以从低一级加工层级逆向扩散至高一级的加工层级。除了这个主要的区别，模块化理论和扩散激活理论还在一些细小但重要的问题上有不一致的观点。由于第一语言产出研究的主要目的之一是检验两个模型的预测结果，并建立一个基于实证的、有效的言语加工模型，这些分歧点就构成了迄今为止第一语言产出研究的基本问题。本章首先概述了第一语言言语产出的研究方法，然后讨论了言语产出的每个阶段中出现的最重要的问题、这些问题的研究方法以及从研究结果中可以得出的结论。接着是对言语产出的神经成像研究结果的概述。本章最后对现有的言语产出模型进行了评价。

语言产出的研究方法

为了对第一语言和第二语言生成研究有更深入的理解，必须要熟悉言语产出机制的基本研究方法。语言生成的研究方法可以分为 3 大类：观察法、实验法和神经成像法（neuroimaging）。早期的心理语言学研究可以追溯到 20 世纪 50 年代，这些研究应用了各种言语观察技术，但也仅限于此，直到 20 世纪 70 年代，实验任务开始被运用。神经成像技术在 20 世纪 80 年代末开始用于言语产出研究，如今与实验研究相辅相成。

观察法包括对自发言语的分布分析，以及对自发言语中的不流利性和偏误的 13
研究。对自发言语的分布分析致力于研究各种句子类型、韵律手段、单词形式和句法结构在大量录音言语数据库（例如口语语料库）中出现的频率，以及它们为言语产出过程这一问题所带来的启发。不流利性研究考察无声停顿和填充停顿（例如，嗯、呃）、错误的开头、重复、重新表述和自我纠正的分布；而偏误研究则着眼于偏误的频率和类型。不流利性研究和偏误研究都聚焦于有错误的言语运用实例，在此基础上举一反三，从而揭示言语产出的内在机制。观察性研究的优势在于，它着眼于自然环境下的言语加工，可以让我们对言语产出作为一个综合系统的运作方式有所了解。然而，这种方法一直饱受分类和辨别问题的困扰（Bock，1996），这使得基于该研究方法的许多发现变得不可靠，即便没有完全失效。当尝试对不流利现象和偏误进行分类时，评价者之间往往会出现不一致的判断（参见 Bock，1996）；与此同时，在计算机技术广泛应用于停顿研究之前，录音转写员对停顿出现情况的记录并不准确（参见 Friedman 和 O'Connell，1991；O'Connell，1988 等）。

认知心理学领域用来研究言语产出的实验方法不胜枚举，这里我们只介绍一些最常用的手段。实验方法可能包括对偏误的识别，通常指口误和各种言语产出单位（如词、短语、特定的句法结构和句子等）中的偏误。大多数言语产出实验可以分为两类：**并发刺激范式**和**连续刺激范式**（concurrent and successive stimulation paradigms）。在并发刺激范式（也称为干扰（interference））中，对干扰项的处理与对目标词或结构的处理同时发生；然而在连续刺激范式（也称为启动（priming））中，首先需要向被试呈现刺激（即启动项），然后他们才产出目标言语。在词汇诱发（word elicitation）研究中，最著名的并发刺激任务之一被称为"斯特鲁普任务"（Stroop task）。该任务中，实验被试会看到一张需要命名的图片，但同时也会出现一个干扰词。在任务的初始形式中，要命名的图片表示一种颜色，而干扰词描述的是另一种颜色，但斯特鲁普任务也可以使用物体的图片和指代物体的干扰词（例如图 2.1）。干扰词的设置依据是其与目标词在语义和语音上
14 的相似度，干扰项的展示时间也是可变量。该任务的衡量指标是命名时延（naming latency），即被试想出图片名称的速度，基于此可以对言语加工做出相关推断。连续刺激任务的一个常用例子是结构启动实验（structural priming experiment），被试首先听到一个带有特定句法结构的启动句（prime sentence）（例如，The boat carried five people.（这艘船载着 5 个人）），接着他们会看到一张表示某个事件的图片，比如一个男孩被闹钟叫醒，他们必须用一个句子来描述该图片。被试将使用他们在启动句中听到的相同结构（例如，The alarm clock awakened the boy.（闹钟叫醒了男孩）），或者不同的结构（例如，The boy was

awakened by the alarm clock.（这个男孩被闹钟叫醒了））。在这一任务中，测量的变量是相对于测验总数，被试使用的相同句法结构的数量。虽然在这些实验中许多干扰变量能够得到控制，也可以清楚地界定考察范围，但其缺点在于，它们孤立地看待言语产出过程，脱离了现实生活中的交际语境（关于语言生成研究中使用的实验任务，参见 Bock（1996）的全面综述）。

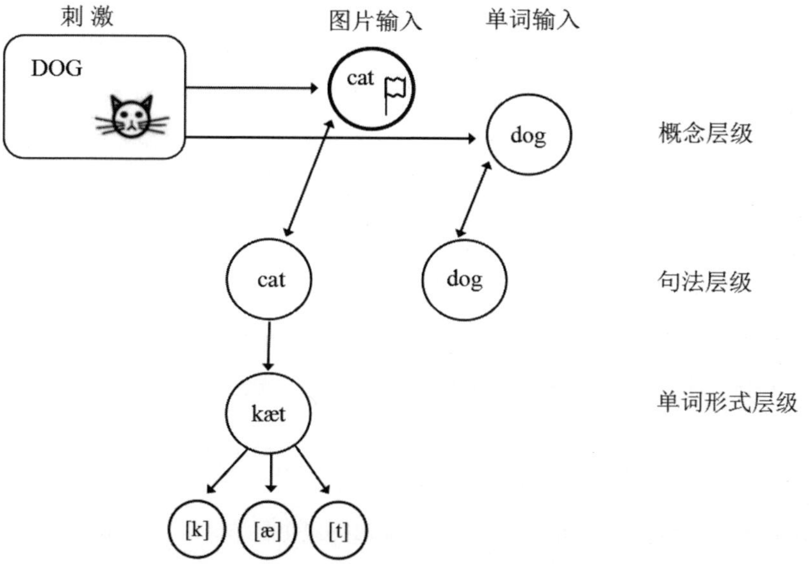

图 2.1　检查约定机制下的词汇选择（基于 Roelofs，2003a）

用于研究言语产出的神经成像技术可以分为 3 类：事件相关脑电位（ERP，event-related brain potential）、正电子发射断层显像（PET，positron emission 15
tomography）以及脑功能磁共振成像（fMRI，functional magnetic resonance imaging）研究。事件相关脑电位是通过脑电图（EEG，electroencephalogram）记录下来的，它显示电流如何在大脑中变化。事件相关脑电位就是脑电图的变化，标示着大脑中记录的感知、运动或认知事件。正电子发射断层显像是用一种叫作正电子发射断层扫描仪的设备进行的，通过使用一种叫作示踪剂（tracer）的放射性物质，该设备能够为人类大脑中发生的生理过程生成图像。脑区活跃程度的增加以更高的血流量为特征，示踪剂通过发出更强的信号来表明这一点，由此研究人员能够将不同的大脑功能匹配至脑区不同的部位。脑功能磁共振成像技术的原理是，血红蛋白（血液中的氧气载体）在携带氧气和不携带氧气时，会发出不同的磁信号。大脑活动增加的特征是携带氧气的血红蛋白分子数量增加，这可以通过脑功能磁共振成像来显示。现在首选的成像技术是脑功能磁共振成像，因为和正电子发射计算机断层显像相比，它成本更低、更易获得、无创并且被试的风险更小（关于言语产出中神经成像技术的最新综述，见 Fiez，2001）。

概念化和言语计划

一般来说，对言语计划和概念化的研究不仅集中在心理语言学领域，同时还存在于社会语言学、语用学和语篇分析等领域。这主要是因为，信息的概念化涉及对情境、说话者之间的权力关系、特定语言中的互动规范、礼貌原则等的了解，以及关于世界的常识。如果我们将扩散激活模型和模块化模型进行比较，我们也很容易发现，由于扩散激活理论并未强调言语计划，心理语言学家对言语产出的这一阶段没有重大的理论分歧。然而，在言语计划方面依旧有一些问题得到了心理语言学研究的关注，其中之一涉及言语计划的单位，以及与此相关的言语产出中存在的时间周期。另一个争论的问题是，概念是如何在语前计划中被编码的。

关于言语计划的单元，其构成要素有几种不同的说法，如从句、观点、信息单元、语调单元、短语、句子等（更全面的综述见 Levelt，1989）。Levelt 认为“没有统一的言语单元”（第 23 页），因此关于言语单元的所有争论都是毫无意义的。他正确地指出，言语加工的每一层级都在不同的单元中运作，例如，词汇编
16 码在词元范围内运作，音系编码则在音素范围内运作。与言语计划单元相关的一个问题是，言语产出过程中是否存在**时间周期**（temporal cycles）。在标志着言语产出的心理语言学研究开端的经典研究中，Henderson、Goldman-Eisler 和 Skarbek（1966）观察到，自发言语中低流利度和高流利度的阶段交替出现，他们将这些交替称为时间周期。他们认为言语产出包括计划和执行，在计划过程中，言语速度变慢，在执行过程中，流利度会提升。然而，也有一些研究人员对时间周期的存在提出了质疑，例如 Jaffe、Feldstein 和 Gertsman（1972），Warner（1979），以及 Beattie（1984）。Roberts 和 Kirsner（2000）指出，以往的研究在方法上存在严重缺陷，比如对时间参数（如停顿）的测量不准确，对周期的分析包含主观判断，以及使用了不恰当的统计手段。Roberts 和 Kirsner 的研究试图克服这些问题，在言语产出的周期性特征上取得了令人信服的结果。他们发现，自发言语中流利和不流利的阶段的确是交替出现的，并且这些周期是有规律的、定

期发生的。另一个有趣的结果是，主题结构和流利度之间始终存在较强的相关性。研究发现，在开始新话题之前，流利度会下降，而在引入新话题之后，语言表达速度会提升。在 Roberts 和 Kirsner 看来，“宏计划（macro-planning）是一种主题驱动的言语计划形式”（第 150 页）。这项研究还表明，言语计划需要注意力，因为需要有意识地对信息进行决策；因此，这是一个被控制的过程，通常是缓慢的，而第一语言的言语加工在很大程度上是自动的、快速的（Greene，1984；Greene 和 Cappella，1986；Levelt，1989）。自动加工和受控制的加工之间的这种差异解释了为什么流利周期和不流利周期在言语产出中会交替出现。

在言语计划阶段出现的另一问题被称为**汇集问题**（convergence problem）。这个问题指的是，当为目标概念检索合适的词元时，选择过程几乎总是汇集于正确的词上，这是如何实现的？之所以提出这个问题，是因为在词库中许多概念和词条之间没有一对一的对应关系，一个概念有可能无法与某个词元相匹配。例如，在英语中虽然我们可以用一个词来表示“female actor（女演员）”，即“actress（女演员）”，但却没有这样的词来表示“female teacher（女教师）”。另一种情况是**同义问题**（synonymy problem），即看似相同的概念可以由两个或多个单词来表示，如 RECEIVE（收到）可以用“receive（收到）”“obtain（获得）”或“get（得到）”表示。汇集问题的子类型是所谓的**上位词问题**（hypernym problem）。 17
上位词是指其意义包含其他单词意义的词，例如“动物”作为一个上义词，它包括狗、猫、老鼠等。问题在于，一个上位词的概念说明在很大程度上与其下属词的概念说明相重合。例如，动物以及猫、狗、老鼠等都可被描述为［+有生命］、［-人类］，那么，为什么我们几乎从不说“我害怕动物”，而是说“我害怕狗”呢？换句话说，为什么上义词几乎从来不会替代下位的目标词元被选取？

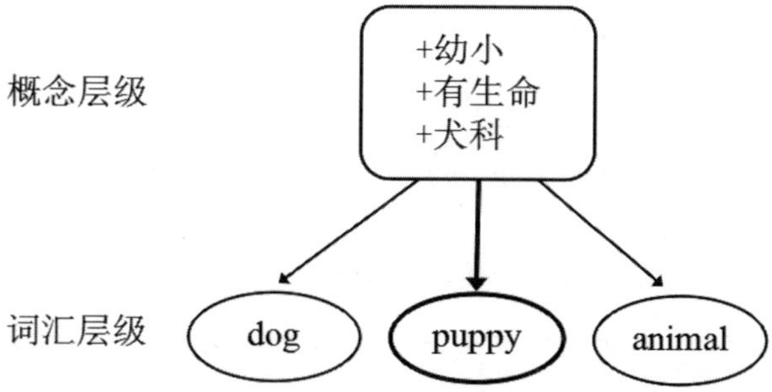

图 2.2　词义特征理论（基于 Bierwish 和 Schreuder，1992）

在**词义特征理论**（feature theories of word meaning）主导言语产出研究的时期，汇集问题是言语产出的一个核心问题（有关该类研究的综述，见 Levelt，1989）。词义特征理论认为概念由一系列语义特征组成，如 PUPPY（幼犬）由［+有生命］、［-人类］、［+犬科］、［+幼小］这些特征组成，在词汇检索中这些概念特征会与恰当的词元相匹配（Bierwisch 和 Schreuder，1992 等）（见图 2.2）。这类理论的主要问题是，如何建立相关的概念特征，以便使词汇检索能够成功进行。以英语为例，为了选择单词“receive”而不是“obtain”，说话者如何才能知道需要哪些概念特征？并且如何才能确定“FEMALE TEACHER（女教师）”是否有对应的词元？这一问题非常重要，因为在模块化言语产出模型中，概念生成器与词库之间并不相通，因此概念生成器中会缺失一部分信息，这部分信息加上相应的概念说明，才能成功实现词汇检索。为了解决这一问题，Bierwisch 和
18 Schreuder 提出了一个单独的模块——**语言表达器**（verbalizer），该模块可以建立与词汇相关的概念特征，并且与词库相通。语言表达器模块这一提法并未被研究者长期沿用，因为 Levelt（1992）、Levelt 等（1999）以及 Roelofs（1997a）声称已解决与词汇相关的概念特征这一问题，他们主张概念应该被视为自身完备的实体，而不是一组特征的集合。Roelofs（1992）认为存在一个单独的概念层级，词义在该层级上得以明确，同时概念会将激活扩散至词项（词元）。概念由一个个的节点表示，例如，YOUNG（年轻）对应一个节点，DOG（狗）对应另一个节点，PUPPY（幼犬）对应第三个节点。如果语前信息包含 PUPPY 的概念说明，那么 PUPPY 节点将具有最高的激活水平，它将被选中，因此说话者不会说“young dog（年幼的狗）”，而是说“puppy”（见图 2.3）。

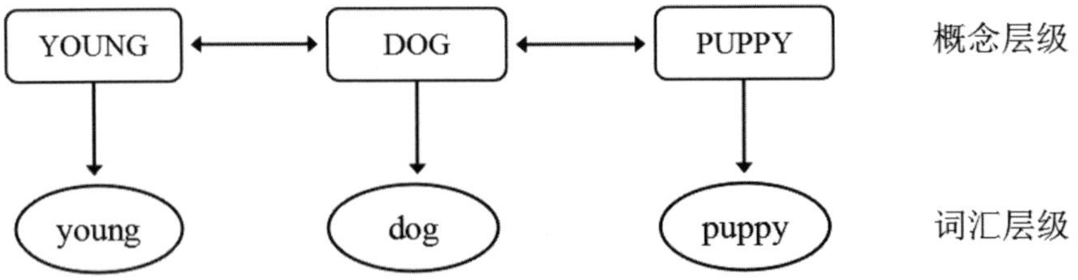

（单箭头表示单向连接，双箭头表示双向连接）

图 2.3 非组合性词义理论（基于 Roelofs，1992）

近来，La Heij（2005）提出同义问题在言语产出研究中并不重要，因为几乎不存在完全同义词，词与词之间几乎总是存在微妙的语用上或情感上的意义差

别。举例来说，如果一位母亲对她的孩子说“Look at that young dog（看那只年幼的狗）”，而不是说“Look at that puppy（看那只小狗）”，二者在风格上是有差异的。因此 La Heij 提出，语前信息包含某一特定单词的所有信息，这些信息不仅包括一个词的核心意义，还包括一系列的线索提示，比如所选单词的正式程度、是否使用委婉语、是否避免禁忌语和低频专业术语。提示列表可以进一步扩展到方言和语域，它的设置是基于对交际情景和对话者的了解。图 2.4 以单词“bloke（家伙）”为例阐释了 La Heij 的观点，该词包含 MAN（男人）这一概念 19
的语义说明，以及将交际风格指定为［+非正式］，将方言指定为［+英式英语］的提示。

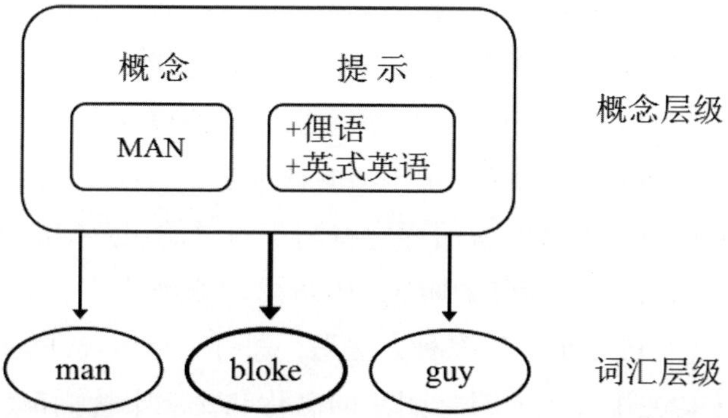

图 2.4　概念化阶段词汇特征的赋值（基于 La Heij，2005）

词汇编码

尽管研究者们对于第一语言词汇编码的发生机制持有多种不同的观点，但在某些问题上的看法还是相当一致的。研究者普遍承认的第一个观点是，一个词的口头产出涉及三个层级的加工：一是概念规划，即决定一个人想要表达的意思；二是词汇编码，选择与想要传递的概念相匹配的词项；最后是音系编码。另一个共识是，所有的这些加工过程都是基于竞争机制——概念、词项和音位在选择过程中相互竞争，选择的依据是候选项的激活水平，代表其可被获取的程度。激活水平最高的候选项是竞争的“获胜者”，它将被选中以便进行后续的加工。目标项与其他相关项的激活水平差异越大，选择过程就越容易，且越快；而激活水平的差距越小，从竞争项中做出选择就越困难。

除此之外，研究者普遍认为，在言语计划中不仅目标概念会被激活，其他相关概念也会被激活。例如，如果一个人想说出“table（桌子）”这一名称，其他家具的概念在某种程度上也会被激活。这种激活会随之扩散至词汇层级，所以像“bed（床）”和“desk（书桌）”这样的词项也会与“table（桌子）”形成竞争关系。因此，词汇编码的基本问题之一，就是如何选择词汇，而这一问题在双语言语产出中则更加重要。如果向一个人展示一张猫的图片，猫这一概念的激活水平将会最高，因此它会被选中以便进行后续的加工，这种情况通常不会出现什么问
20 题。然而，如果实验任务是要命名一张描绘猫的图片，同时这张图片上写了一个例如“dog（狗）”这样的词（这被称为“斯特鲁普任务”，在前面“语言产出的研究方法”一节中讨论过），说话人将如何在目标概念和文字干扰项之间进行选择？这一问题与我们在双语词汇选择中必须解决的问题非常相似，因为在双语情境中，第二语言使用者面对“猫”这一概念，必须选择目标语中的单词。在文献资料中，实现这一过程有两种可能的方法。其一是假设存在一种激活，被称为任务激活，以我们讨论的情境为例，由于实验任务是命名视觉呈现的图片输入，那么任务指令对视觉识别项目的激活程度将高于通过阅读感知的项目的激活程度（La Heij，2005；Starreveld 和 La Heij，1996）。在此观点中，选择过程仅基于词汇项的激活水平（见图 2.5）。第二种方法是，通过某种核查过程确保选择到恰当的词。Roelofs（1992）提出，目标图片的名称和文字干扰词都会被激活，同时它们也会被标记，图片的名称会有一个图片标记，文字干扰项会有一个词汇标记。Roelofs 和后来的 Levelt 等人（1999）认为，词汇选择机制会选择带有任务指令标记的词项，并且某个验证机制会核查所选的词是否正确（见 Levelt 等，1999，该机制被称为“核查约束”（binding by checking））（见图 2.1）。显而易见，

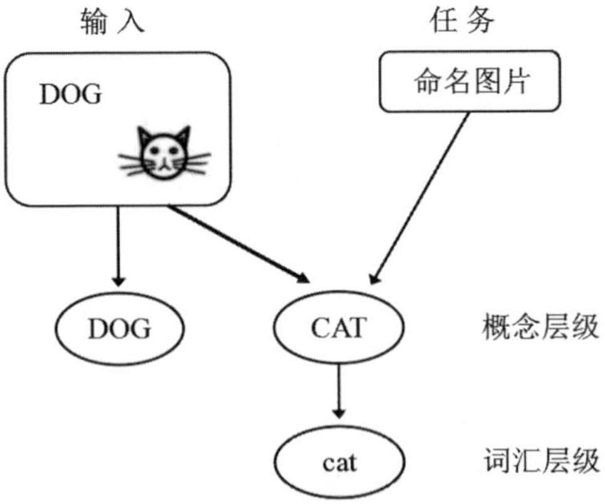

图 2.5　图片-单词干扰任务中基于任务激活的词汇选择（基于 La Heij，2005）

第二种“标记加核查”式的方案会引发诸多问题。La Heij（2005）指出该模型过 21
于复杂，包含了不必要的核查机制；此外，在较为复杂的任务中它可能会导致标签数量的激增，这是相当不经济的。他还认为核查机制的存在违背了 Levelt 模型的核心原则——模块化原则，因为 Levelt（1989，1999a）的假设是：一个加工组块只处理一种输入，不需要来自其他加工模块的信息。Starreveld 和 La Heij（1996）以及 La Heij（2005）对于词汇选择问题的解决方案因其简练性而更具吸引力，并且该方案似乎得到了注意力理论（theories of attention）的支持。注意力理论认为，将注意力引导至由任务指令确定的言语产出的特定方面，能够提升成功执行任务相关的概念的激活水平（Phaf，van der Heijden 和 Hudson，1990）。

当前词汇编码的另一个主要问题是，词汇检索过程是序列式的还是所谓的层叠式的。如前所述，研究者们似乎一致认为词汇检索包括两个阶段：选择包含句法信息的词元（例如名词的性、可数或不可数、复数形式等），以及激活词素，即单词的音系形式（例如“cat（猫）”的音系形式是[kæt]）。问题在于，这些过程之间具有怎样的关系？Jescheniak 和 Schriefers（1997）解释了序列处理和层叠式处理的区别，具体如下：

> 分离的两阶段式观点认为，在音系激活开始前，会先选中单个的词元，随后只有被选中词元（如 cat）的音系形式才会被激活，而语义竞争项的音系形式不会被激活。与此相反，在层叠激活模型（cascade models）与扩散激活模型中的音系激活不仅涉及目标项，还涉及任意已被激活的语义竞争项，其结果是音系形式同激活（co-activation）。（第 848 页）

下面我们对层叠式加工进行另例说明。如果想要对 TABLE（桌子）这一概念进行编码，那么，被主要激活的将是词元“table”。然而，在语义上相关的其他词元，如“desk（书桌）”或“bed（床）”同样可能被激活。因此，被选中的是“table”这一词元，但“desk”可能也被激活了（见图 2.6）。层叠式加工模型（Cascaded processing models）（Jescheniak 和 Schriefers，1997；Peterson 和 Savoy，1998）认为不仅音系词[table]会被激活，[desk]和[bed]也会，也就是说激活会传递至与目标项相关的词素。层叠式模型的另一假设是，在音系形式的激活
开始之前，词汇选择有可能尚未完成；换言之，词汇选择和音系编码在某种程度 22
上可以并行发生。

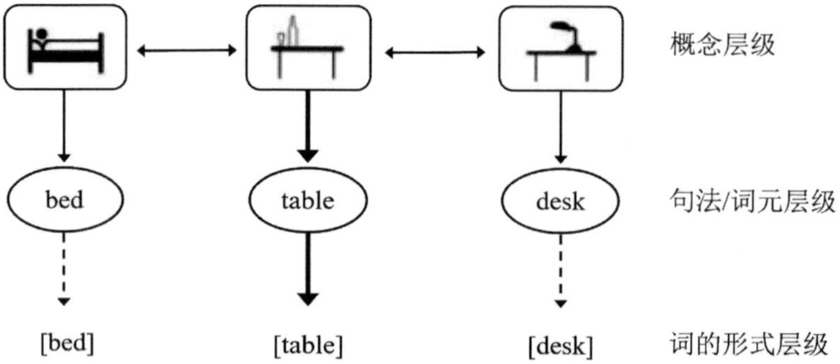

（单箭头表示单向连接，双箭头表示双向连接，虚线单箭头表示可能存在的层叠式激活）

图 2.6　言语产出中的词汇激活

最常被用来反对层叠式加工的证据来自使用电生理方法的大脑活动测量（ERP）的研究（Jescheniak，Hahne 和 Schriefers，2003；van Turennout，Haggort 和 Brown，1997）。Van Turennout 等人的研究在方法上极具突破性与趣味性，因此接下来我们将对其进行详细描述。在该研究中，被试需要执行两种决策任务，并且他们即时的大脑活动会被记录下来。研究人员向被试展示一些图片，要求他们判断自己看到的是有生命的还是无生命的概念，以及这些概念是否以某个特定的音位开头。在第一个实验中，如果图片上显示的是有生命的概念，被试需要用一只手回应；如果是无生命的概念，则用另一只手回应。音系信息决定了他们是否应该做出回应（称之为反应 / 不反应条件）。在另一个实验中，起始音位决定选择哪只手回应，而是否回应则由生命状态决定。对被试大脑活动的观察表明，语义信息比音系信息更早被获取，van Turennout 等人将此作为词元激活先于音系形式激活的证据，同时进一步证明了序列式检索模型（serial access models）的正确性。

Rahman 和 Sommer（2003）采用了类似的研究设计，并得到了相似的结果。然而，他们认为语义信息早于音系信息被获取这一事实并不必然支持序列式加工的观点，也并不意味着层叠式激活是不可能的。层叠式加工同样认为词元的
23 激活在先，音系形式的激活在后，其不同之处在于，词汇选择完成之前激活就能向下扩散至音系层面，即词汇编码和音系编码可以并行运作。通过电生理研究技术，Rahman 和 Sommer 发现“音系编码似乎与语义检索同时开始”（第 380 页）。在层叠式加工与序列式加工之争中，值得考虑的问题是，越来越多的证据显示第二语言产出中的激活过程可以从非目标语言的词元扩散至其音系形式（见

第四章），这表明在第二语言产出过程中，层叠式加工是可能的，而这种加工方式只发生在第二语言中，却不发生在第一语言中的可能性似乎微乎其微。

句法加工

扩散激活模型和模块化模型在句法处理的本质上也存在分歧。正如第一章所提到的，扩散激活模型认为在产出句子时，句法规则为句子生成一个框架，然后用词汇来填充这个框架。而在模块化模型中，由词汇的句法特征来引导句子的产出。扩散激活模型并没有详尽阐述句法加工的运作过程，而模块化模型在这方面则要详尽得多。基于 Kempen 和 Hoenkamp（1987）的**增量程序语法**（Incremental Procedural Grammar），模块化理论认为语法编码由六个阶段组成，还包括一个**语法记忆库**（grammatical memory store），它负责存储语法编码的中间过程。让我们以“The child enters the room.（那个孩子进入房间）”这个句子为例。第一步，首个概念元素 CHILD（孩子）对应的词元会被提取。第二步，词元的句法范畴会发起一个范畴过程，这个过程中短语范畴会建立起来，而已提取的词元可以充当该短语范畴的中心词。就“child（孩子）”这一词元而言，它被确立为一个名词，因而可以充当名词短语的中心词。第三步，检查信息，看哪些概念内容可以充当词元的强制性和（或）选择性补足语及指示语，并设置附加参数。再回到词元“child”这一例子，它被明确为单数名词，并且处于［+可及性］的状态，因此一个限定词节点将被附加到 NP（名词短语）节点上，词元“the（表特指的限定词）”将被激活。第四步，句法生成器将继续下一步语法编码：范畴过程会为处理完成的内容选择一个语法功能，它将决定当前输出在更高层级的范畴过程（如名词短语、动词短语或句子）中充当中心词还是补足语。在这个加工阶段， 24
名词短语“the child”成为句子的主语。第五步，词序规则被激活，它规定主语应该占据句子的第一个位置。接下来，如果条件允许，从句过程会将从句附加于短语之上。最后，前面提及的高级范畴过程将被激活，它开始处理词元检索阶段或第二阶段提供的相关信息片段。在上述例句中，接下来词元“enter（进入）”将被提取，短语过程会为其添加表示屈折变化的“s（表示第三人称单数）”，因为语法记忆库中检索到的信息明确了主语为单数。

扩散激活模型和模块化模型的一个基本区别是词汇选择机制和句法构建过程的交互程度。**严式前向反馈理论**（Strictly feed-forward theories，如 Levelt 等，

1999）认为，词汇选择先于并支配句法框架的生成，以这种方式构建的句法结构对一系列词元的选择并无影响。而**互动式理论**（Interactive theories）则认为，通过提升词汇选择的潜在候选项的激活水平，句法框架可能会影响词汇的选择过程（Dell，1986；Stemberger，1985）。后一种假设的证据主要来自言语偏误数据。据观察，在词汇替换错误中，例如把“I switch on the light（我开灯）”说成“I switch on the *sun（我开*太阳）”，替换词与目标词总是属于同一语法范畴（Garrett，1980），并且通常具有相同的性标记（Berg，1992）。这表明句法框架使得属于某个语法范畴的词具有更强的选择偏向。直到近些年来，研究者才开始借助实验技术来研究这一问题。Vigliocco、Lauer、Damian 和 Levelt（2002）发现句法过程和语义过程之间并不存在交互作用，这一发现或许被认为支持了前向反馈模型。然而，在更近的一项研究中，Vigliocco、Vinson、Indefrey、Levelt 和 Hedwig（2004）在各种短语结构中实验性地引入了替代错误，实验语言德语是一种性标记语言。他们发现，当被替换的名词前有一个限定词且其形式取决于名词的性标记时（der［阳性的］，die［阴性的］，das［中性的］），错误编码的名词往往与原本的目标词具有相同的性标记。Vigliocco 等人认为，对该现象的唯一解释是：在某些情况下，句法框架比应填充入该框架中的词元更早被提取。这给严式模块化模型带来了一个问题，因为模块化模型认为句法编码不会先于词元检索发生。近年来，学界对这一问题的关注日益增加，这可能会引发新的研究，从而可能为语义过程和句法过程之间存在交互作用提供更确凿的证据。

关于句法和语义相互作用的研究主要集中在短语结构上，但也有一些研究关注句子结构。句子产出主要采用的研究方法称之为句法启动。在句法启动实验中，研究者观察到如果一个句子使用了一种句法结构（称为启动项），那么另一个句子就更倾向于使用相同的结构（称为启动效应）（Bock，1986）。举例而言，如果呈现给实验被试的句子是“The lightning struck the church（闪电击中了教堂）”，之后他们更有可能用“The dog chases the cat（狗追猫）”而不是“The cat is chased by the dog（猫被狗追）”来描述一张狗追猫的照片。但是，如果被试看到或听到的句子是“The church was struck by the lightning（教堂被闪电击中）”，那么实验中更频繁被产出的句子则是“The cat is chased by the dog（猫被狗追）”。这些实验还表明，只有句法结构方面的相似性才会形成启动效应，启动项与目标项之间在词汇、主题、韵律或音系等方面的相似性并不会触发启动效应（相关述评见 Bock 和Levelt，1994；Levelt，1989）。这是一个重要发现，它表明一个句法产出规则会激活另一个相似的规则，因此扩散激活机制在句法编码中也具有一席之地。问题在于，激活在这个系统中是如何扩散的？它是像扩散激活理论所假设的那样，从一个句法框架扩散到另一个句法框架，还是像模块化理论提出的那样，发生在由词汇驱动的句法编码框架内？在经典句法启动实验的扩展实验中，研究者要求被试回忆他们一段时间之前看到的句子。研究发现（Potter 和 Lombardi，1990；Tree 和 Mejer，1999），被试能记住句子的大意，并使用最新激活的词来重建句子。在 Tree 和 Mejer 的研究中，研究人员首先向被试展示了包含各种名词短语结构的启动句，例如“The rich widow gave the university a million dollars（那个富有的寡妇给了大学一百万美元）”。接下来，被试听到了一些干扰词，包括动词“give（给）”的近义词，比如“donate（捐赠）”。研究结果表明，相较于使用启动中呈现的动词和句法结构（例如，give+名词短语+名词短语），被试更倾向于使用干扰动词，以及干扰动词所要求的句法结构来重新表述句子。在上述例子中，被试倾向于将句子回忆为“The rich widow donated a million dollars to the university（那个富有的寡妇向大学捐赠了一百万美元）”。该实验为句法编码由词汇驱动这一假说提供了强有力的支持，因为说话人倾向于使用最新激 26
活的词和它们指向的句法结构来重建句子，而并未使用最新激活的句法结构。

句法编码中还有一个饱受争议的问题，即句法信息和音系信息的提取顺序问题。这一争论在某种程度上类似于词汇编码和音系编码孰先孰后的问题（见“词汇编码”一节），相关研究通常以名词有性特征的语言（如德语、荷兰语和意大利语）为研究对象，考察性编码和音系加工之间的关系。支持 Levelt 言语产出模型的学者（如 Roelofs，Meyer 和 Levelt，1998；B. M. Schmitt，Meyer 和 Levelt，1999；Schriefers 和 Jescheniak，1999）认为，语法上的性标记是名词的词汇-句法特征，在产出名词时会被检索。换句话说，一个词的性特征不是在编码过程中根据形态-音系特征推算出来的（例如，意大利语母语者不会根据单词末尾的元音来推算其性特征，而是直接记住每个单词的性特征）。具有某个性特征的所有名词都跟用于指定性特征的性节点相连，这意味着每一类性特征都有一个抽象的性节点。以德语为例，单词“Übung（练习）”是一个阴性的名词，尽管词末的“-ung”总是指代阴性，但德语母语者并非根据“-ung”来确定词的性特征，而是直接检索该词的性特征。因此“Übung”与抽象的阴性性节点相连，就像该语言中所有的阴性词汇一样，比如“Mutter（母亲）”。

问题在于，语法上的性特征是始终都被提取，还是只在需要的时候才提取？

此外，某个词的性特征信息是否早于该词的音系形式信息被获取？Bock 和 Levelt（1994）声称，只有在一个词的词汇-句法特征被提取之后，才能选择音系形式。Caramazza（1997）将这一主张概括为**句法中介假说**（syntactic mediation hypothesis）。该假说认为，一个词的性特征等句法信息总是先于音系编码被激活。然而，Bock 和 Levelt 并未表明性特征信息每次都会被检索，在有些情况下，这种信息不是必需的。例如在句子“Was machen die Kinder?（孩子们在做什么？）”中，就没有必要检索“Kind（孩子们）”一词的性特征，因为德语中的复数限定词没有性之分。Caramazza 和 Miozzo（1997）通过一系列实验证明，在“**话到嘴边却说不出口**”（tip-of-the-tongue）现象中，尽管意大利语母语者无法确切表达出某个单词，但却能正确说出这个单词的性特征和首个音位。因此，他们
27 认为概念表征可以直接激活单词的音系表征，并且词汇-句法信息的激活可以与音系编码并行进行。如此一来，在他们命名的**独立网络模型**（independent network model）中，就不需要单独的词元层。Roelofs 等人（1998）引用了大量的研究证据以表明上述理论存在很大问题。关于语法方面的性特征信息比音系形式信息更早被获取这一假设，最具有信服力的证据来自 van Turennout、Haggort 和 Brown（1999）的电生理研究。该研究采用了与他们之前对词汇编码和音系编码的关系研究类似的设计（van Turennout 等，1997）。这项研究对被试大脑活动的观察表明，一个词在语法上的性特征较之其音系形式更早被获取。

音系编码

尽管 Roelofs（1997b）在结合扩散激活理论和模块化理论假设基础上建立的 WEAVER 模型（Word form Encoding by Activation and VERification）是最详尽的词形编码模型，但扩散激活理论和模块化理论有关音系编码的观点并不相同。本节将首先阐述关于音系编码的两种对立的观点，即所谓的特征理论和**音段理论**（segmental theories），然后将介绍 WEAVER 这一计算模型，该模型已被证明对于大量实证研究结果具有极强的解释力。

音系编码的特征理论认为，音系音段通过一组特征进行表征（例如，音位[b]的表征是［+浊音］［+唇音］［-鼻音］）。在音系加工中，词素会被映射到构成其声音的特征上。特征理论通常与扩散激活理论紧密相连（Dell 和 Juliano，1996；Mowrey 和 MacKay，1990）。而在模块化理论框架下开展研究的学者所秉

持的音段理论中，音系音段具有各自的抽象表征，并以一组特征的形式存储在记忆中，称之为组块（chunk）（Levelt，1989；Roelofs，1997b；Shattuck-Hufnagel，1979）。Roelofs（1999）采用一种称为**内隐启动**[①]（implicit priming）的方法开展了一系列实验，并进行了计算机模拟。最早由 Meyer（1990，1991） 28
使用的内隐启动实验的第一阶段，是被试必须学习一些词对；之后词对的第一个单词会呈现在被试眼前，此时他们需要说出第二个单词。这些实验设计了两组不同的词：同质组（homogenous set），即一组的两个单词在词形上有共通之处；异质组（heterogeneous set），即两个单词的词形之间没有相似之处。研究人员测量反应时延，以此确定相似性是否会加快反应速度。在 Roelofs（1999）的实验中，同质组分为两种情况：首个音段相同的词（例如，table（桌子），tennis（网球），token（标志）），以及首个音段只有一个特征不同的词，如清浊性特征（例如，door（门），table）。Roelofs 发现，只要单词的起首音段不是完全相同，就不会产生促进作用，这似乎表明言语产出中音位确实是以特征组块的形式被存储以及检索的。

Roelofs 的（1997b）WEAVER 模型是音系编码的综合模型，它结合了扩散激活的基本特点以及 Levelt（1992）关于音节即时划分（online syllabification）的假设。WEAVER 模型估算并划分音节，而非使用存储的音节组块；对词进行实时音节划分的时候，将相邻的词素和词纳入考量。例如在“I've seen him（我见过他）”一句中，“I（我）”和“have（助动词）”被视为一个音系词[aiv]。音系音段（即音位）和韵律结构（如重音位置）作为信息输入音节划分过程，该过程在 WEAVER 模型中被设想为纺织物的编织过程，从第一个音段到第二个音段，再从第二个音段到第三个音段，以此类推。换句话说，音位以序列的方式被激活，从单词的第一个音位开始，到最后一个音位结束。音系音段的位置是按照语言的音节化规则分配的。“基本上，每个元音和双元音会被分配到不同的音节节点，辅音划归为音节的起始音，除非出现音系上不合法的音节起始位置辅音群”（Roelofs，1997b：259）。以单词“tiger（老虎）”为例，[t]被划归为第一个音节的起始音，[ai]被划归为第一个音节的音节核，[g]是第二个音节的起始音，[ə]是第二个音节的音节核。在语音编码中，韵律表征用来设置响度、音高和时长的参

① 本书审稿人指出，这种类型的实验应该被称为配对联想学习后接线索回忆，因为并不存在启动。这是正确的，但本书还是采用内隐启动这一术语，因为这些研究者本人是这样命名实验的，并且这个术语经常出现在有关音系编码过程的研究中。

数，这一程序使发音动作得以受到控制。WEAVER 模型认为，言语产出是渐进增量式的，这意味着输入的片段足以触发产出过程。因此，如果韵律结构已知，音节划分就可以从词的起始音段开始，例如“tiger”一词中的[tai]，并且音节切分的中间结果可以被暂存，直到后面的音段加工就绪（例如，直到音节[gə]编码
29 完成）。在发音阶段，说话人从音节表包含的、大量已习得的动作程序中，提取发音动作程序。音节以动作谱组合的形式产出，以便执行发音动作，例如唇部外突、下腭降低等。这些动作谱明确了发音动作及其先后顺序。声音同化被认为是动作谱部分重叠的结果。在该模型中，激活只能向前扩散，扩散过程中每个节点都将自身激活的一部分传递给相邻节点，且激活程度自然衰减（见图 2.7）。

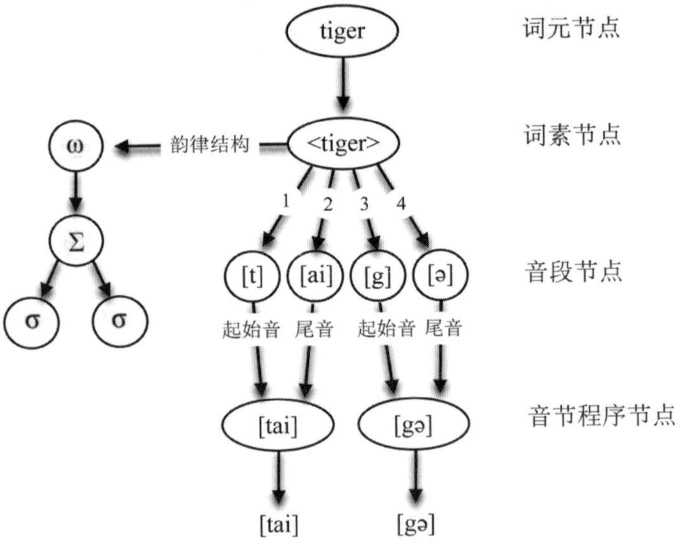

图 2.7　Roelofs（1997b）WEAVER 模型中的音系编码①②

监　控

正如本章在开头所提到的，扩散激活模型和模块化模型的主要区别之一，是
30 它们如何看待言语产出中的反馈和监控。传统的扩散激活理论认为，言语感知是

① 经爱思唯尔（Elsevier）授权重印自 *认知(Cognition), 64*, A. Roelofs，言语产出过程中词形编码的 WEAVER 模型. 版权©（1997）。

② [ai]和[ə]在图中被标示为“尾音（coda）”，在文中则被称为“音节核（nucleus）”。——译者注

通过自下而上的激活传递而实现的，当说话人监控自己的言语时，这一机制也会发挥作用。因此，该理论将监控视为感知和产出过程的内在特征，而并不假设存在各自独立的监控装置（Dell，1986）。扩散激活假说因一些原因而受到了批评。首先，如果错误是自动检测的，那么监控器就能发现所有的错误，进而自动纠正这些错误（Levelt，1989）。然而，实证研究表明，说话人并不会纠正他们言语中的每一个错误（Levelt，1983）。为了解决学界提出的一些问题，MacKay（1992）基于对意识的研究，提出了**节点结构理论**（node structure theory，NST）。MacKay 声称，如果一个节点与另外一个原本未被连接的节点之间建立了新的连接，就会出现持续的激活，这将会触发说话人的注意，从而有助于对错误进行检测。根据扩散激活模型，所有错误都会被检测到（Levelt，1989），针对这一批评，MacKay 认为尽管错误检测是自动的，但是否纠正错误取决于说话人有意识地做出的决定。然而这些决定的影响因素还尚未得到详细讨论。

第二类监控理论被称为**监控编辑器或监控产出理论**（editor or production theories of monitoring）。这一类理论与言语产出的主要理论均无直接联系。顾名思义，这些理论假定存在一个编辑器（editor），负责拒绝和替换言语产出过程中的不正确输出。该假设的主要问题在于，编辑器的处理能力从何而来，以及它在系统中处于什么位置。可能的情况之一是，编辑器有自己的规则系统，根据这些规则来检查输出。Baars、Motley 和 MacKay（1975），以及 Motley、Camden 和 Baars（1982）提出了一个模型，其中发音前编辑器会在实际发音之前对话语进行检测，参照标准如下：词汇合法性、句法和语义得体性、情景语境与社会层面的得体性。但显而易见的是，如果这种机制能够完美地运作，则根本不会出现任何错误。因此，为了使理论与现实相符，必须做出以下假设：要么编辑器所使用的规则系统并不完善（Garnsey 和 Dell，1984 等），要么在某一时刻使用的规则需视情况而定（Motley 等，1982 等）。在后一种情况下，具体规则的应用将取决于语境和可用的注意力等因素。这类模型的缺点在于，编辑器只能检查所有过程的最终结果，而不能在中间层拦截错误的输出。此外，决定发音前输出的得体性所需的知识需要复制在编辑器 31
中，这是非常不经济的（Berg，1986；Levelt，1989）。

为了消除这其中的一些问题，有些研究者（Nooteboom，1980；Norman，1981；参见 Postma 和 Kolk，1992）提出，加工系统的每个层级都应该有一个专门的监控器，以确保每个加工过程的输出都是恰当的。编辑器理论的这一变体被称为**监控产出理论**（production theory of monitoring）或称**基于产出的监控理论**

（production-based monitoring，PBM），因为监控器可以访问言语产出的不同阶段。然而，这一理论中监控器依旧必须包含与处理组块相同或几乎相同的知识。此外，监控器的运作方式也是未知的，因为如果它使得每个层级上的言语产出过程都中断，那么言语加工的速度将显著降低（Berg，1986；Blackmer 和 Mitton，1991；Levelt，1989）。

根据**发音前监控**（prearticulatory monitoring）和扩散激活理论的主要原则，Levelt（1983，1989）设计了拦截错误输出的模型，称为**感知闭环理论**（perceptual loop theory，PLT）。借鉴**发音前编辑理论**（theory of prearticulatory editing），他沿用了发音前的输出可以被检查这一设想；基于扩散激活理论，他提出同样的机制可以像用于对感知和检查他人话语那样，用于对说话人自己的信息进行检查。为了避免复制知识，Levelt 模型中的言语理解系统不仅用于加工自己的言语，同时还加工他人的言语。正如“语言产出的研究方法”一节提到的，该模型中有三个闭环用于检查各个过程的输出结果：（1）概念闭环（conceptual loop）——比较语前信息与说话者的初始意图；（2）发音前的闭环（prearticulatory loop）——检查音系加工过程的结果；（3）监控外部闭环（external loop of monitoring）——对已说出的信息进行句法分析。在概念闭环中，通常检查的是信息在特定交际语境中的恰当性；在发音前闭环中，编码错误会在发音前被拦截；在外部闭环中，说话者既检查话语交际的得体性，也检查其语言形式。

Wheeldon 和 Levelt（1995）基于近来关于自我监控中反应时间的研究，进一步探究了发音前监控的具体内容。Levelt（1989，1993）认为音系编码包括三个阶段：
32 （1）音系音段的激活，（2）音系词的产出，以及（3）语音-发音计划的生成。为了明确内部言语是在哪个阶段被解析的，Wheeldon 和 Levelt 进行了一系列的实验。这些实验表明，说话者可以在没有语音-发音计划的情况下进行自我监控。他们还发现，发音前监控对音节结构很敏感，音节结构在音系编码的第二阶段获取，即在产出音系词之后。因此，Wheeldon 和 Levelt 的研究结果表明，在语音-发音计划被编码之前，说话人就能在抽象的音系表征层面进行监控。

表 2.1　基于感知和基于产出的言语监控器以及监控节点结构理论之差异概览

	感知闭环理论（Levelt，1989）	监控产出理论（Nooteboom，1980；Norman，1981）	节点结构理论（MacKay，1992）
监控器的位置	中心位置	分布于各层级	产出系统的内在特征
意识情况	有意识的	自动的	纠错过程需要意识的参与
监控层级	1. 概念闭环 2. 发音前闭环 3. 外部闭环	言语产出的每个阶段	同节点层级数
监控速度	相对缓慢	快速	快速
修正机制	精细修正	简单追溯和重启	未知
与言语理解系统的关系	监控借助于言语理解系统	无关系	产出与感知共用节点系统

注：基于 Postma（2000）的数据。

接下来我们简要总结一下刚才概述的三种监控理论之间的主要差异（相关综述亦见 Postma，2000；总结见表 2.1）。第一点差异与监控器在系统中的位置有关。在感知闭环理论中，监控器位于中心位置；在基于产出的监控理论中，它分布在不同的加工层级；在节点结构理论中，它被视为生成过程的内在特征。感知闭环理论和节点结构理论认为监控是一种有意识的活动，而在基于产出的监控理论中监控是自动完成的。此外，感知闭环理论假设监控器会受注意力资源的限 33
制，而其余两种理论并未对监控能力设置此类限制。因为感知闭环理论中的监控是有意识的行为，并且使用的注意力资源有限，所以监控应该是一个相对缓慢的过程，而节点结构理论和基于产出的监控理论认为监控是快速的。

理论的可行性被检验频次最高的是感知闭环理论。该理论关于发音前监控的假设得到了实证研究的支持。因为大量研究表明，人们能够识别自己言语中的错误，即使他们听不到自己说的内容（Postma 和 Kolk，1992；Postma 和 Noordanus，1996 等）。然而，关于自我纠正时机的研究（Blackmer 和 Mitton，1991；Oomen 和 Postma，2001）发现了该理论存在的一些问题。最重要的问题之一是，在检测到错误之后语流会被中断，紧接着修正过程就会开始，二者之间存在极为短暂的一段间隔。在 Levelt（1989）的模型中，对自我纠正的规划应该发生在这一时间间隔内，并且假定言语的中断与重新计划是严格的序列式过程。关于这一问题，一种可能的解决方案是，中断和修正是“同时启动的并行进程，在检测到错误后立即同步开始”（Hartsuiker 和 Kolk，2001：148）。Hartsuiker 和 Kolk 利用 Oomen 和 Postma 收集的时间数据进行了计算机模拟，以检验这一假说。他们的研究表明，在假设中断与言语计划并行发生的情况下，计算机模型可以成功重现言语时间模式。于是他们得出结论：经过这样的修正，感知闭环理论似乎可以作为一个可行的言语监控模型。

言语产出的神经学研究

随着神经成像技术的发展，人们对参与言语产出与理解的脑区进行了大量研究。Indefrey 和 Levelt（2000，2004）对这一领域的研究进行了元分析（meta-analysis），总结了在言语加工的不同阶段，大脑的哪些区域是活跃的。神经语言学是认知心理学领域的一门快速发展的学科，在 2000 年，Levelt 和 Indefrey 发现有 58 项研究可以纳入他们的分析，到了 2004 年，这一数字增长到了 108。2004 年更大的调查数量也意味着，Indefrey 和 Levelt 能够发现与言语加工有关的新的脑区。

Indefrey 和 Levelt（2000，2004）发现，大脑左侧颞中回（left middle temporal gyrus）这一区域在生成词语和图片命名任务中处于活跃状态，但在词语
34 朗读任务中不活跃。词语朗读任务与其他任务不同，并不涉及概念选择，这表明左侧颞中回会参与概念驱动的词汇选择。然而，信息的概念化是在大脑的多个区域完成的，很难通过这些类型的任务加以识别。词形检索在图片命名、词语生成和词语朗读任务中都必不可少，但在假词朗读实验（pseudo-word-reading experiment）中则不需要。因此，在前三个任务中活跃而在最后一个任务中不活跃的脑区可以被确认为词形检索发生的区域。这些区域包括：右侧辅助运动区（right supplementary motor area）、左侧前脑岛（the left anterior insula），以及左后侧颞上回和颞中回（威尔尼克区）。词语产出的下一步是音节化（syllabification），这个过程在有声和无声的词语产出任务中均会发生。为了确认负责音节化的脑区，Indefrey 和 Levelt（2000，2004）提出，这些区域应该在所

有的产出任务中都是活跃的，与任务要求有声还是无声产出无关。在 2004 年发表的研究中，他们发现只有布罗卡氏区符合这一要求，并且左侧中部颞上回在音节化过程中所起的作用可能不如他们之前在元分析中所认为的那么重要。负责语音编码和发音的脑区应满足以下三个标准：（1）该区域的活跃状态更多发生在采用有声产出任务的研究中，数量至少是使用无声产出实验研究的两倍；（2）该区域的活跃状态更多出现在涉及有声回应的研究中，而不是出现在需要视觉处理的研究中；（3）该区域在词语感知阶段并不活跃。Indefrey 和 Levelt（2004）确定了 17 个符合这些标准的区域，其中 12 个是中枢运动神经系统的一部分（包括双腹侧运动与感官区、右背侧运动区、右侧辅助运动区、左侧及中部右小脑、双丘脑、右中脑）。这 17 个区域就是负责语音和发音编码的区域。Indefrey 和 Levelt（2004）认为其余 5 个区域在言语加工这一阶段的作用尚有待考证。神经成像研究为监控的感知闭环理论提供了证据，该理论认为分析自己的言语与感知他人言语是通过同样的机制来完成的。双侧颞上回除右侧前段外，在听词任务（word-listening task）和有声产出实验中均表现活跃，右侧前段这一区域可能负责言语的外部监控。至于哪些脑区参与了内部监控，Indefrey 和 Levelt（2000，2004）的元分析研究尚未能得出可靠的结论。

大量研究已经考察了参与第二语言产出的不同脑区。然而这些研究的问题在于，它们主要使用的是独词加工任务，并且通常没有恰当地区分熟练和不熟练的 35
说话人，以及经常使用第二语言和很少使用第二语言的学生。因此，正如 Abutalebi、Cappa 和 Perani（2001，2005）所指出的，从第二语言产出的神经成像研究中得出结论是非常困难的。尽管如此，Abutelabi 等研究者总结道，这一领域的大量研究结果表明，对于早期习得第二语言的双语者和大量接触第二语言环境的高水平说话人而言，无论是大脑的激活程度，还是参与第一语言和第二语言加工的脑区，都不存在差异。而较晚开始学习的双语者，尤其是那些第二语言并不熟练且缺乏目标语环境的人，说第二语言比说第一语言时激活的脑区更大，并且布罗卡区内激活的区域也不同。

小　结

本章回顾了第一语言言语产出各阶段出现的主要问题，现在我们总结一下目前对第一语言言语产出的了解，以及哪种模型能更好地解释这方面的已有知识：

模块化理论还是扩散激活理论。关于信息的概念化，我们的结论是不存在统一的言语计划单位，尽管言语计划似乎在很大程度上取决于话语的主题结构，主题结构表现为言语产出存在时间周期。就概念激活而言，我们还能证明概念并不是由一系列语义特征组成的。在第一语言言语产出研究中，最普遍接受的观点是：概念是不可分割的整体，不能被分解为若干语义成分（Levelt，1999b；Roelofs，1992，2003a）。此外，在概念说明和词汇选择的控制问题上，最合乎逻辑且最简练的观点似乎是，语前计划不仅应包含语义信息，还应包含用于明确给定词的正式程度和语体风格的信息（La Heij，2005）。

在词汇编码方面，研究者似乎达成了以下共识：选择词元在前，然后才是词元音系形式的激活。层叠式处理模型认为词元选择和音系激活在一定程度上可以并行运作，并且被激活但未被选中的词元也能获取其音系形式的激活。在笔者看来，反对层叠式加工的实验证据还不够有说服力，同时考虑到在第二语言研究中
36 发现了对层叠式激活的充分支持，第一语言言语产出研究中严格序列式的观点不太可能成立。句法编码方面似乎也是如此，越来越多的研究证据表明，句法信息在一定程度上会影响词汇选择。这可能同样意味着，不久的将来需要摒弃模块化模型的序列性质。然而在模块化理论中，句法编码由词汇驱动且先于音系编码这一假设似乎得到了许多研究的支持。根据 Roelofs（1999）的研究结果，我们还能得出以下结论：在音系编码过程中，音系音段通过特征块来表征，而不是一系列独立的、在编码音位时需要分别获取的特征。监控的相关研究似乎表明，稍加修改后的感知闭环理论（Levelt，1989）显然是第一语言言语监控的有效模型。因此我们可以假设在言语产出的三个不同层级上存在三个监控闭环——概念层级、发音前层级以及发音后层级，并且言语理解系统还用于检查话语的正确性和得体性。

在总结了迄今我们对第一语言产出的认识之后，我们来看看两种言语产出理论中，哪一种更可行，以及需要对更可行模型做出怎样的修改，以便使其符合已有研究的发现。与扩散激活理论相比，模块化模型的明显优势在于，它对每个层级的说明都更加详细，因而在言语加工的每个阶段对其进行检验和应用也更加容易。然而，笔者认为这并不构成优先选择模块化模型的充分理由。为了判断两个模型的优劣，我们需要考虑二者之间的四个主要差异：音系编码的特征观与音段观，框架-槽位模型与词汇驱动的句法，激活的扩散方向以及与此相关的监控。

在笔者看来，有关音系编码的研究成果表明，较之音系音段通过其自身的特

征进行表征更有说服力的，是音系音段有自身的抽象记忆表征。此外，词汇驱动句法编码的证据似乎也比句法框架激活词汇这一假设的证据更为充分。因此到目前为止，模块化理论看起来比扩散激活模型更可行。关于监控，模块化模型似乎也对错误的检查机制提供了最佳解释。模块化监控最有力的证据来自神经成像研究。研究发现言语理解和言语产出并不完全是在大脑的同一个区域完成的，尽管 37
二者的脑区部分重合；与此同时，有可能识别出负责监控的脑区（见 Indefrey 和 Levelt，2000，2004）。扩散激活理论认为言语理解是言语产出系统中激活的逆向扩散，如果事实如此，那么在言语产出和言语理解过程中，同样的脑区将被激活，因而无法识别出负责监控的脑区。除了神经成像研究的结果，实验心理学中似乎也缺乏证据能够证明激活的逆向扩散发生在所有的加工层级。综上所述，模块化模型似乎是一种比扩散激活理论更可行的言语产出模型。

然而，未来模块化理论还需要考虑两个重要的问题，其一是在模型中纳入层叠式激活的可能性，其二是解释句法信息对词汇编码的影响。这两个问题都与激活在系统中的扩散方式有关，模块化模型的严格序列性似乎需要加以修改。虽然目前的证据表明，激活不能在每个层级上任意地逆向扩散，但在特定的加工阶段之间，例如在词汇编码与句法编码过程之间，需要某种形式的交互作用。另外还需要接受的是，未选中项的激活扩散不会止于编码层级的边界，而是可以扩散至后续的编码层级。言语理解的研究成果和理论同样值得思考，因为迄今为止言语理解一直被视为一个互动的、并行的过程（相关综述见 Harrington，2001），因此，言语产出的某些阶段不能并行运作且不发生相互作用的可能性极小。

第三章　自动性理论及其与言语产出模型的关系 38

人类最复杂的无意识活动之一，是用母语编码他们想表达的内容。第一语言的言语通常毫不费力，语速较快，不需要说话者的注意力，可以与驾驶、洗漱、听音乐等其他活动并行发生。那么这一过程的自动性需要数年时间才能逐渐形成，还需辅以大量练习这个事实也就不足为奇了。自动性发展的研究首先考察了字母识别、简单算术任务等较低级技能的自动化，直到最近才尝试涉足语言产出及理解领域，这也无可厚非。在探究语言产出中的自动加工运行机制时，有几个必须面对的问题。第一，研究人员对自动性的定义存在较大分歧，因此他们往往对自动性的发展持有互相冲突的观点。第二，语言产出涉及不同类型的编码过程——使用规则的编码过程以及从记忆中检索词汇单位的编码过程，所以或许应该运用不同的自动化理论去解释这两种机制。第三，第一语言和第二语言习得领域的研究人员也可分为两类，一类认为语言学习类似于习得任何其他类型的技能，另一类相信语言习得是一个独特的认知过程，与任何其他技能的习得都不同。自动性理论一致认为，语言学习是人类完成的许多认知过程中的一种，尽管是最复杂的一种，因此在第一语言和第二语言学习领域，对于那些将语言视为一种凭借先天能力习得的独特认知技能的研究人员来说，自动性理论不能带来有益的启发。该领域的最后一个问题是，关于言语产出和自动性的研究是认知心理学中两个不同的领域，两者之间几乎没有任何联系。因此，当人们想要探究口语加工中的自动化时，他们进入的是一个未知的领域。

在本章中，笔者试图将言语产出与自动性研究联系起来，讨论如何利用不同
的自动性理论来解释各种类型的言语编码机制的发展。第一节回顾了自动性的定 39
义及特征，接下来是对各种自动性理论的说明，最后聚焦于言语产出的每个过程，包括从记忆中检索词汇化单位，并将自动性理论应用于这些产出机制。

自动性的定义及特征

虽然从直觉来讲，我们很容易区分什么是自动发生的，哪些过程是非自动的，但自动性的定义不计其数，并且往往相互冲突。DeKeyser（2001）汇总了1974 年到 1993 年间，心理学领域提出的自动性的 14 个不同标准。相关特征包括以下方面：快速、并行发生、不费力、不占用资源、非有意为之、是持续练习的结果、极少受到其他过程的干扰也不会介入其他过程、无意识、总是基于记忆检索、不会受益于进一步的练习、零错误、灵活、强大的产出规则、不会受到工作记忆（working memory）的干扰、在表现测评中平均值与标准差之间无相关性。从历史的角度来看这些定义，我们发现 20 世纪 70 年代和 80 年代最具影响力的观点（Schneider 和 Shiffrin，1977；Shiffrin 和 Schneider，1984）将自动加工（automatic processing）与其对应的受控加工（controlled processing）视为二分类，即一个连续统的两端。该理论认为自动加工具有以下特点：（1）快速且高效，（2）不受短期记忆能力的限制，（3）不需要说话人做出任何努力，（4）不能自行控制，（5）难以对其进行修正和抑制，并且（6）其过程不适用于内部检查。另一方面，受控加工被认为是：（1）缓慢且低效的，（2）受限于短期记忆能力，（3）需要说话人的努力，（4）由说话人控制，（5）灵活，（6）部分适用于内部检查。然而，Schneider、Dumas 和 Shiffrin 于 1984 年指出，他们在早期研究中提出的许多标准不是必要的，自动性最重要的两个特征在于它不需要占用加工资源和注意力。Kahnemann 和 Treisman（1984）首先提出自动加工和受控加工不是二元对立的，因为自动性可以有不同的程度。自 20 世纪 80 年代中期以来，出现了两种关于自动性的不同观点，一派认为自动性是将**陈述性**（事实性）**知识**（declarative knowledge）转化为**程序性**（procedural）规则，即**基于规则的方法**
40 （rule-based approach）；另一派则认为自动性是对记忆项目的一步提取（a single-step access），即**基于储存条目的方法**（item-based approach）。在基于规则的理论中，最重要的标准是对过程的关注度；而在基于储存条目的理论中，记忆检索起着核心作用。

在对自动性特征的综述中，N. Segalowitz（2003）列出了过去 30 年间实证研究所考察的特征：快速、强有力（无法阻止）、与量无关（与要处理的信息量无关）、不费力以及无意识。研究证据似乎表明，尽管一般来说自动加工比受控加工更快，但自动性的发展并不像 Shiffrin 和 Schneider（1977）指出的那样，仅仅是一种量变，同时自动加工总是与加工负荷无关这一假设也没有得到充分的支持（Schneider 和 Shiffrin，1977；Shiffrin 和 Schneider，1977）。然而，在自动性这一领域开展的研究似乎表明，自动的心理过程是强有力的（Neely，1977）、无需努力的（Posner 和 Boies，1971），以及无意识的（Jacoby，1991）。通过 Neely 的研究可知，像词语识别这样的自动过程是强有力的，换言之，是无法阻止的。实验被试无法避免对呈现词语的意义进行加工。Posner 和 Boies 证明，自动任务不需要努力和注意力，因此它们不会降低完成其他任务的速度。Jacoby 设计了一套巧妙的实验，让他为自动过程的无意识本质找到了实证支持。

自动性理论

如前所述，存在两种主要的自动性理论：基于规则的方法和基于储存条目的方法。基于规则的自动性理论将自动性的发展视为事实性知识转化为产出规则，即程序性知识的过程。举个第二语言学习领域的例子：当教授一个第二语言学习者冠词“a”和“an”的区别时（一个用在以辅音开头的名词前，另一个用在以元音开头的名词前），他或她首先会将其作为事实性或陈述性知识存储起来。通过练习，这一知识将转化为一条产出规则：例如，如果我看到一个以元音开头的名词，我会说“an”。最后，这条规则将自动应用，即不需要有意识的注意。基于规则的自动性理论试图解释这种转化是如何发生的。

Anderson（1983）的**适应性思维控制理论**（ACT*，adaptive control of 41
thought）及其修订版（ACT-R，adaptive control of thought-revised）（1995）提出，自动过程的发展不仅涉及量变，即速度的提升，同时还涉及加工本质的质变。Anderson 认为五种学习机制促成了自动行为的发展：**组构**（composition）、**程序化**（proceduralization）、**泛化**（generalization）、**区别**（discrimination）以及**强化**（strengthening）。组构和程序化是知识编辑的子过程，前者包括由较小的加工单位创建“宏产出（macro-productions）”，后者涉及陈述性知识的移除，以此实现产出的整体提取。换句话说，宏产出的创建被称为组块化（chunking），它指的是为了促进工作记忆的加工过程，将条目转化为更大的单位的心理过程。最简单的例子是对电话号码的记忆。由于工作记忆可以同时容纳 5 至 7 项，当试图记住一个电话号码即一长串不相关的一位数时，人们倾向于将这一数字串切分为更大的单位，使其更易保留在工作记忆中（例如，

246192236 被切分为 246-19-22-36）。程序化过程可以解释以下现象：一旦某种产出实现自动化，通常就不能再获取最初构成其基础的陈述性知识了。例如，曾经被明确教导在何种情况下使用英语现在完成时的第二语言学习者，在这些规则的应用实现自动化之后，可能会忘记确切的规则。程序性知识中的质变可以通过三个**调节过程**（tuning processes）来实现。首先是泛化，它拓宽了产出所必需的陈述性知识的应用范围，并确保产出规则应用于所有恰当的语境；第二个过程是区别，它缩小了应用范围，将规则的应用限制在恰当的语境中。最后是强化，这个调节过程实现了较差规则的弱化和较好规则的强化。该模型中的强化并不意味着在某个反应或某个程序的要素之间建立联系，而是增加了某个产出程序被选择的可能性。

Cheng（1985）的重组模型回答了自动化中的质性过程问题。她提出，任务执行能力的提高可以归因于“任务组成部分的重组，使它们协调、整合或重构为
42 新的感知、认知或运动单位”（第 414 页）。因此，任务执行的迅捷不仅源于进程的加速，还源于全新机制的建立。N. Segalowitz 和 S. Segalowitz（1993），以及 S. Segalowitz、N. Segalowitz 和 Wood（1998）也指出，自动性的发展不只是一个简单的加速过程，还是一个发生在任务组成部分的质变。他们通过考察练习后学习者表现的可变性的差异，为这一观点提供了证据。研究发现在练习的初始阶段，学习者的表现具有可变性高和效率低的特点。然而，随着特定技能的发展，加工变得更高效、更不易出错，表现的可变性降低。

在**竞争组块理论**（theory of competitive chunking）中，Servan-Schreiber 和 Anderson（1990）进一步完善了 Anderson（1983）适应性思维控制理论模型中的组构概念，他们认为如果旧的产出机制的单位在顺序上相连，且产出的目标相似，那么通过分解旧机制的单位，新的产出就得以构建。在组块理论框架中，Newell（1990）首先提出，建立一套机制就足以解释人类的认知活动，包括学习、产出和理解，而这个过程就是组块化。他指出，“一个组块是一个记忆组织单位，它将记忆中已经形成的组块集合起来，并组合成更大的单位。组块化象征着反复构建这种结构的能力，从而产生了记忆的等级结构”（第 7 页）。Newell（1990）以及 Newell 和 Rosenbloom（1981）认为组块的构建包括 3 个基本过程：

1. 人们以固定的频率构建组块，随着经验的积累，他们会构建更多的组块。

2. 随着相关性更高的组块被建构，执行任务的速度会得到提升。

3. 由于较高层级的组块比较低层级的组块更少出现（例如，试着比较“你现在应该去睡觉了”和“去睡觉”的出现频率），它们的实用性更低，学习过程也较慢。

Logan（1988）的示例理论（instance theory）首先提出，并不是所有的学习都涉及从陈述性学习到程序性学习的转变。Logan 认为自动加工等同于记忆检索，也就是说，算法不再被使用，取而代之的是从记忆中一步提取解决方案。因此，该理论中算法的工作机制不会发生任何变化。但如果一个问题被反复解决，
这个解决方案就会作为一个单位存储起来，当再次遇到该问题时就会被调用。通 43
过练习，问题和其解决方案的记忆痕迹之间的联系会增强，检索速度得以提升。Logan 还认为，基于规则的加工与记忆检索之间存在竞争，哪一种会被应用取决于这两个不同过程的速度。关于某个解决方案的记忆痕迹是如何形成的，Logan 的理论做出了三个重要假设：

1. 记忆中的编码由于注意而产生的必然且不可避免的结果，换句话说，人们只对自己关注的东西进行编码。

2. 从记忆中进行检索也是由于注意而产生的必然且不可避免的结果。

3. 每个受到刺激的记忆痕迹都会分别进行编码、存储和检索。

数学运算能对 Logan 的示例理论做出最好的说明：当一个人第一次学习像 6 × 3 这样的乘法时，他或她会使用 6 + 6 + 6 这样的算法。通过练习，这个人或早或晚将会记住（18）这一答案，于是他将从记忆中检索答案，而不会使用算法。当记忆检索速度超过算法的速度时，就会发生记忆检索。

除了 Logan（1988）的示例理论，还有其他学习理论也将自动性的发展归因于记忆。其中之一是强度理论（strength theory）（MacKay，1982 等），它认为反应和刺激间的联系会因练习而加强。MacKay 提出，自动过程可以是灵活的，较低层次任务的自动化解决方案可通过练习迁移到较高层次的任务中。因此，低层次例子的练习对于发展更高层次的自动技能是必要的。

虽然上述所有模型都可以解释在熟练的学习者表现中所观察到的**练习的幂定律**（power law of practice），但它们显然适用于不同类型的学习情境。练习的幂定律表明，最初的练习会在很大程度上加快运用技能的速度，但在某个阶段之后，练习对反应时间的影响逐渐减小，最终达到了人类运用技能的极限，练习不再对运用技能产生任何影响。基于规则和基于项目的方法都正确预测了这条学习

曲线（相关综述见 DeKeyser，2001）。尽管如此，示例理论的适用范围却相当有
44 限。该理论认为只有相同的刺激才能触发基于记忆的检索过程，对于相似刺激会引发的情况只字未提。换句话说，示例理论模型不能泛化解决方案从而使其适用于新的情境。另一方面，传统的基于规则的方法忽视了以下事实：在某些情况下，解决方案可能来自记忆，产出规则不再发挥作用，取而代之的是从记忆中直接提取。Palmeri（1997）以及 Nosofsky 和 Palmeri（1997）提出的**基于范例的随机行走模型**（exemplar-based random walk model）是一个主要基于项目的模型，其中记忆过程起着核心作用。但该模型会对接收到的刺激和其他类别的刺激进行比较，并假设目标类别和其他类别的反应是相互竞争的。基于范例的随机行走模型背离了传统的基于项目的理论，标志着向基于规则的模型这一方向迈出了一步。Anderson、Fincham 和 Douglass（1997）的研究也体现了一种收敛模式，在某些情况下，他们允许使用基于记忆的解决方案。

自动性理论在第一语言学习与言语产出中的作用

在第一语言言语产出领域，几乎没有研究尝试将自动性理论与言语产出模型联系起来，Towell、Hawkins 和 Bazergui（1996）在第二语言习得领域展开的研究是唯一相关的尝试。他们考察了一般技能学习理论能够以何种方式运用于言语产出模型。基于对高水平法语学习者流利性发展的定量和定性研究，他们认为 Anderson（1983，1995）提出的程序化发生在 Levelt 模型的句法生成器模块中，因为有关句法、形态和音系的产出规则在该模块中得以应用，并且从有意识使用的陈述性知识到自动运用规则的转换也在此处实现。当讨论自动性在言语产出中的作用时，我们需要考虑几个问题：语言学习是基于规则的还是基于项目的过程？语言产出主要是创造性的还是基于记忆的？Pawley 和 Syder（1983）令人信服地指出，人们产出的大多数话语并非由借助句法规则逐字构建的句子组成，而是由单词或短语序列构成，它们作为单位从记忆中整体提取，称之为程式化语言。这就意味着语言产出，尤其是在时间紧迫的情况下说话，主要是一个基于记忆的过程。问题在于，心理语言学以往研究中提出的言语产出模型只能解释创造性的语言加工，并未讨论如何存储和检索程式化语言。在
45 下文中，我将证明用自动性理论可以解释程式化表达的学习以及语言产出过程的习得，如词汇提取、句法编码和音系编码。

无论哪一种言语产出模型，唯一可以存储程式化知识的地方就是词库。此处不展开有关程式化短语的定义的争论（最新综述见 Wray，2002），我们将被存储和检索的程式化语言视为一个统一的单位。从心理语言学视角出发，我们需要解释程式化语言使用的两个方面：程式化表达是如何被检索的？它们在信息的句法编码中扮演着怎样的角色？程式化表达可以有不同的类型，其中习语、多词短语和词语搭配可能与心理词库中的其他词项别无二致。因此，那些在词汇的获取方式上各抒已见的言语产出理论也同样适用于这些类型的程式化表达。在检索方面，问题在于较长的可变及固定结构，它们一般表达一种语用功能，例如道歉、请求等[①]。换句话说，我们需要解释以下事实：一个英语母语者会把“I regret to tell you（很遗憾地告诉你）”这一短语作为一个整体从词库中检索出来，而不是依次获取组成短语的词，并根据该语言的句法规则来创建句子。在任意言语产出模型中，均由概念激活词项，因此我们认为组块化或更大意义单位的创建发生在概念层级。采用 La Heij（2005）的“复杂选择与简单获取”的观点，我们可以假设大多数语用功能可能会被概念化为一个单位，并包含有关正式程度、风格等因素的具体说明，这些概念单位会激活预先组构好的词汇单位（类似论证亦见 Kasper，1995）。至于程式化语言的句法，在言语产出的模块化模型中（Levelt，1989，1993；Levelt 等，1999），程式化表达和其他词项一样也能指向各类句法信息，这些信息会被用于句法编码。

自动性的组块化理论和 Logan（1988）的示例理论均能对程式化表达的习得做出解释。已有大量研究将第一语言和第二语言的词汇及习语习得视为组块化的过程（相关综述见 N. Ellis，2001，2003）。James 在 1890 年提出的接近律（the law of contiguity）认为，“曾经一起感受过的对象往往会在想象中联系起来，因
此当人们想到它们中的任意一个时，其余的可能也会按照与之前一样的顺序或存 46
在方式被想起”（转引自 N. Ellis，2001：42）。在现代认知心理学术语中，这意味着“在工作记忆中被同时或连续处理的节点往往会建立一种长期相互关联的关系”（N. Ellis，2001：42）。换句话说，经常一起出现的词项往往会形成组块（更高层级的短语或从句），当相应的概念特征出现时，这些组块会作为一个单位而被提取。根据 Logan 的示例理论，程式化短语的习得可以看作是运用句法规则建

① 有关程式化语言使用的相关研究表明，程式化表达一般具有语用功能。此外，许多研究者认为语用功能是判断程式化表达的决定性标准（相关综述见 Wray，2002）。

构较大语言单位的编码过程和记忆单位检索之间的竞争。这一观点认为在语言学习的初始阶段，由于语言单位还没有在记忆中进行充分编码，此时应用规则更快。借助经验与练习，记忆检索的速度逐渐超过了基于规则的加工，由此程式化表达作为一个单位从记忆中被提取。需要注意的是，由于示例理论假设，记住的解决方案只能由完全相同的刺激触发，它似乎缺少语言产出所必需的灵活性，因为言语产出过程中几乎不存在相同的刺激。该理论的最新版本，基于范例的随机行走模型（Nosofsky 和 Palmeri，1997；Palmeri，1997）允许相似而不一定相同的刺激触发记忆检索，因此它似乎比传统的示例理论更适用于语言学习。

关于儿童如何习得程式化语言的研究表明，组块化理论和示例理论都能为程式化表达的记忆提供可行的解释。Peters（1977）在其开拓性的研究中发现，儿童在第一语言学习中往往会混合使用两种不同的策略：整体型或格式塔型第一语言学习者在习得初期倾向于使用未经分析的序列，并在习得后期从组块中提取出语言规则；而分析型学习者倾向于用独词构建话语，在学习之初就试图应用简单的语言规则。该研究的基本假设得到了许多后续研究的支持（相关综述见 Wray，2002）。儿童可以放在一个一端是完全分析型、另一端是完全整体型的连续统上。Peters 的这一发现，即儿童在第一语言学习方式上存在差异，或许表明程式化表达既可以作为未经分析的组块习得，也可以作为短语习得，这些短语首先由规则建构，然后才作为一个单位储存在记忆中。

上文中我们将程式化语言纳入了言语产出模型，并讨论了它的习得方式，接
47 下来我将详细阐述词汇、句法和音系编码过程的自动化。词汇编码的主要过程是获取存储在心理词库中的词项。为了高效地检索词汇，需要在概念与词之间建立强有力的联系，并且把搜索机制替代为一步式的直接提取。言语产出方面的自动化可以用记忆强度理论（memory strength theories）予以最佳解释，包括联结主义（connectionism）。这类以 MacKay（1982）的研究为代表的理论认为，练习会增强像语言这样的等级网络中节点之间的联系，此处即概念与词项之间的联系。这一观点中的自动性意味着，一旦网络中的某个节点被激活，它会自动将激活进一步扩散至与其相连的节点。关于词汇提取中自动性的发展，如果由视觉或其他类型的输入激活的概念能够自动将最高水平的激活传递至其相应的词汇节点，那么词汇检索就实现了完全自动化。

与解释词项的自动提取相比，解释句法和音系编码中自动性的发展要复杂得多。在讨论句法和音系加工中的自动性时，我们需要区分基于规则应用的机制

（如短语或小句的构建过程）和词条的句法及音系信息的激活。为词库中的词项选择句法及音系信息与词汇提取类似，因此，前文对词汇检索自动性的发展所做的假设亦可应用于这些过程。正如强度理论（MacKay，1982）所提出的，如果词元与相关句法信息（如性、可数性等）之间的联系，以及词元与其音系形式之间的联系变得足够强大，以至于不再需要搜索机制，那么此时它们之间的连接就实现了自动化。在基于规则和基于项目的自动性理论视角下，我们可以探讨句法和音系规则的自动化。在基于规则的模型中，Anderson（1983，1995）的 ACT* 及 ACT-R 理论已在第一语言习得领域得到了验证。有证据表明，句法规则的自动应用是程序化的结果（该领域的最新研究见 Matessa 和 Anderson，2000），也就是将有意识习得的句法知识转化为自动的产出规则。目前并无研究考察音系规则的自动化，但关于句法的研究成果或许能迁移到这一领域。在 ACT-R 理论中，程序化不仅意味着编码过程的加速，同时也意味着诸如泛化、区别和强化等 48
过程的应用发生了质变（亦见“自动性的定义及特征”一节）。另一方面，组块化和联结主义理论主张句法规则不是通过程序化习得的，而是首先获得大量范例（即未分析的组块），再从这些范例中提取出语言规则。计算机模拟的语法习得最常被用于支持该观点，研究表明，仅仅基于对词项的共现概率分析，被赋予了大量语言输入的联想学习程序就能提取出句法及音系规则（相关综述见 N. Ellis，2001）。

小　结

本章笔者首先回顾了自动性的各种定义，并得出结论：对该术语的理解在很大程度上取决于人们如何看待自动化这一过程。一部分理论主要将自动性的发展视为一个基于规则的过程，不需要注意力是基本的定义标准之一；然而在基于项目的理论中，一步式记忆检索是自动性最重要的特征。随后，我介绍了各种学习理论，例如 Anderson（1985，1993）的程序化模型、组块理论、示例理论、强度理论，以及结合了基于规则和基于项目的方法的最新观点。本章的剩余部分聚焦于探讨如何将言语产出过程与自动性理论联系起来。本书指出，为了理解言语产出中自动性的发展，我们首先需要将作为一个单位从记忆中提取的程式化短语放入言语加工模型。我认为程式化表达存储在心理词库中，并基于语前计划中的概念说明，通过一步式记忆检索获取。这意味着词汇单位对应的概念组块是在概念生成器中构建的。除此之外，我阐述了用组块化理论和示例理论去解释程式化表达习得的方式。研究表明强度理论能为词汇检索中的自动性提供最恰当的解释，而 Anderson（1983，1995）的程序化理论以及组块化理论都能运用在基于规则的句法和音系编码机制中。由于缺乏实证研究考察超越词的识别这一层级的自动性的发展，在言语产出过程的自动化问题上，我所概述的观点含有很大的推测成
49 分。为了检验这些假设，展开实验室研究和特别关注自动性的纵深观察性研究都是必需的。

推荐阅读

1. Levelt, W. J. M. (1989). *Speaking: From intention to articulation.* Cambridge, MA: MIT Press. 在心理语言学领域发表的相关著述中，该书对单语言语产出进行了最详细的讨论。Levelt 首先阐述了交际意图如何被投射到语言计划中，以及这些计划如何将社会语言因素、语用因素及语境因素考虑在内。之后该书详细描述了词汇编码、语法编码、音系编码、发音和监控。Levelt 建立了一个全面的言语产出理论——产出的模块化模型，并探讨了该模型如何适用于单语言语产出的研究发现。虽然该书并未详细阐述言语加工的扩散激活理论，但这一范式下进行的研究的结果在词汇、语法、音系编码和监控这些章节中进行了讨论。

2. Levelt, W. J. M. (1999). Language production: a blueprint of the speaker. In C. Brown & P. Hagoort (Eds.), *Neurocognition of language* (pp. 83-122). Oxford, England: Oxford University Press. 该书的这一章为 Levelt 的言语产出模块化模型提供了易于理解的最新总结。Levelt 首先回顾了言语产出系统的演变发展，然后进一步讨论了言语加工的各个步骤，包括最新的言语编码理论以及一些实证研究结果。与他 1989 年的理论相比，两个主要变化在于引入了 Roelofs（1997b）关于词形编码的 WEAVER 模型，以及词元不包含语义信息这一假设。由于自 1989 年以来，原始模型已经做出了大量修改，因此我们强烈建议第二语言习得领域的研究人员和学生也要熟悉该理论的最新版本。

3. Dell, G. S. (1986). A spreading activation theory of retrieval in sentence production. *Psychological Review, 93,* 283-321. 这篇经典文章包含言语产出的扩散

激活理论的基本原理。Dell 首先阐述了其理论背后的语言假设，即词库包含的词汇知识是非生成性的、被直接储存的，并且语言规则创建了有待插入词的框架。他还描述了其模型的等级结构，由相互关联的概念、单词、词素、音位、音位特征、音节和音节成分组成。接下来讨论了针对该理论加工过程所做的假设，其中 50
最重要的是激活可以向两个方向扩散。文章的剩余部分试图运用该模型去解释言语错误的数据，同时对该模型进行了计算机模拟实验。

4. Meijer, P. J. A., & Fox Tee, J. E. (2003). Building syntactic structures in speaking: A bilingual exploration. *Experimental Psychology, 50,* 184-195. 这篇文章介绍了言语产出中句法编码的最新研究成果，并对以往的句法加工研究进行了出色的总结。该研究的被试完成了经典句法启动实验的改进版：即时回忆任务。研究结果表明，当根据记忆重建一个句子时，说话者首先检索单词，然后再应用词项所需要的句法构建程序。该研究证实了词元驱动的言语产出模型所做的假设，即在构建话语时，首先获取的是词，词再进一步激活恰当的句法构建程序。

5. Roelofs, A. (1997). The WEAVER model of word-form encoding in speech production. *Cognition, 64,* 249-284. 这篇文章详细讨论了 Roelofs 的 WEAVER（word form Encoding by Activation and VERification）模型。该模型假设词形检索通过扩散激活得以实现，词的音系表征基于即时音节化（active syllabification）原则，从左到右逐步构建的。Roelofs 将后一个过程比作织布，因而得名 WEAVER 模型。该模型还假设音节并非作为预先组构好的单位被存储，而是每次调用时都会进行重新加工。Roelofs 提出，对编码过程的检查是通过一种验证机制完成的，这种机制被称为检查约束（binding by checking）。该文还讨论了如何运用 WEAVER 模型去解释以往关于音系编码的研究结果，以及计算机模拟如何预测该理论的基本原则。

6. Postma, A. (2000). Detection of errors during speech production: A review of speech monitoring models. *Cognition, 77,* 97-131. Postma 的文章对言语监控理论及实证研究进行了最新的翔实的述评。文章的第一部分给出了错误、自我纠正和各类自我修正的定义。接着概述了言语产出中的反馈循环，以及现有文献中提出的监控层级。最后，根据研究成果，对监控的主要理论进行了阐述和评价，重点介绍了近年来关于自我修正时机的研究。Postma 总结道，Levelt 的感知闭环理论在改进后能够解释大部分监控研究的结果。 51

7. van Turennout, M., Hagoort, P., & Brown, C. (1999). The time course of

grammatical and phonological processing during speaking: Evidence from event-related brain potentials. *Journal of Psycholinguistic Research, 28,* 649-676. 这篇文章所描述的研究为词汇编码和音系编码的顺序问题提供了新的见解，以及言语产出中激活能否从一个处理层级扩散至另一个更低层级的问题。这项研究的有趣之处还在于它的研究方法，实验被试在执行两种决策任务时的大脑活动被记录了下来。研究人员向被试展示了一些图片，并要求他们判断自己看到的是有生命的概念还是无生命的概念，以及这些概念是否以某个特定的音位开头。对被试大脑活动的观察表明，语义信息比音系信息获取得更早。van Turennout、Hagoort 和 Brown 的研究成果经常被用于反对言语产出中激活的层叠式传递。

第二部分

55 第四章　词汇编码与双语词库

本章讨论了与第二语言词汇编码以及词库组织相关的重要理论问题和实证研究结果。词汇过程在双语言语产出研究中受到了广泛关注，原因如下：首先，语言教师和该领域的研究人员普遍认为，词汇知识对于第二语言交际至关重要。人们可能只需使用几条语法规则就可以开口讲话，并且能够被他人理解，但是如果不使用恰当的词汇，交际就很难成功（Widdowson，1978）。第二，在词汇层面，第一语言和第二语言具有最高的互动水平。很大一部分有意识的语码转换只涉及一个词项的使用（Poplack，1979/1980），并且第一语言词汇的意义与形式也经常迁移到第二语言中（N. Ellis，1997；Jiang，2004；Odlin，1989，2003）。与发生在言语编码任何其他层级上的无意识语码转换相比，由第一语言和第二语言词项的竞争导致的无意识语码转换更为频繁（Poulisse，1999）。最后，在最具影响力的言语产出理论之一，即由 Levelt 及其同事提出的模块化模型中（Levelt，1989；Levelt 等，1999），词汇编码起着核心作用，因为词项支配着句法处理（参见第一章“Levelt 的言语产出模块化模型”一节）。因此，如果我们能够很好地理解词汇提取是如何发生的，就能对言语产出的一个主要机制予以解释。综上所述，在第二语言言语产出中，词汇编码和双语词库是得到最广泛研究的领域也就不足为奇了。

本章我们首先回顾第二语言言语中的词汇编码。接着讨论了词汇提取的机制，并阐述了词汇选择过程。本章的后半部分聚焦于双语词库的组织。首先讨论了双语存储中的概念表征，然后对有关双语词库组织的研究进行了分析。在笔者看来，尽管得益于认知及实验心理学领域展开的细致的理论和实证研究，我们对
56 词汇编码有了较好的理解，双语词库组织的研究中却依旧存在一个术语和理论上的困惑。笔者认为，提取和表征的问题常常混杂难辨（亦见 Grosjean，1998），并且双语词库领域研究人员的许多主张并不符合词汇提取领域的研究结果以及已得到普遍承认的语言生成理论。本章还讨论了词汇层面的语码转换和迁移，以及第二语言词汇习得的心理语言机制。

第二语言词汇激活与选择

正如我们在第三章所看到的，研究者普遍认为，人们会在概念化阶段选择想要用于交流的语言。在 Levelt（1989，1999a）的模型中，这一阶段可获取关于交际情景的信息，进而决定哪种语言适合于当下的互动。在讨论词汇选择时，我们需要理解一个重要的区别：激活与选择，即激活不一定意味着选择。从第一语言言语产出的研究可知，当我们想要编码一个概念时，如 TABLE，不仅是 TABLE 这一概念会被激活，CHAIR、DESK 等相关概念也会在一定程度上被激活。因为我们想要表达的是 TABLE 这一概念，它将被赋予最高水平的激活，从而会被选中。其他相关概念的激活水平会低于 TABLE。随着激活从概念层级扩散至词汇层级，TABLE 所对应的词元也将成为激活程度最高的词元。然而，TABLE 这一概念还会激活在语义上相关的词元，例如“desk”和“chair”，尽管其激活程度比词元“table”要低（关于该问题的详细讨论，见 Bloem，van den Bogaard 和 La Heij，2004）。因此，无论是在概念层级还是词汇层级，激活与选择都需要加以区分。简而言之，我们可以说选择总是伴随着激活，但激活并不总是会导致选择。

第二语言词汇编码研究首先提出的问题是，概念系统是只将激活扩散至目标语言的词库，还是非目标语言的词库也会得到激活。该领域的早期研究认为，这一问题最简明的解决方法是假定激活只扩散至选定语言的单词，而另一语言的词项不会被激活（McNamara，1967；McNamara 和 Kushnir，1972；参见 Costa，2005）。换句话说，当必须用英语命名一张椅子的图片时，匈牙利语母语者只会激活英语单词，而目标概念所对应的匈牙利语单词不会被激活，如“szék”和与 57
之相关的词项。然而最近的研究却表明事实并非如此。

若干研究证明，概念系统会将激活扩散至第一语言以及第二语言词项。Poulisse 和 Bongaerts（1994）以及 Poulisse（1999）对于口误的考察拉开了相关研究的序幕。通过将不同英语水平的荷兰语母语者产生的口误汇总为一个大型语料库，Poulisse 和 Bongaerts（1994）以及 Poulisse（1999）发现，其中大量口误体现为第一语言词汇替换。例如，“she *hheft,* uh she has eh, big ears（她有大耳朵）（Poulisse，1999：148）。研究者对第一语言词汇替换发生的原因做了如下假设：被编码的概念错误地同时激活了第一语言和第二语言词元，这进一步激活了第一语言和第二语言单词的音系形式（词素）；又因为一般来说第一语言词素的使用频率高于第二语言词素，所以它们将被选中并进行后续的音系加工。

以中高级英语水平的荷兰语母语者为实验对象，Hermans 等人（1998）开展了一系列实验，实验中被试必须用他们的第二语言对图片进行命名，要求忽略图片上呈现的干扰词。从第一语言产出的相关研究可知，与目标图片在语义上相关的干扰词会减慢图片命名的速度。原因在于，一个语义上相关的词的呈现会提升相关词项的激活水平，加之该激活水平原本就处于高位，因为概念上相关的词也会从目标图片获取一定程度的激活。通过这一方式，目标词和干扰词的激活水平差异减小，从而减慢了产出速度。这种效应被称为**语义干扰**（semantic interference）。第一语言的图片干扰研究还表明，音系上相关的干扰词有利于被试做出选择，因为它们会将激活扩散至目标概念，从而提高目标词项与其语义上相关的竞争项之间的激活水平差异（见图 4.1）。这种效应通常被称为**音系促进效应**（phonological facilitation effect）（关于使用图片-单词干扰范式的第一语言研究综述，见 MacLeod，1991）。因为 Hermans 等人想要考察的是，当要求被试用英语命名单词时，荷兰语单词是否也会被激活，于是他们在研究中设计了另一种图片-单词干扰情形，即荷兰语干扰词（例如 dal［山谷］）与目标词（mountain［山］）
58 的荷兰语对等词（berg［山］）在语义上相关。如果两种语言都被激活，那么图片命名速度会慢于词项不相关情况下的命名，因为荷兰语单词“berg”和英语单词“mountain”这两个在语义上相关的词会相互竞争，以争取被选择。这项研究支持了实验假设，因为与干扰词和图片名称没有任何关系的情况相比，语义相关情况下的命名时延明显更长（见图 4.2）。

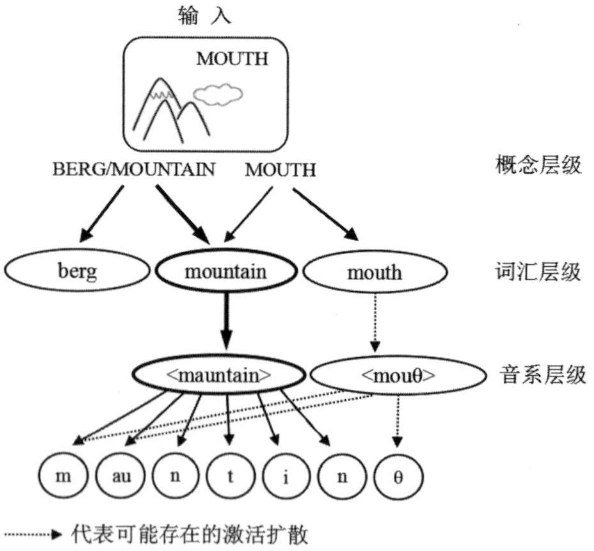

图 4.1 词汇提取中的音系促进效应

注：基于 Hermans 等人（1998）对使用英语的荷兰人的研究。

在不同的研究方法下，Colomé（2001）选取了不同的第二语言使用者，基于一系列音位监控任务（phoneme-monitoring tasks）的研究结果得到了相同的结论，即两种语言在词汇编码中都是活跃的。在她的研究中，高水平的加泰罗尼亚语-西班牙语双语者必须决定所呈现图片的加泰罗尼亚语名称中是否包含与加泰罗尼亚语或西班牙语中的一个音相对应的字母，或者是与两种语言的单词中的音均无法对应的字母。例如，她发现两种语言都会被激活，因为当加泰罗尼亚语单词（如 cadira）的西班牙语对等词（如 silla）中包含的一个音位（如[s]）与图片一
起呈现时，产生了语义干扰。Colomé 认为，在这种情况下音位[s]会激活目标语 59
言加泰罗尼亚语单词的西班牙语对等词（“silla”），该词与加泰罗尼亚语词项（“cadira”）形成了二选一的竞争关系。因此，需要更多时间来确定所呈现的音位是否属于图片所描绘单词的一部分，这一事实可以成为两种语言同步激活的证据。

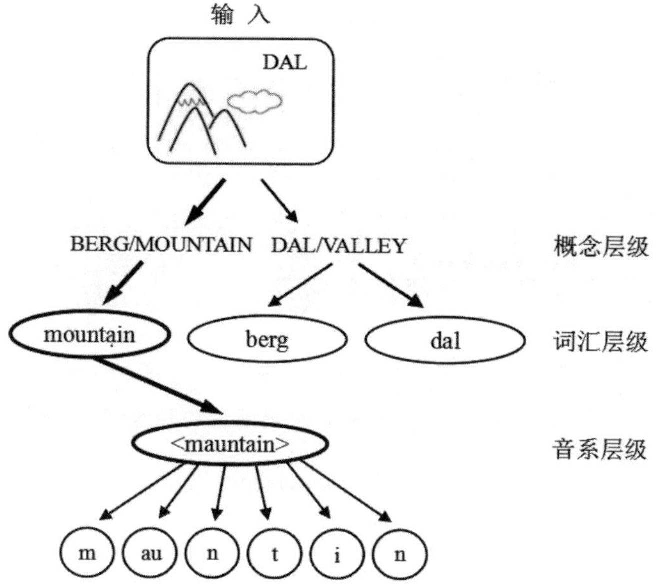

图 4.2　第二语言词汇提取中的语义干扰

注：基于 Hermans 等人（1998）对使用英语的荷兰人的研究。

Hermans 等人（1998）和 Colomé（2001）基于语义干扰的研究为第一语言和第二语言词项的同步激活提供了证据，而 Costa 等人（2000）则发现了跨语言的音系促进效应。在他们的研究中，加泰罗尼亚语和西班牙语双语者需要对图片进行命名，一些图片的名称在两种语言中具有音系上的相似性（称为同源词），

另一些图片的名称在加泰罗尼亚语和西班牙语中没有任何联系（见图 4.3）。如果两种语言在词汇提取过程中都被激活，得益于翻译对等词的音系促进效应，那么相较于非同源词，双语者可以更快地命名同源词，但这种命名时延的差异不应出现在单语使用者中。研究结果证实了这一假设，并且得到了 Kroll 等人（2000）的重复研究验证。从以上研究综述可以明显看出，各研究使用了不同的研究方
60 法，以及不同语言、不同水平的实验被试，但在双语言语产出中的词汇提取方面都得到了相同的结论，即概念系统会将激活扩散至两种语言的词项，包括选定语言及非选定语言。

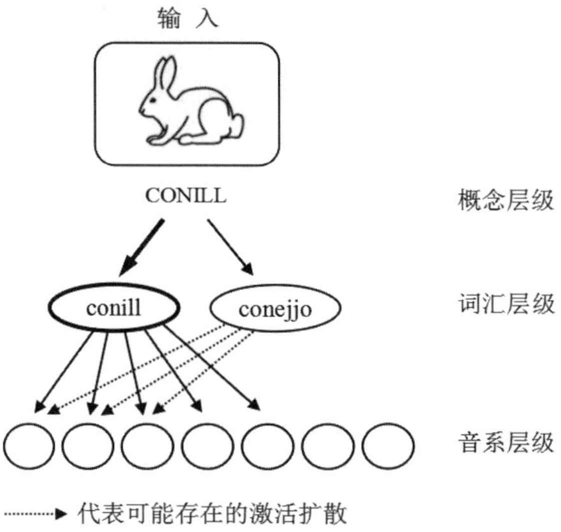

图 4.3 加泰罗尼亚语-西班牙语双语者的同源词促进效应

注：基于 Costa，Caramazza 和 Sebastian-Gallés，2000。

我们已经看到，目标语言和非目标语言的词都会在词汇编码阶段被激活。从逻辑上讲，这也意味着每个被激活的词都是词汇选择和进一步的音系加工的可能候选项。然而事实并非如此。关于激活单词的选择有两种观点：一种被称为**非指定语言选择**（non-language-specific selection）的观点，认为每个单词无论属于哪种语言都可为进一步的加工所用；另一种观点则认为，只有目标语言的词才能成为词汇选择的可能候选项，通常称之为**指定语言选择**（language-specific selection）的观点。

我们先来看看非指定语言选择的实验证据。如前所述，Hermans 等人（1998）和 Colomé（2001）都在第一语言和第二语言词元之间发现了语义干扰，这表明第一

语言和第二语言词元不仅会在词汇编码中被激活，它们还具有二选一的竞争关系。以这样的竞争关系为依据，Poulisse（1999）还解释了混合词的出现，混合词从第一语言和第二语言单词中各取一部分而组成（例如，“springling”由英语单词“spring”和德语单词“Frühling”构成）。她认为混合词正是第一语言和第二语言 61
词元竞争的结果，在此过程中两种语言的词元都偶然被选中以便进行后续的音系加工，并且两个单词的音位组合成为一个新词。Lee 和 Williams（2001）考察了语言转换与词汇选择的关系。在他们的研究中，被试需要对三个连续呈现的定义所描述的单词进行命名（例如，埃丹干酪是一种荷兰……［干酪］，女王住在白金汉……［宫殿］，旅行者在沙漠中骑的动物［骆驼］），然后再对两张图片进行命名（例如一所房子和一个苹果）。在启动条件下，第二个定义所描述的单词与目标词在语义上相关（例如，“宫殿”一词的定义为房子的图片创造了启动效应）。在其他条件下，图片和定义之间没有任何关系。被试是英法双语者，他们必须用英语对定义进行命名，这些定义也是用英语呈现的，同时他们需要用英语或法语给图片命名，或者是第一幅和第二幅图片各使用一种语言。在后文讨论词汇选择的抑制效应时，我们再来看 Lee 和 Williams 的实验结果；就当下而言，重要的是他们的研究同样表明，第二语言产出中第一语言和第二语言词项之间存在着竞争，若英语和法语词对在语义上相关，产出的速度就会因此而减慢（见图 4.4）。

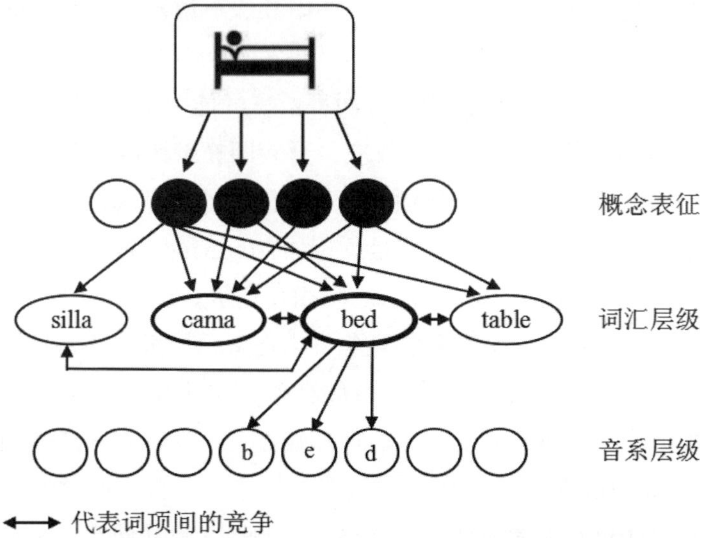

图 4.4　以西班牙语-英语双语者为例的“非指定语言选择假说”

注：基于 Costa，Miozzo 和 Caramazza，1999。

62 另一方面，词元的选择基于指定语言这一假设似乎也得到了支持。指定语言选择的支持者引用了另一种实验的结果来证明他们的观点。在这类实验中，有待命名的图片上呈现的干扰词是图片所描述目标词的翻译对等词（Costa 和 Caramazza，1999；Costa 等，1999；Hermans，2000）。依照先前阐述的语义启动实验的逻辑（Hermans 等，1998 等），非目标语言中的翻译对等词将与目标语言中的目标词形成竞争关系。举例来说，如果一个英语-西班牙语双语者需要用西班牙语命名一幅描绘一张床的图片（“cama”），并且图片上写着“bed（床）”这一单词，人们会顺理成章地认为“bed”这一词元与西班牙语词项“cama”形成了竞争关系，这会减慢产出速度。与以上预期相反，在所有涉及不同语言使用者的相关实验中，翻译对等词的呈现反而有助于图片命名。这种效应被称为**翻译促进效应**（translation facilitation effect）。Costa 和 Caramazza（1999）以及 Costa 等（1999）对这一效应进行了解释，他们认为词汇选择并非基于特定语言，因此在西班牙语-英语这样的双语单词产出实验中，英语单词“bed”会激活其西班牙语对等词“cama”；由于非目标语言的词元不会与目标语言的词形成竞争关系，因此激活水平更高的词项就更容易被选中（见图 4.5）。

Costa 和 Colomé 等人（2003）试图对词汇选择领域这一相互矛盾的发现予以解释。他们首先想考察的是，对于高水平加泰罗尼亚语-西班牙语双语者来说，他们能否重现 Hermans 等（1998）在中高级英语水平的荷兰语母语者身上发现的语义干扰效应。这一点很重要，因为有一种可能性是，根据语言水平的不同，第二语言学习者在词汇编码中区分两种语言的能力也不同。Costa 及其同事发现了与 Hermans 等人相同的干扰效应，这表明在编码的某各层级上，无论被试的语言水平如何，选定语言的词项和非选定语言的词项间都存在着竞争。问题在于这种竞争发生在哪里。一种可能是，正如 Hermans 等（1998）以及 Lee 和 Williams（2001）所提出的，词汇节点之间相互竞争。在 Costa 和 Colomé 等人看来，干扰效应的另一种可能解释是，竞争发生在音系层级，非目标语言的词元在词汇选择中不会被考虑。然而，这一解释成立的可能性微乎其微，因为如果竞争
63 词本身没有被激活，而竞争词的音系表征却接收到了激活，这样的假设是讲不通的。Hermans（2000）似乎为翻译促进效应提供了一个合理的解释。他指出，当被试同时看到翻译对等词和图片时，有待编码的概念将从两个来源获取激活，即书面单词和图画。这极大地加快了概念选择的速度，以至于抵偿了在词汇层级发

生竞争的时延；此外，概念选择的加速大于在词汇层级因非目标语言干扰而造成的减速，因此我们才能观察到一种促进效应。在第二章“句法加工”一节，我们讨论了 La Heij（2005）对于词汇编码中的控制的看法，其观点也能佐证 Hermans 提出的解释。因为 La Heij 认为任务会将额外的激活传递给概念；在当前情境中，同一个概念由两个不同的任务激活（关于翻译促进效应的详细讨论，见 Bloem 等，2004）。

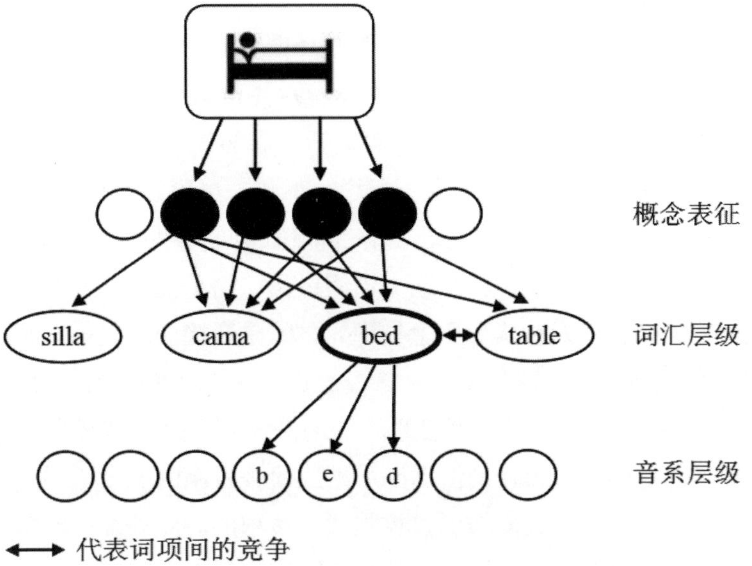

图 4.5　以西班牙语-英语双语者为例的“指定语言选择假说”

注：基于 Costa，Miozzo 和 Caramazza，1999。

通过对语言选择研究的回顾，我们可以得出以下结论：与指定语言选择假说（即两种语言的词项不会相互竞争）相比，非指定语言选择假说具有更充分的证据。也就是说，词汇编码中第一语言和第二语言词元会形成竞争关系。非指定语言选择假说似乎能够解释大多数的研究成果，这些研究包括了各个水平的语言使用者。 64

词汇编码中的控制

我们在前文主张，已有充分的证据表明第一语言和第二语言词元在词汇编码中都会被激活。那么，双语者是如何能够检索到情境适切的词项，并且几乎不使用非目标语言中的词呢？词汇层级的有意识的语码转换是如何在大多数情况下得以顺利进行的？如何解释在词汇层级出现的双语混合词？任何试图解释词汇编码中的控制的理论都需要回答上述这三个相关问题。双语提取的控制问题可以从两个角度展开讨论：从指定语言选择和非指定语言选择的角度，以及提取和选择机制的复杂性的角度（La Heij，2005）。

在上一节中我们看到，设想词汇编码中的竞争有两种可能的方式。其一是，即使非目标语言的词元也被激活，它们在选择中会被忽略。在指定语言选择模型中，词元被认为带有语言标记（Costa 等，1999），词汇概念应该是指向特定语言的。Costa（2005）认为，以西班牙语-英语双语者为例，DOG 和 PERRO（西班牙语的“狗”）可能对应着不同的词汇概念。如果一个说话者想要产出英语单词，“狗”这一概念就会激活带有“英语”语言标记的词元“dog”，之后检查机制再确定所选词元是否与目标概念相匹配。该假设是“简单提取与复杂选择”类型控制过程的一个例子，因为它认为概念与词元之间是直接对应关系，并且存在一种检查机制，决定着词元选择的正确与否。Roelofs（1998）也提出了与 Costa（2005）类似的词汇控制机制。第二章的“词汇编码”这一节我们讨论第一语言的词汇提取时，笔者已指出在词汇编码中纳入检查机制的一个主要问题在于，没有说明这些机制是从哪里获取知识以控制选择过程的。此外，假设第二语言中所有词汇都存在不同的概念表征，那么就与心理词库的组织相关领域的研究结果相
65 悖（见下一节）。我们还发现，指定语言选择假说无法解释词汇编码领域的一些研究成果（例如，Hermans 等，1998）。

在非指定语言选择模型中，对于控制也有不同的看法。一种可能是假设抑制机制是存在的，这也属于一种“简单提取与复杂选择”假说。最著名的抑制理论是 D. W. Green（1998）的抑制性控制（inhibitory control，IC）模型。在该模型中，首先生成要传达的信息的概念表征，这一概念计划将激活扩散至词库和控制语言加工的注意力系统，这个系统被称为注意力监督系统（supervisory attentional system，SAS）。Green 认为，在说话过程中一个人会激活不同的任务图式，比如用第一语言命名图片的任务图式，或者是把单词从第二语言翻译为第一语言的任务图式，注意力监督系统的职责就是控制任务图式的激活。因此，当需要用第二语言为图片命名时，注意力监督系统会激活相应的任务图式，任务图式又会进一步将激活扩散至词汇层级，该层级上的词元都带有语言标记。由于目

标语言和非目标语言中的词元都会被激活，因此任务图式会提高第二语言词元的激活水平，同时抑制第一语言词元的选择。因为任务图式受到注意力系统的监督，所以抑制非目标语言的单词需要说话者有意识的努力（见图 4.6）。

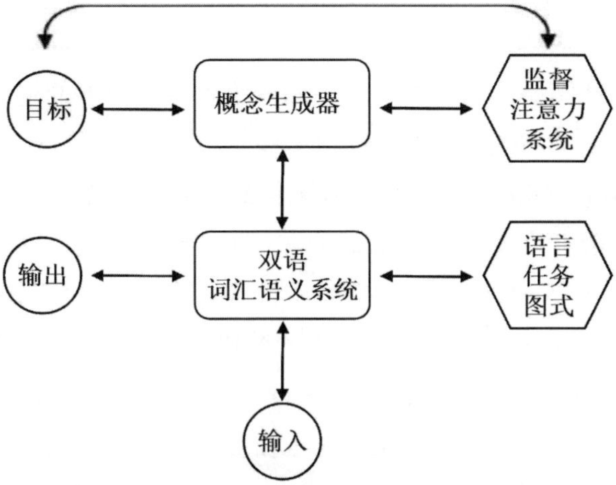

图 4.6　抑制性控制模型

注：引自 D. W. Green，1998。版权所有：剑桥大学出版社，1998。

D. W. Green（1998）的模型已经在实验中得到了验证，被试需要在任务执行过程中转换语言，选择另一种语言所需要的时间间隔代表着转换成本，即完成转换所需付出的努力。与直觉有些相悖的是，该模型预测，高水平的双语者在用第 66
二语言说话时，需要更多的精力来抑制第一语言中的单词。对此 Green 做出了如下解释：由于第二语言的频繁使用，第二语言词汇的静息激活水平同样较高，而第一语言和第二语言词汇的激活差异越小，在选择的控制上所需的注意力就越多。Meuter 和 Allport（1999）考察了在数字命名任务中从第一语言转换到第二语言，以及从第二语言转换为第一语言的转换成本。正如 Green 的模型预测的那样，从第二语言转换到第一语言的时间比从第一语言转换为第二语言的时间要长。在上一节提到的实验中，Lee 和 Williams（2001）同样发现，当使用第二语言说话时，对第一语言词汇的抑制程度极强，然而在第一语言产出中，对第二语言的抑制程度较小，甚至为零。

D. W. Green（1998）还指出，控制词汇选择所需要的注意力多少，也取决于任务本身。更确切地说，取决于非选定语言的词元的激活水平。例如，与斯特鲁普任务（即在需要用第二语言命名的图片中呈现一个第一语言干扰词）相比，在简单的第二语言图片命名任务中避免第一语言单词被选择会更加容易。

D. W. Green（1998）的抑制性控制模型还包括另一个假设：随着语言水平的提升，抑制不需要的语言就会变得愈加困难。这是因为第二语言使用的频率越高，其词汇的静息激活水平就越高，第一语言和第二语言词汇的静息激活水平差异就越小。因此该模型认为，更高水平的双语者需要更多的精力来抑制第一语言词汇。Green 所假设的说话人语言水平与转换成本之间的这种正相关关系，在 Meuter 和 Allport（1999）的研究中并未得到证实。根据第二语言产出中自动性的一般理论（见第三章），以及 Meuter 和 Allport 的研究，随着第二语言能力的提升，控制言语行为所需的注意力会减少。这一重要发现与 Green 的抑制性控制模型背道而驰。Green 的模型还因其他原因受到了批评。Kroll 和 Tokowitz（2005）以及 Costa（2005）均指出，Green 并未具体说明抑制机制的适用范围。该模型中单词是在词元层级被抑制，还是在音系层级被抑制，抑或是在这两个层级均如此，这些都是未知数。Costa 和 Colomé 等人（2003）以及 Kroll 等人（2000）发现，非目标语言中单词的音系特征也处于激活状态，如果我们认为可以使得激活向前扩散的词汇节点被抑制了，那就很难对这一现象予以解释了。抑制模型还无法解释混合词的出现，因为这些模型不允许第一语言和第二语言词元
67 的并行选择。此外，第一语言产出研究中并未发现抑制作用，因此认定其存在会使得第二语言编码理论复杂化，这是没有必要的（Costa，2005）。

在词汇编码中进行控制的最简方案之一，是认为语前信息包含检索恰当是单词所需要的全部必要信息（复杂提取、简单选择）。Poulisse 和 Bongaerts（1994）提出，除概念特征外，语前信息还包含语言标记。在他们看来，词元同样带有语言标记，选择只是将概念特征及其语言标记与恰当的词元相匹配。如果说话人想要使用第二语言，第二语言的语言标记就会提高第二语言词汇的激活水平，以确保第一语言词汇不会被选择。有意识的语码转换也能得到解释：如果说话者想要在第二语言话语中插入一个第一语言的单词，他（她）需要做的就是改变这一单词所对应概念的语言标记。无意间使用了非目标语言的词汇可能是由于语言标记的错误特征，也可能是由于出现了非目标语词元的激活水平更高的偶然情况。La Heij（2005）进一步阐释了 Poulisse 和 Bongaert 的词汇提取控制理论。他认为，在概念层级上存在语言标记这一假设足以解决问题，因为它确保了所用语言的词元比非目标语言的词元具有更高的激活水平。与此同时，目标语言的词

汇具有较高的基线激活（baseline activation）水平，因为反复使用提高了它们的激活水平，从而使它们更容易被选择（这称之为频率效应；见 Morton，1969；相关综述见 Levelt，1989）。Poulisse 与 Bongaert 和 La Heij 的观点之间唯一的细微区别在于，Poulisse 与 Bongaerts 主张，词元带有语言标记，而 La Heij 则认为语言选择的提示应包含在概念层级，因为在 Levelt 等（1999）最新的词汇编码模型中，词元并不包含语义信息（见后文第 7 小节）。

至此我们看到，词汇选择的控制问题有三种可能的理解方式。其中之一涉及一种检查机制的使用；第二种假设了抑制过程的存在；第三种理论则认为词汇选择只取决于词汇的激活水平，而激活水平受到语言选择提示以及使用频率的调节。前两种理论我们既可以从理论层面也能从实证层面加以批评，而第三种基于激活的控制观不仅简洁、在理论上合理，而且能够解释词汇编码研究中观察到的大多数现象。

双语存储中的概念以及词汇表征 68

尽管双语词库是第二语言言语产出系统中研究最广泛的知识储存之一，但我们对其结构和所包含的信息仍知之甚少。这在一定程度上是因为研究人员在一些问题上并未达成一致意见，包括词库中存储着哪些方面的词汇知识，以及概念与词义之间具有怎样的关系。

Pavlenko（1999）近来注意到这方面存在的理论和术语上的争议。他指出，关于双语存储的研究一直受到诸多问题的困扰。问题之一在于，语义信息（词义）和概念知识在以往研究中既没有被明确定义，也没有进行适当区分。该问题在一定程度上属于一个哲学问题，即概念是否可以独立于词义而存在。心理语言学研究文献中的观点之一是，应该对概念与词义加以区分（例如，Paradis，2000；Pavlenko，1999）。这一观点认为概念是“意义的多感官单位，与是否存在相对应的词无关”（Paradis，2000：22），“语言只是提取概念的一种方式”（Paradis，2000：22）。另一方面，一些研究者认为不需要区分语义表征和概念表征（de Groot，2000；Francis，2005）。他们的主张是基于 Hintzman（1986）的假设，即像词义这样的抽象知识与概念知识并无区别，因为两者都是由个人经历在头脑中留下的记忆痕迹构成的。一个概念或一个词的意义是由与这个范例相关的记忆痕迹的完整集合组成的，当一个人提取到某个具体的词，比如“sorrow（悲伤）”，所有包含这一概念相关信息的记忆痕迹都会被激活。这一观点也意味着在不同的语境和语言中，会有不同的概念特征或痕迹。

词义和概念是否可以并且应该被区分开来，研究人员对此意见不一。因此，在研究概念和词义在语言加工系统中的表征时，形成了理论上不同的两种方法。一种观点认为，语义表征和概念表征存储于不同的层级上；而另一种观点则认为，这两类知识相互依存，在同一个层级上得以表征。Roelofs（1992）和 Levelt 等（1999）的词汇提取模型是一个将概念层级和语义层级予以整合的例子，其中
69 概念由相互连接的节点加以表征（有关该问题的讨论，见 Roelofs，2000）。在其观点中，概念是不可分割的整体，并作为一个整体被激活。概念既可以是词汇的，即由一个单词表达，也可以是非词汇的，只能由多个单词、短语或句子编码。概念可以是对应于特定文化或语言的，因此，说话者可能对英语单词“winter（冬天）”和匈牙利语“tél（冬天）”有不同的概念表征，后者会联想到雪和寒冷，前者则和雨、雾以及温和的天气有关。此外，词汇概念还能与意象和背景知识相联系。词汇提取涉及概念的激活，之后激活进一步扩散至词元，词元包含词项的句法信息，但不包含语义信息。词元同样存储在一个相互关联的网络中，其中相关的词项可以向彼此扩散激活。Roelofs（2000）对某些失语症患者的症状予以了解释，他们无法提取词汇表征，但却能够提取一个词的概念特征，这是由于概念层级与词元层级之间的联结存在损伤。

另一种观点最早由 Paradis（1997，2000）提出，并且也得到了 Pavlenko（1999）的支持，他们认为不能将语义层级的表征与概念层级的表征混为一谈。Paradis（2000）主张，“一个概念包括某一个体对一个事物或事件的全部知识”（第 22 页）。因此，和 de Groot（2000）一样，Paradis 也将概念视为相互关联的特征网络，根据交际情境的不同，这些特征的激活程度也可能不同。然而，Paradis（2000）认为“词汇化概念的词汇和语义成分不属于概念的一部分，而是语言系统的一部分”，概念特征及词汇特征“相互映射，但它们是不同的实体”（第 24 页）。Paradis 将失语症研究的观察结果视为区分语义和概念层级的积极证据，即某些患者可能无法提取词汇表征（例如，单词形式），但他们可以获取词项的概念表征（他们能够描述其无法命名的对象）。Pavlenko（1999）也从文化相对性的角度论证了区分词汇概念的语义成分和概念成分的必要性。在一项较早的研究中，Pavlenko（1997）调查了不同类型的俄语-英语双语者如何描述一个侵犯隐私的场景，一类双语者在脱离语境的俄罗斯课堂环境中习得英语，另一类

在美国习得英语。结果表明，在外语环境中习得英语的学生能够定义“privacy（隐私）”这个词，但却没有与该词相关的情景知识。这是因为在一些语言中，例如俄语和匈牙利语，并不存在表达隐私含义的词，相关的词汇概念也就无处可寻。基于这一发现，Pavlenko（1999）认为词汇化概念由语义成分和概念成分这两部分构成，语义成分指的是“明确可用的信息，这些信息将一个词与该语言中的其他词、习语以及约定俗成的表达方式联系起来”（第 211 页），而概念成分则“以多模态信息为代表，包括意象（imagery）、图式（schemas）、运动程序（motor programs）、听觉表征、触觉表征与体感表征，这些信息都源于由经验得来的关于世界的知识”（第 212 页）。Jarvis（2000）批评了 Pavlenko 对语义知识和概念知识的定义，认为这些定义不是双语存储模型的自然产物，也没有考虑到语义和概念的隐性知识，而且还将词语的外延和内涵从语义中摒除。他还指出，在区分语义层级和概念层级表征的必要性这一问题上，如果有研究表明失语症患者能够提取与一个词相关的语义信息，但无法提取其形式和概念特征，这将成为最具说服力的证据（关于语义表征及概念表征理论的概述，见表 4.1）。 70

表 4.1　语义表征及概念表征理论概述

	是否区分概念层级与词汇层级	概念的本质	第一语言概念和第二语言概念的关系	实验证据
Roelofs（1992，2000）	否	不可分割的单位	概念因语言而异	WEAVER 模型的计算检验
de Groot（1992，2000）	否	特征网络	第一语言概念和第二语言概念的概念特征或记忆痕迹相互重合	单词联想研究
Paradis（1997，2000）	是	特征网络	第一语言概念和第二语言概念的概念特征或记忆痕迹相互重合	失语症研究
Pavlenko（2000）	是	特征网络	第一语言概念和第二语言概念的概念特征或记忆痕迹相互重合	双语者的跨文化比较

71 从以上的回顾来看，双语存储中语义知识和概念知识的表征方式显然是一个备受争议的问题。Pavlenko（1999）解释说，这不仅是因为研究人员对于是否区分语义层级和概念层级的表征并未达成共识，而且也是因为这方面的大多数研究

都涉及实验室环境下脱离语境的实验任务。她特别指出，在双语存储表征的研究中需要考虑文化和语境因素。然而，实验心理学中关于脑损伤和记忆组织的研究证据似乎佐证了语义信息和概念信息应该共同存储这一观点。

双语词库的结构模型

如前一节所说，人们对双语词库（bilingual lexicon）的理解各不相同：它可能是概念信息和语义信息的存储库，也可能仅仅是单词形式的存储库，抑或是单词形式及语义信息的记忆存储库。该领域的一个基本问题在于，大多数研究人员并未弄清楚他们所说的双语词库的确切含义，因此，在讨论双语词汇记忆的组织时，通常很难分辨他们指的是词库的语义（概念）结构还是语言结构，或者两者兼而有之。对这些关键概念给予定义将对双语词汇表征研究大有裨益。

本节我将首先阐述双语词库的层级模型，并给出批判性评价，然后为该领域的实证研究结果提供另外的解释。接下来，我将介绍考察心理词库结构的研究。

在双语词汇表征的早期研究中，关于词库的组织方式存在三个重要区别。Weinreich（1953）认为第二语言使用者可以通过复合、并列或从属的方式来表征单词。这就是说，在复合式存储中，某一单词的概念表征是共享的，同一概念在说话者所讲的语言中对应着两个单词。对于讲英语的德语母语者来说，“fall（秋天）”这一单词于他（她）而言具有相同的概念，英语和德语单词都与这个共同的概念相联系（见图 4.7）。在并列表征模式下，说话者在两种语言中各有不同的概念，这些概念被词汇化为两种语言各自的单词。以另一位德英双语者为例，德语单词“Herbst（秋天）”和英语单词“fall”可能分别对应于略微不同的概念
72 （见图 4.8）。在从属表征方式中，某一词项的概念与第一语言词汇直接相关，第一语言词汇又与第二语言词汇相互联系。因此，另一个讲英语的德语母语者会通过第一语言词项“Herbst”来提取单词“fall”（见图 4.9）。

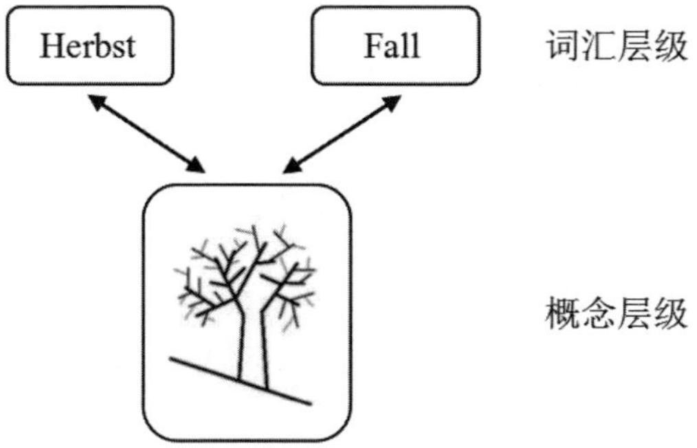

图 4.7　复合表征模型

Weinreich（1953）仅仅将上文描述的分类用于词汇存储，而 Ervin 和 Osgood（1954）则将其扩展到在不同情境中习得两种语言的学习者。如果一个人在两种不同的文化语境中学习两种语言，或者是在特定环境中学习一种语言，比如在家里，而在其他环境中学习另一语言，比如在学校，那么他（她）可能会形成一种表征的并列系统。在这些情况下，许多单词将极有可能与略有不同的概念表征相联系。同时学习两种语言的双语者可能会形成一种复合模式的表征。在相同的场合、面对相同的人时，例如在双语家庭中，这些学习者往往会交换使用两种语言。通常在外语环境以及课堂环境中学习第二语言的学生可能会以从属方式存储许多词汇，将第二语言词汇与其相应的第一语言词汇相联系。Ervin 和 Osgood 认识到，单词的学习环境可能会影响它们的存储方式，尽管这一事实很重要，但这种关于双语者类型的静态观点已经站不住脚了。首先，词汇特征会影响它们在词库中的编码方式，这些特征包括词汇在两种语言中的相似性、所属的词类以及抽象与具体的状态（最新综述见 Kroll 和 Tokowitz，2005）。其次，有研究指出词汇表征会随着语言水平的发展而变化， 73
例如，随着第二语言经验的增加，一个最初以从属方式存储的单词可能会变为以复合方式进行表征（相关综述见 Kroll 和 de Groot，1997；Kroll 和 Tokowitz，2005）。

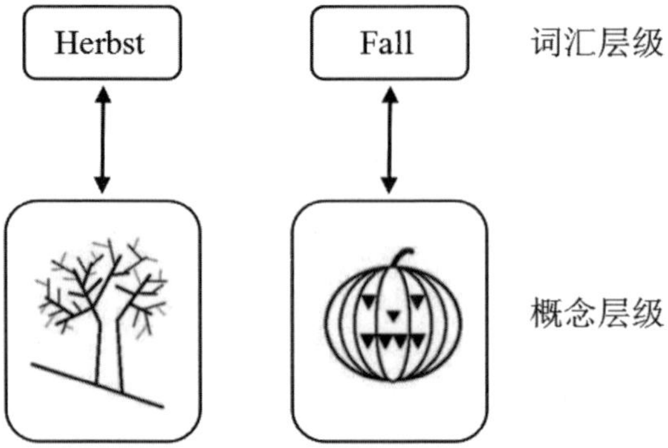

图 4.8　并列表征模型

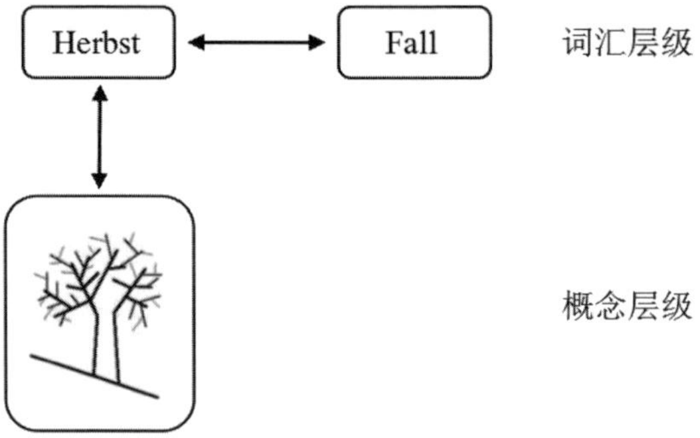

图 4.9　从属表征模型

复合与从属之间的典型区别在 Potter、So、von Eckardt 和 Feldman（1984）所谓的层级模型中得到了再度体现。该模型被冠以"层级"二字，是因为它认为概念
74 和单词形式分属独立的层面。在 Potter 等人看来，概念和第二语言词汇可通过两种不同的方式相互联系。在**概念中介**（concept mediation）方式下，第一语言和第二语言词汇都与同一概念相关联，与第一语言词汇相似，第二语言词项也通过这一共有概念被提取。这与复合的词汇表征相同（Weinreich，1953），对于西班牙语-英语双语者来说，某一单词与一个共有概念相联系（例如，CHAIR/SILLA［椅子］），这一概念在第一语言和第二语言中各自对应于不同的词汇表征（"chair"和"silla"）。在**单词联想**（word association）方式下，第二语言词汇与概念并无联系，而是与它们的第一语言翻译对等词相关联。换句话说，翻译对等词直接与彼此相关，把一个第一语言单词翻译为第二语言时，不需要提取相应概念（见图 4.10 及 4.11）。例如，当一个西班牙语母语者想要表达"chair"这一英语单词时，他（她）首先会提取西语单词"silla"，再通过该词提取第二语言单

词“chair”。

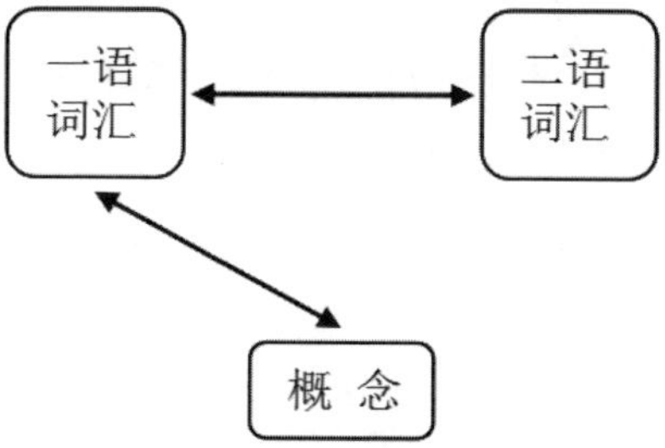

图 4.10　单词联想模型

注：改编自 *Journal of Verbal Learning and Verbal Behaviour, 23,* M. C. Potter 等, Lexical and conceptual representation in beginning and more proficient bilinguals, pp. 23-38. 版权所有：Elsevier，1984，经许可使用。

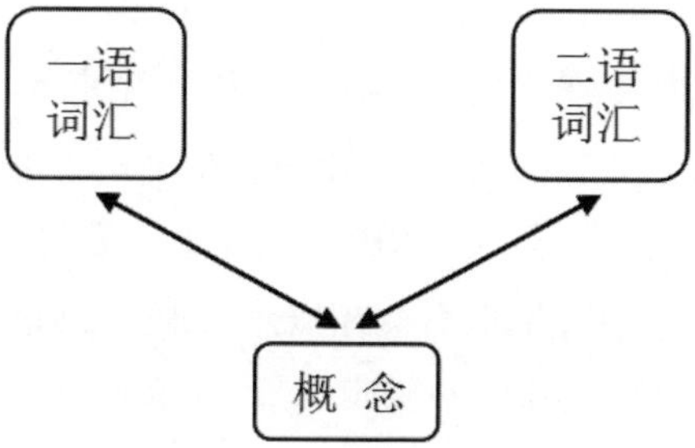

图 4.11　概念中介模型

注：改编自 *Journal of Verbal Learning and Verbal Behaviour, 23,* M. C. Potter 等, Lexical and conceptual representation in beginning and more proficient bilinguals, pp. 23-38. 版权所有：Elsevier，1984，经许可使用。

Potter 等人（1984）对这些模型进行了检验，他们以高水平和低水平第二语 75
言使用者为实验对象，考察了图片命名和单词翻译的时间进程。实验表明，无论是能力较强还是能力较弱的学习者，图片命名所花费的时间与单词翻译大致相同，Potter 等人将其视为概念中介模型的证据。然而，后续研究（H.-C. Chen 和 Lueng，1989；Kroll 和 Curley，1988）发现，与 Potter 等人的研究中的低水平组相比，语言水平更低的使用者完成翻译任务的速度快于图片命名速度。第二语言初学者在提取第二语言词汇时会使用单词联想策略，这一观点的其他证据来自考察同源词和非同源词翻译速度差异的研究（Dufour，Kroll 和 Scholl，1996；参阅 Kroll 和 de Groot，1997）。研究结果表明，无论语言水平如何，第二语言使用者翻译同源词比非同源词更快，并且相较于高水平使用者，低水平使用者能从同源词促进效应中获益更多。在 Talamas、Kroll 和 Dufour（1995；参阅 Kroll 和 de Groot，1997）的一项研究中，两种水平的语言使用者需要判断单词是否为翻译对等词，实验发现，若单词在意义上相关，高水平使用者在做出否定判断时会花费更多时间，而低水平使用者则对那些形式相似的词对更加束手无策。

Kroll 和 Stewart（1990，1994）提出了一种词汇与概念表征的新模型，称为修正的层级模型（revised hierarchical model，RHM），该模型融合了之前的概念中介模型和单词联想模型，并假设在语言发展的不同阶段，概念和词汇之间的关联强度不同。该模型认为词汇的概念表征是共享的。在第二语言习得初期，第一语言词汇与概念、第二语言词汇与其第一语言翻译对等词之间的关联强于第二语言词汇与其相应概念之间的关联，随着语言水平的提升，第二语言词汇与概念之间较弱的概念关联则得以增强（见图 4.12）。以一个西班牙英语学习者为例，这意味着西语单词和概念（例如，“silla”和 CHAIR）之间的关联比英语单词和概念之间的关联更强（“chair”和 CHAIR）。因此，该理论认为，对于初学者而言，第二语言词汇和概念之间并非不存在概念关联，只是这些关联还不够强，不足以在第二语言词汇和概念间建立直接联系。该模型还提出，第二语言词汇与第一语言词汇之间的关联是不对称的，也就是说，第二语言词汇与其第一语言翻译对等词具有很强的相关性，但反之不亦然，这导致第二语言翻译为第一语言的速
76 度比第一语言翻译为第二语言的速度更快。该模型已经过多项研究的验证，其关于第一语言到第二语言以及第二语言到第一语言的翻译速度差异的预测已在很大程度上得到了证实（例如，Keatley，Spinks 和 de Gelder，1992；Kroll 和 Stewart，1994；Sholl，Sankaranarayan 和 Kroll，1995；不同观点见 de Groot 和 Poot，1997；La Heij，Kerling 和 van der Velden，1996）。

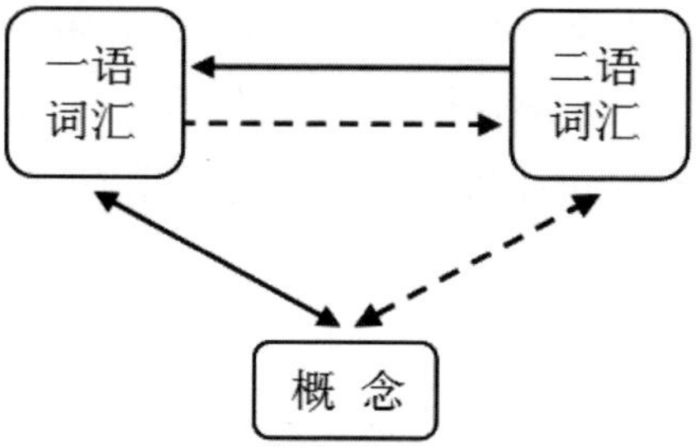

图 4.12　修正的层级模型

注：改编自 *Journal of Memory & Language, 33,* J. F. Kroll & E. Stewart, Category inference in translation and picture naming: Evidence for asymmetric connections between bilingual memory representations, pp. 149-174. 版权所有：Elsevier，1994，经许可使用。

先前概述的层级模型存在诸多问题，但以往研究并未给予它们充分关注。首先，通常认为这些模型用于表征词汇与概念（Kroll 和 de Groot，1997；Kroll 和 Stewart，1990，1994；Kroll 和 Tokowitz，2005），但事实上，它们试图对词汇提取进行解释。层级模型的关注点不是概念的表征方式（例如，第一语言和第二语言概念之间具有怎样的关系），这些模型仅表明，概念被储存于词汇层级之外的另一生成层级上。与此同时，它们并未说明词汇表征的具体所指。若干问题仍有待解决，例如词汇层级是否包含词义信息？如果不包含，词义（语义）和概念之间具有怎样的关系（见上一节）？因此，层级模型并未说明词汇在双语词库中的表征方式，而是旨在解释不同任务中的词汇提取。另一个问题是，这些模型没有区分从概念到单词的自动提取，和有意识的、需要努力的处理及问题解决。Kroll 和 de Groot 经常使用"翻译策略"这一术语，这表明他们将单词联想视为一种有意识的问题解决机制（problem-solving mechanisms），而不是自动提取过程的实例，但他们并未在其模型中明确区分这一点。

层级模型的另一个问题在于，它们对单词翻译和图片命名的比较基于以下假说：单词翻译涉及词汇处理，而图片命名还需提取概念表征。如果我们对单词翻译涉及的心理语言过程予以分析，我们会发现翻译包括许多子步骤。当一个人需要将一个视觉呈现的单词从第一语言翻译为第二语言，他（她）首先必须识别出这一单词（词元）。该第一语言词元会通过一个概念节点将激活扩散至与之相连的概念，同时其他相关的第一语言和第二语言词元（例如，在语义上相关的词

77

项）也会接收到激活（见 Dijsktra，Van Heuven 和 Grainger，1998）。为了简便起见，我们假设第一语言和第二语言概念是共享的。以任务指令为依据，概念表征中会加入语言提示，概念将进而激活第二语言词元（La Heij，2005）。此处的重要论点是，翻译不是简单地通过第一语言词元来获取对应的第二语言单词。当前的词汇提取理论均认为一个词项无法提取另一词项，词元总是通过概念表征来提取的（类似论证见 La Heij，Hooglander，Kerling 和 van der Velden，1996）。然而，由于第二语言词汇是通过将其与第一语言对等词相联系而习得的，它们之间可能会形成很强的联想关系。因此，感知到某单词的一种语言形式就会提升其翻译对等词的激活水平，以至于可以非常快速地通过概念表征选中这一翻译对等词。对于那些将单词与其第一语言对等词联系起来，从而习得单词的学习者来说，可能就会发生上述这一情况；并且由于这是习得早期的典型特征，所以初学者能够较快地翻译单词。在图片命名中，图片会激活相关概念，这一概念将激活扩散至与之相关的第一语言及第二语言单词。因为任务指令规定目标单词必须用第二语言来命名，与概念和语言提示相对应的词元将具有最高的激活水平。由于先前并未出现第一语言单词，第二语言词元的初始激活水平将无法得以提高，因此对于低水平语言使用者来说，选择将会更慢。研究发现，语言水平更高的学习者完成翻译和图片命名的时间相似（Potter 等，1984），其原因在于，当语言水平达到一定的高度，学习者在习得单词时会将词汇与其概念表征相关联，而不是与对应的第一语言词汇相关联；这样一来，第一语言和第二语言单词之间的联想关系就会由强变弱，不再对翻译具有促进效应。

我们还需注意的是，在什么情况下第一语言和第二语言词项之间会建立强烈的联想关系，这一点值得我们仔细考虑。一种可能的解答是，这不仅仅和语言水
78 平有关，还可能取决于习得环境、教学方法以及个人学习策略。在自然学习环境中（第二语言语境），词汇联想的频率可能低于其在外语课堂环境中的频率。如果教师总是依赖于第一语言来呈现新词汇，或者学习者在习得词汇时倾向于将其与第一语言对等词联系起来，那么第一语言和第二语言词汇之间就更有可能形成紧密的联系，即使语言水平有所提升，这种联系可能依旧十分活跃。

上文提出的翻译总是以概念为中介这一论点，可以解释为什么能力较差的语言使用者完成单词翻译的速度比图片命名更快，但也有其他研究被引证于支持单词联想模型。其中之一是 Dufour 等人（1996）的研究，比较了翻译同源词和非同源词所需的时间。在讨论词汇提取研究时我们发现，若图片名称在两种语言中

属于同源词，目标词的提取速度会加快，这是由于音系层级的促进效应（Costa 等，2000）。因此，我们可以如下假设：当需要翻译一个音系形式与其第二语言翻译对等词相似的第一语言单词时，第一语言词元会激活其音系形式，从而促进第二语言单词的音系编码，这可能就是同源词比非同源词翻译速度更快的原因。然而，正如 Dufour 等人发现的那样，更难以解释的是相较于高水平语言使用者，为什么低水平使用者具有更显著的促进效应。该问题的一个可能答案是，根据第二语言能力的高低，词形编码具有不同的自动性水平。高水平学习者可能会以自动的方式提取单词的音系形式，这意味着该过程通常是快速的，音系促进效应不太明显。然而，对于初学者而言，音系处理是费力的、缓慢的，因此音系促进效应会更加明显。Talamas 等人（1995；参见 Kroll 和 de Groot，1997）的一项研究也能以此方式进行解释，该研究发现，低水平第二语言学习者需要更长时间来决定拼写相似的第一语言和第二语言单词是否为翻译对等词。对于第二语言习得初期的学习者来说，词元到词形的映射还未被充分编码，因此他们会首先关注词汇的这些方面；对于高水平学习者而言，获取词元的音系形式是自动的，所以他们的注意力会被解放出来，用以考虑意义的差别所在。总而言之，在不诉诸单词联想模型的情况下，以上提到的支持该模型的三项研究也能得以解释。

修正层级模型也存在一些争议，正如之前所说，词汇提取理论认为在没有激 79
活其概念表征的情况下，无法提取词条（lexical entries）。因此，在我看来修正层级模型的假说并不合理，即在习得的早期阶段，第一语言和第二语言单词之间的词汇联系比概念和第二语言单词之间的概念联系更强。在该模型中，概念联系是将激活从概念扩散至单词的概念节点，而词汇联系是一种联想关系，构建于共同存储在说话者词库中的第一语言和第二语言的词汇网络之中。从概念到第二语言词元的提取要么是自动的，此时提取的速度仅由词库中词条之间的竞争程度决定；要么是费力的，涉及搜索机制或者词汇交流策略的使用，这在很大程度上会减慢词汇编码，甚至可能导致失败。然而修正层级模型并未对后一种可能加以说明。

真正与词汇表征及概念表征相关的双语词汇记忆模型是 de Groot（1992）的概念特征模型（conceptual feature model）。该理论假定单词与概念相联系，概念由一组相互关联的特征构成。该模型的理论假设基于记忆表征理论（Hintzman，1986；见先前的讨论），即概念和词义均被表征为一个相互关联的特征网络或记忆痕迹网络，其中的某一部分被同时激活，以形成一个单位（概念或词汇意义）。分布特征模型（conceptual feature model）最重要的主张是，双语者两种语言的概念表征不一定是共享的，它们可能只是部分相同。Van Hell 和 de Groot（1998）认为，与非同源词、抽象词和动词相比，同源词、具体词和名词通常共享更多的概念特征，这一观点通过一系列单词联想任务的结果得到了证实。一系列涉及同源词与非同源词、具体词与抽象词词对的翻译实验也表明，共享更多概念特征的单词比在两种语言中概念差异较大的单词翻译速度更快（例如，Kroll 和 Stewart，1994；Schwanenflugel，Harnishfeger 和 Stowe，1988）。图 4.13 阐释了分布特征模型，描述了英语单词“lamp（灯）”与其德语对等词“Lampe（灯）”这一同源词对、“love（爱）”和“Liebe（爱）”这一抽象词对之间共享的概念特征。

在介绍了双语词汇表征最重要的模型之后，接下来我将讨论认识一个单词意
80 味着什么，以及不同类型的知识在双语者头脑中的表征方式。在一般的第二语言词汇研究中，一个公认的观点是，学习一个新单词需要获取以下类型的信息：（1）音系信息，（2）拼写信息，（3）句法信息，（4）形态信息，（5）语义信息，（6）语用或社会语言信息，以及（7）惯用语信息（Nation，1990）。对于前四种类型的知识，研究人员似乎达成了一致：一个词的音系特征存储于心理词库中的词素层级，句法和形态信息则在词元层级得以表征（见第一章的“Levelt 的言语产出模块化模型”一节）。在第一语言产出中，惯用语也被视为一个存储在心理词库中的词元（Levelt，1989），第二语言惯用语在习得后同样会被表征为一个单位。

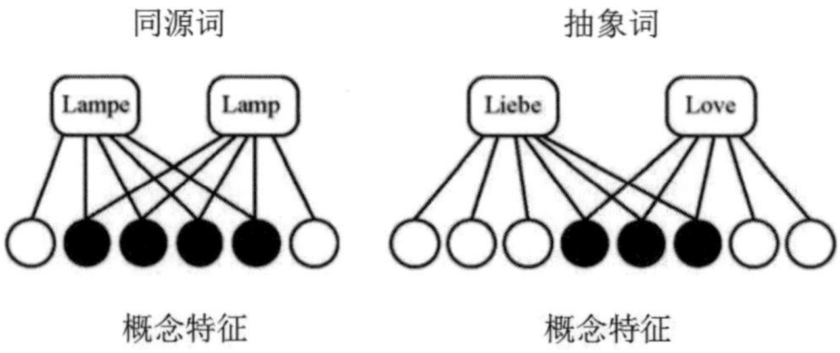

图 4.13 概念特征模型

我们已经看到，关于语义特征信息的编码位置，研究者之间存在相当大的分歧。在 Levelt 等人（1999）和 Roelofs（1999）看来，词义存储于一个单独的概念层级之上。De Groot（1992）在其分布特征模型中也假设概念信息和语义信息

共同存储于词汇记忆中，然而 Paradis（1997，2000）和 Pavlenko（1999）指出，概念位于词库之外，而词库包含有语义及句法信息。在第二语言表征方面，de Groot（1992，2000）、Paradis 以及 Pavlenko 都认为第一语言和第二语言概念不是相互独立的实体，而是会共享一定数量的特征或记忆痕迹。在语义表征和概念表征理论中，翻译对等词的意义有重合的部分，但并非完全相同。与某一单词相关的语用及社会语言信息的存储很少受到关注，虽然 Paradis、de Groot 以及 Pavlenko 对表征的层级数持有不同观点，但这些观点都认为语用及社会语言信息 81
储存于概念层级。第二语言语用研究表明，尤其是在脱离语境的课堂环境中，语用和社会语言信息是很难习得的，因此，即便是高水平第二语言使用者，也经常依赖于和第一语言单词相关的语用及社会语言知识（Kasper，1992）。

关于双语词库的结构，本节要讨论的最后一个问题是：其中存储的词项之间具有怎样的关系。词库经常被比喻为一个网络系统，通常被视为一个“巨大的、多维度的蜘蛛网”（Aitchison，1987：72，转引自 Wilks 和 Meara，2002）。Wilks 和 Meara 指出，这种心理词库观还需进一步完善。基于计算机模拟，以及在法语母语者和非母语者身上收集到的单词联想数据，他们发现在母语者和非母语者的核心词汇中，词项之间存在着大量联系，并且和第二语言词项相比，第一语言词项间具有更多的联系。他们的结果表明，实际上词项之间的联系比模型所预测的要少，这与心理词库具有非常高的网络密度这一观点背道而驰。Wilks 和 Meara 还推测，第一语言和第二语言词库可能具有不同的网络结构，某些词项可能在网络中扮演着核心角色（也就是说，它们可能与大量其他词项存在联系），而其余词项则可能位于网络的边缘位置。

基于词项之间存在的关联，Wolter（2001）考察了心理词库的结构[1]。尽管他最初假设第一语言和第二语言的心理词库各自独立，引发了心理语言学领域大多数研究者的激烈争论，但他关于词项之间的关系的发现具有重要意义，并且这一发现容易应用于那些假设第一语言和第二语言共享一个词库的模型。Wolter 主张，第二语言词汇是以网络的方式组织起来的，其中说话人关于某个词的知识的深度决定了该词项在网络中占据中心位置还是边缘位置。说话人熟知的词项位于

① Wilks 和 Meara（2002），以及 Wolter（2001）的研究均未表明双语词库包含哪些信息：语义的、句法的，抑或是两者兼有。该问题在 Wolter 的研究中尤其突出，其研究讨论了词项之间的语义和音系关系；与此同时，词汇的语义信息及音系信息是在相同还是不同的词库层级上得以表征也尚不明确。

词库的核心，而熟悉度越低的词项离网络的中心就越远（见图 4.14）。Wolter 发
82 现说话者耳熟能详的词往往会与词库中的其他词项形成语义联系，而处于边缘位
置的词似乎与其他词有着音系或非语义联系。他还指出，词库中第二语言词项之间的联系并不是一成不变的。在学习过程中，它们可能会得到加强，其性质可能会发生改变，除此之外，词与词之间的联系也有消失的可能性（亦见 Meara，1984，2004）。尽管 Wolter 主要是从理解词的含义这一角度对词汇知识加以考察，但他为后续研究指明了道路，有助于更好地理解心理词库中词与词之间存在怎样的联想关系，以及这些联系如何随着语言水平的发展而变化，因此该研究具有重要价值。

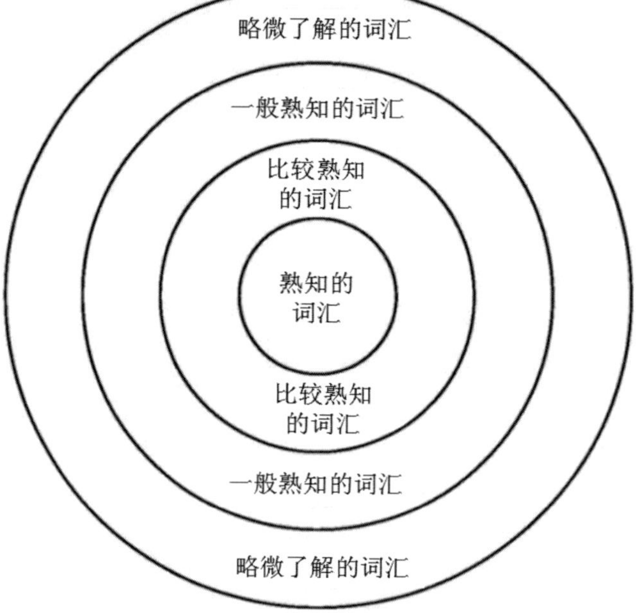

图 4.14　心理词库的词汇知识深度模型

注：引自 Wolter，2001。版权所有：剑桥大学出版社，2001。

语码转换与词汇处理

在讨论词汇选择和控制时，我们已经提到了语码转换这一问题，但本节我们将从言语产出理论的角度更详细地阐述语码转换及词汇编码。语码转换是指在同

个话语中使用两种或多种语言（Myers-Scotton 和 Jake，1995），它显然会受到若 83
干语用和社会语言现象的限制，比如说话人之间的关系、所涉及语言的地位等等，这些因素不是本书的讨论对象。这里我们将有意识语码转换和无意识语码转换予以区分，前者是有意识的行为，而后者产生于偶然的口误。无意识语码转换可能发生在交际双方只有一种共用语言，即用于交流的这门语言的情况下，而有意识语码转换则发生在双语交际模式中（Grosjean，1998）。

在讨论语码转换时，首先需要解决的重要问题是：如何选择用于交流的语言？对于无意识语码转换而言，说话者无法控制语言的选择，这时该问题是无关紧要的。至于有意识语码转换，需要选定一种语言作为交际的主要模式，如前所述，这主要是由社会语言因素决定的。研究者们一致认为，使用哪种语言这一决定是由概念生成器实现的，因为基于说话者对情境的了解，该模块能够选择适合于情境的语言（de Bot，1992，2002；de Bot 和 Schreuder，1993；Myers-Scotton 和 Jake，1995；Poulisse，1999；Poulisse 和 Bongaerts，1994）。因此，大多数研究者认为语前信息除了包含概念信息外，还包含一种指定语言的特征或语言提示。

De Bot（1992）认为语码转换可通过以下方式加以解释：第二语言使用者会制定两个并行言语计划，一个针对选中的语言（如第二语言），另一个针对当下并未使用的活跃语言（如第一语言）。如果对所选语言的言语计划进行编码时出现了问题，说话者可以停下来，并求助于可用的第一语言言语计划。这一解释被认为非常烦琐，因而受到了批评（Poulisse，1997b），de Bot 和 Schreuder（1993）很快就提出了另一个假设，即当说话者忽略了加入到语前计划中的语言提示时，就会发生语码转换。这也是有问题的，因为如果忽略语言提示是可能的（有意识或无意识地），那么语前计划中的语义特征也可能被忽略，这样的话就无法解释在无错误的言语产出中，恰当的词项是如何被选择的（Poulisse，1997b）。

新近的语码转换理论（de Bot，2002；Myers-Scotton 和 Jake，1995；Poulisse，1999；Poulisse 和 Bongaerts，1994）都认为使用哪种语言这一信息需
要以语言提示的形式包含在语前计划中。Myers-Scotton（1993）还补充说，有一 84
种语言总是占据交流模式的主导地位，她称之为主体语言（matrix language）。某一话语单位的基本语法框架就是在这种语言的基础上建立起来的，这一框架中的元素可能会从另一语言中插入，这种语言被称为嵌入语言（embedded

language)，是指不处于主导地位的交流模式。

Poulisse 和 Bongaerts（1994），以及 Poulisse（1999）对词汇编码中有意识和无意识语码转换的发生方式进行了最全面的阐述，La Heij（2005）也采用了这一观点。Poulisse 和 Bongaerts（1994）以及 Poulisse（1999）提出，词元除了包含语义及句法标记外，还具有语言标记，并且只有当语前信息的所有特征，包括语言特征，与词元特征相匹配时，词元激活才会发生。正如在“词汇编码中的控制”一节提到的，La Heij 的观点与 Poulisse 和 Bongaerts（1994）以及 Poulisse（1999）的假说相比，二者的唯一区别在于 La Heij 认为词元不需包含语言标记，而只需包含位于概念层级的语言提示，因为在 Levelt 等人（1999）最新的词汇编码模型中，词元不再具有语义信息，只有句法信息被存储在概念层级。Poulisse 和 Bongaerts（1994）、Poulisse（1999）以及 La Heij 一致认为，如若被编码的概念错误地将激活同时扩散至第一语言和第二语言词元，就可能发生无意识语码转换。这些词元会进一步激活第一语言和第二语言词素，由于第一语言词素的使用频率通常高于第二语言词素，并且拥有更高的静息激活水平，它们会被选中以进行后续音系处理。这一理论还认为，当说话者有意使用第一语言特征替换语前计划中的第二语言特征时，就会发生有意识语码转换。这可能有几个原因：缺乏恰当第二语言词项的相关知识（见第七章），或者是因为第一语言词项比第二语言词项更加符合概念（语义和（或）词汇）特征（见 Myers-Scotton 和 Jake，1995）。

第一语言对词汇编码的影响

关于迁移有很多不同的定义（相关综述见 Odlin，2003），但为了简单起见，我们将迁移视作第一语言对习得、语言使用及理解的影响。在词汇处理方面，迁移可以发生在若干层级上，如果我们循着词汇编码过程的步骤，第一个层级是概念迁移。对双语者的概念系统的研究表明，“第二语言习得在很大程度上涉及到
85 学习一种新的语言形式系统，并将其映射到一个现有的心理概念系统上，该系统是根据一个人对语言和概念的总体经验构建和组织起来的”（Jarvis，1998：25）。这意味着，第一语言概念系统是影响第二语言词汇使用及习得的一个重要来源。Swan（1997）区分了概念迁移和语义迁移的各种来源。第一语言和第二语言可能对某一实体或行为有着相同的概念，但两种语言“在不同的地方贴上了语言标签”（第 157 页）。他引证了 Clark（1993）用英语和日语谈论穿着的例

子。虽然说英语的人和说日语的人对“穿上一件衣服”拥有相似的概念，在英语中，动词“put on”可以用于每一种衣服，然而日语会将不同的动词用于身体的不同部位。概念迁移的另一来源是，在两种语言中，实体或行为在概念及词汇上的分类均不相同。Swan 以色谱为例说明了这一点，因为众所周知，不同的语言会以不同的方式划分色谱。最后，迁移还有一种可能的来源：语言将事物（尤其是抽象概念）概念化的方式差异极大，以至于几乎不可能将第二语言概念和第一语言的对等概念相匹配。Pavlenko（1999）的例子可以说明该问题，即俄罗斯人在说英语时难以概念化“privacy”这一单词。

在言语产出的心理语言模型中，关于某一单词的语用、文体以及频率信息同样位于概念生成器中，在学习者习得这些方面的词汇知识之前，他们可能会将该信息从第一语言迁移至第二语言。如果我们接受词汇处理研究的主流观点，即词义也存储于概念层级（见“双语词库的结构模型”一节），那么词义的迁移也会发生在概念化阶段。根据 de Groot（1992）的分布特征模型，我们可以用一种相当直接的方式来看待语义及概念信息（包括语用、文体及频率信息）的迁移。第二语言词汇研究中有一个共识，当学习者第一次在心理词库中储存一个第二语言单词时，他们往往会将其与一系列概念特征联系起来，而这些特征几乎与该词的第一语言翻译对等词所具有的概念特征相同（见 N. Ellis，1997；Jiang，2004 等）。随着学习者更多地接触该第二语言单词，他们会慢慢建立起特定于第二语言的新概念特征，以及编码这些特征的记忆痕迹，然而单词联想研究表明（见 Jiang，2004；N. Schmitt，1998；N. Schmitt 和 Meara，1997 等），第二语言学习者很难像母语者那样成功地为一个第二语言单词建立起丰富的概念结构。

迁移也可以发生在词元和词素层级。词汇习得的研究表明，不仅是词义会经 86
常从第一语言发生迁移，第二语言词汇的句法信息也是如此（相关综述见 Swan，1997）。在第二语言学习者的心理词库中，第二语言词元可能指向其相应第一语言词元的附加特征参数。这样一来，名词的性和可数性、动词的及物性，以及选择性及强制性补语的相关信息就可以从第一语言发生迁移。例如，一个学习意大利语的法国人可能会把法语中性的取值迁移至意大利语的一个特定单词上。迁移过程可能是刻意的、有意识的，此时学习者运用了一种交际策略，也可能是无意的，第二语言使用者甚至没有意识到他或她的知识漏洞。迁移导致的第二语言结构既可能是正确的，也可能是错误的。词素层级的迁移较少发生，主要集中在同源词中。虽然音位经常从第一语言迁移至第二语言（见第五章的“第一语言在音系和语音编码中的作用以及第二语言音系的习得”一节），但学习者很少将第二语言单词以第一语言单词的方式发音（Poulisse，1999）。这一过程可以被视为以整体为单位提取第一语言词元的音系结构，因某第二语言单词是同源词，所以第二语言使用者认为其发音也应该与第一语言翻译对等词相似，此时就会发生这样的提取过程。举个例子，匈牙利的英语初学者经常把英语单词“museum（博物馆）”读作其匈牙利语同源词“múzeum（博物馆）”。如果这种情况是由于缺乏第二语言单词的音系形式知识而有意识地发生的，那么它可以被视为一种交际策略（见第七章的“交际策略与语言学习”一节）。

第二语言词汇知识的习得

尽管在第二语言习得研究和语言教学法中，一个广为接受的观点是词汇学习对用第二语言交流至关重要，但出人意料的是，我们对词汇习得涉及的心理过程知之甚少。正如 Meara（1997）所指出，有大量研究考察了哪些手段能够促进词汇学习（关于这一研究方向的最新综述，见 de Groot 和 van Hell，2005），但几乎没有研究试图构建一个词汇习得模型，更不用说词汇学习过程的研究尚是空白了。根据现有文献以及我们对词汇编码和双语词库的了解，词汇习得研究包含以
87 下问题。其中一个研究方向重在考察新习得词项的记忆痕迹是如何形成的，以及词汇知识的不同方面是如何被编码的（Meara，1997；N. Schmitt，1998；N. Schmitt 和 Meara，1998；Truscott 和 Sharwood-Smith，2004）。另一些研究人员探究了心理词库的结构是如何随着第二语言水平的发展而变化的。这包括先前“双语词库的结构模型”一节中所描述的层级模型和修正的层级模型（相关综述见 Kroll 和 de Groot，1997；Kroll 和 Tokowitz，2005），以及词库的联结主义模型（Meara，1997）。相关研究还探讨了影响词汇知识记忆的因素（Hulstijn 和 Laufer，2001；Laufer 和 Hulstijn，2001）。

有趣的是，关于词项的记忆痕迹是如何形成的这一问题，最详细的阐述之一来自一个旨在解释句法知识习得的模型，即 Truscott 和 Sharwood-Smith（2004）的加工习得理论（acquisition by processing theory，APT）。在此我们不对该模型展开详细讨论（具体描述见第五章的“迁移及句法知识的习得”一节），而仅聚焦于词汇习得。Truscott 和 Sharwood-Smith 指出，一旦说话者遇到一个未知词项，比如“horse（马）”，该词会首先生成一个与其音系形式相对应的空句法结

构。接下来，根据该词所处的句法环境（以及普遍语法的约束），句法处理器为该词的句法结构确立语法范畴。下一步是为单词赋予意义，这通常是基于上下文的提示。在该模型中，某单词的句法信息通过以下方式实现编码：以动词的补语为例，通过提高某动词各种句法特征的激活水平，例如动词“hit（击打）”的［及物］这一特征，该词的句法信息就能成功编码。Truscott 和 Sharwood-Smith 采用了联结主义的观点，认为学习的发生是通过提高知识项的激活水平，以及加强层级之间的联系来实现的。在“horse”这一例子中，如果一个第二语言学习者反复听到[ho:s]这第一语言音串，并且从上下文推断出它指的是一种可以骑的四足动物，那么 HORSE 的概念表征与其音系形式之间的联系会得以增强，这将有助于未来对该词的理解和生成。

Meara（1997）看待词汇习得的方式稍显不同，他主张“习得这一活动意味着在新接触的单词和学习者词库中已经存在的单词之间建立联系”（第 118 页）。
Meara 认为，与新词汇形成联想关系的词库单词既可以是第一语言翻译对等词， 88
也可以是某第二语言单词（例如，同义词或反义词）。在对习得下定义时，他并未区分概念层级与词元层级，也没有讨论记忆痕迹的产生，这使得该模型过于简单，Meara 本人也承认了这一点。然而，该模型对于以下现象具有极强的解释力：随着语言水平的发展，词库中所发生的一系列变化。

至此我们讨论的两种词汇习得理论所涉及的词汇知识都相当有限，仅包括词义和句法这两个方面，却忽略了词汇知识的其他必要信息：拼写、音系、文体、频率以及搭配。遗憾的是，现有模型中没有一个涵盖了词汇知识的这些方面。然而，N. Schmitt（1998）在一项小规模研究中试图考察词汇知识的不同方面是如何习得的，该研究调查了 4 名高水平学习者对 11 个单词的拼写、语法信息、意义及联想的习得。他发现对词义的认识“经历了从接受性到生成性、从未知到接受性的转变”（第 301 页）。与此相关，大多数学生的单词联想越来越趋近于母语者。Schmitt 的研究结果还表明，即使实验被试只知道单词的部分意思，他们也能恰当地理解所调查单词的语法信息，并且很少犯拼写错误。Schmitt 还试图为不同的词汇知识类型建立一个发展层级，他认为如果这种层级存在于句法的习得中，那么不同类型的词汇知识会按照特定顺序被习得就是合乎逻辑的。Schmitt 未能成功建立起词汇知识类型的发展顺序，但这并不能否认发展顺序的存在，更有可能的原因是其实验被试较少，并且只使用了少量单词。

上文中我们对词汇学习的第一步展开了讨论，即记忆痕迹的建立以及与词汇知识相关的各类信息的编码，接下来要探讨的问题是词项之间的关系是如何随着语言水平的发展而变化的。在“双语词库的结构模型”一节中我们看到，修正层级模型（Kroll 和 Stewart，1994）代表着词汇学习的认知派观点的主流立场，该模型认为，在习得过程的初始阶段，第二语言词汇通常与其第一语言翻译对等词相联系，并通过它们与相应的概念相联系，与概念的直接联系只有在学习的后期
89 才能形成。该节还呈现了对这一观点的批评。Meara（1997）的词汇学习理论似乎比修正层级模型更为详细，且问题更少。如前所述，Meara 认为词汇学习包括建立联想关系，这种联系可能不仅存在于目标词项与第一语言词项之间，还可能存在于目标词项与其他第二语言词项之间。他还指出，联系可能是单向的（例如，只从单词 A 到单词 B，反之不亦然），也可能是双向的，激活因而能向两个方向发生扩散。这两种联系的存在可以解释为什么某些单词被定性为主动的、生成性的（双向联系），而其他单词则是被动的、接受性的（单向联系）。Meara 假设如下：说话者熟知的词汇与词库中其他词汇之间会形成大量联系，而较为陌生的词项与其他词项之间几乎不存在任何联系。也就是说，Meara 将习得视为一种建立联系的机制，在此过程中新的联系可以形成，单向的联系可以变为双向的（类似观点亦见 Wilks 和 Meara，2002；Wolter，2001）。

在词汇习得中，记忆具有重要作用，因为一个人学习的词汇需要储存在长期记忆中。关于长期记忆中编码过程的早期研究表明，为了将一些新信息储存在长期记忆中，必须进行深度加工（in-depth processing）（Craik 和 Lockhart，1972）。虽然从直觉上看，加工强度的确会影响记忆行为的成功与否，但我们尚不清楚 Craik 和 Lockhart 所说的深度加工的具体含义（Baddeley，1978）。然而，研究者们似乎一致认为，如果学习者对新信息给予足够的重视，并且在新旧知识之间建立起大量而丰富的联系，新信息的记忆效果就会更好。Laufer 和 Hulstijn（2001）提出了一个第二语言词汇记忆的模型，称为**投入负担假说**（involvement load hypothesis），其目的是将认知心理学关于处理和精细加工深度的研究成果应用到第二语言词汇学习任务中。该理论认为加工的投入由三部分组成：（想要学习某单词的）**需求**（need）；**搜索**（search），即明确某单词的词义；以及**评估**（evaluation），“包括比较某单词的词义与其他单词的词义，某单词的特定意义与该词的其他意义，抑或是将这一单词与其他单词进行比较，以评估该词是否适用于其上下文”（第 544 页）。这三种因素在词汇学习的教学任务和自然情境中既可能存在，也可能缺失，并且可以有不同的程度。Laufer 和 Hulstijn 将

投入的三个组成部分称为**投入指数**（involvement index）。Laufer 和 Hulstijn 假
设，投入指数越高，词汇在长期记忆中的储存效果就越好。Hulstijn 和 Laufer 90
（2001）在以色列人与荷兰人中进行的实验在很大程度上证实了该模型的假设，
该实验探究了不同投入量的任务是如何影响词汇学习的成败的。

小　结

本章探讨了词汇编码的过程、双语词库的结构、词汇层级的语码转换及迁移，以及词项的习得方式。认知心理学领域的研究似乎表明，在词汇编码中第一语言和第二语言词元都会被激活；此外，越来越多的证据指出，这些词元不仅会被激活，而且相互之间存在竞争关系。然而，研究人员对词汇选择的控制方式持有不同意见。最具说服力的观点似乎是"复杂提取与简单选择"（La Heij，2005；Poulisse，1999；Poulisse 和 Bongaerts，1994），该假说认为语前计划包含了所有必需的特征，以提取目标语言中的恰当单词。关于双语词库的组织及结构，本章就其基本问题之一展开了讨论，即概念信息和语义信息是在一个共享层级上得以表征，还是在不同的层级上。该问题的主流观点认为，没有必要假定语义信息不同于概念信息。在"双语词库的结构模型"一节中，我回顾了词库的层级模型，并指出了这些模型存在的一些问题。同时我认为网络模型似乎是一个更可行的理论，其解释了词汇在心理词库中的组织方式。本章还讨论了语码转换和迁移所涉及的心理机制。研究表明，La Heij（2005）、Poulisse 和 Bongaerts（1994），以及 Poulisse（1999）的"复杂提取与简单选择"理论不仅是词汇提取中最可行的控制模型，同时它还能充分解释有意和无意语码转换。在讨论词汇迁移时，我们试图对以下问题进行解释：在词汇知识的各个层级，即语义、句法、形态、音系、文体及语用，第一语言是如何影响词项的使用的。在词汇习得方面，本章还阐释了新学习词汇的记忆痕迹是如何形成并得以保持的，以及词汇之间的联系是如何随着学习而发展的。

第五章　句法与音系编码 91

句法编码过程概述

正如我们在第二章中看到的，句法编码包括许多子过程，例如激活存储在词元层级的句法信息、激活语法词素、选择构建短语及从句的句法规则，以及应用决定句子成分顺序的词序规则。一些过程涉及陈述性知识的使用，而另一些过程则涉及规则的自动应用，这也被称为程序性知识（见第三章）。在词元层级编码的句法信息可以被视为陈述性知识，而短语和从句的构建，以及词序规则是第一语言使用者程序性知识的一部分。Ullman（2001）和 Paradis（1994）以失语症和现代脑成像研究为实验依据，这些研究表明程序性与陈述性这两种类型的知识存储在大脑的不同部位，因此二者确实存在对立。

在详细讨论第二语言的句法加工之前，有必要回顾一下这些过程的基本特征。我们的陈述是基于 Levelt（1989）以及 Kempen 和 Hoenkamp（1987）的语法编码模型，因为正如第二章所述，这一模型是最为详尽的，并且得到了许多实证研究的支持。该模型历经多次修改，但其新理论——统一空间模型（unification space model）——仅在句子理解这个方面进行了阐述（有关该模型的最新版本，见 Vosse 和 Kempen，2000）。不过，Kempen 和 Hoenkamp 提出的增量程序语法（IPG）的基本处理原则大体上并未改变。我们还需注意，迄今为止出现了许多其他的语法理论（例如乔姆斯基的最简方案（Minimalist Program）[Chomsky，1995]，以及优选论（Optimality Theory）[Prince 和 Smolensky，1993]），但它们关注的是支配语言的一般原则和特征，而不是语言在心理上的处理机制。

增量程序语法有四个基本假设。第一个假设是：至少在第一语言产出中， 92
“加工组块是具有自主性的专门组块，它们在很大程度上是自动运作的”（Pienemann，1998：2）。换句话说，句法编码的子过程是自主进行的，无需有意识的监督，这确保了加工过程可以自动地、并行发生。加工组块的运作离不开它们的特征输入。例如，一个属于名词词汇范畴的词元被激活后，就会触发名词短语（NP）的构建过程。增量程序语法的下一个原则是**递增性**（incrementality），该原则认为只要某加工组块接收到其特征输入的片段，就已经可以开始运作；也就是说，该组块不必等候其前一组块交付“完成的产出”。为了实现这一模式，需要做出如下假定：有时需要将加工完成的信息片段暂时“放在一边”，也就是存储在某处，因为概念信息的顺序并不总是直接被转化为句子成分的顺序。因此，增量程序语法的第三个原则是：“处理器的输出是线性的，但这一输出可能不会以线性的方式映射到其底层含义上”（Pienemann，1998：2）。这一**线性化问题**（linearization problem）（Levelt，1989）可能涉及概念组块，例如在“Before going to university, he served two years in the army（上大学之前，他在军队服了两年兵役）”这句话中，“he served two years in the army（他在军队服了两年兵役）”这一命题可能比“before going to university（上大学之前）”这一命题更早被概念化。在这种情况下，第一个命题被编码后，需要将其存储在记忆库中，直到第二个命题完成加工。此外，语法信息可能也需要暂时存储，例如关于主谓一致，主语的人称和数的信息需要被存储，以便在动词短语完成编码后使用。增量程序语法的第四个原则与这类信息的存储相关，该原则认为存在一个专门的语法记忆库，可以暂时储存中间过程的输出。

在第二章中，我们已对增量程序语法中语法编码的发生方式有所了解，在此我将对其展开详细描述。语法编码的第一步是激活词元，这涉及到提取词元层级编码的句法特征。词元的句法信息包括其句法范畴（如名词、动词、形容词、代词）、附加特征参数，如性、单复数、及物性等，以及强制性和选择性补语的相关特征。第二步称之为范畴程序，该过程“检查当前加工阶段的概念材料（当下正在加工的材料），以寻找可能的补语及指示语，并为附加特征提供具体参数值”
93 （Pienemann，1998：4）。接下来，短语程序会赋予短语一个语法功能，例如一个名词短语是句子的主语还是宾语。最后，句子程序构建句子的句法结构，并调用词序规则，将加工后的成分按恰当的顺序排列。如果这个句子包含一个从句，那么还有一个从句程序对其进行编码。在本章接下来的部分，我们将对语法编码的各个阶段进行分析，并讨论相关的研究结果以及理论。

附加特征：语法“性”的编码

在第二语言句法加工的研究中，只有少数几个领域采用了实验手段，其中之一是印欧语系中一些性标记语言的性编码。本节我将详细阐述第二语言中的性编码，不仅是因为性标记是第二语言研究中唯一被考察过的附加特征，同时也是因为我们从性标记研究中得出的任何结论都可能会为其他类型的语法信息的编码提供参考，这些信息都共同存储在词项中，例如名词的可数性状态与复数标记，以及动词的及物性等。

在第一语言产出中，语法上的“性”被视为名词的词汇-句法属性，可在名词产出后获取（例如，Roelofs 等，1998；B. M. Schmitt 等，1999；Schriefers 和 Jescheniak，1999）。在单语模型中，具有特定性标记的所有名词都会连接到性节点上，性节点显示性标记的具体参数值；换句话说，每一类性都有一个抽象的性节点。在第二语言研究中，问题在于如果第一语言和第二语言具有相似的性结构，两种语言的性系统是否能够跨语言共享？从逻辑上讲，这一问题有两种可能的答案。一种可能是两种语言的性系统是共享的，第一语言和第二语言中具有相同性标记的词会连接到同一个性节点上（见图 5.1）。Costa 和 Kovacic 等（2003）将这一观点称为**性别融合观**（gender-integrated view）。他们指出，许多语言中语法和语义在性别方面的相关性，以及音系特征和性别参数之间的关系都能佐证这一观点。在性标记语言中，指代男性或女性概念的词通常在语法上也具有相应的性取值（例如，man［男人］、woman［女人］、actor［男演员］、actress［女演员］）。此外，某些语言中的一些音系特征，如单词的最后一个音位，往往

94

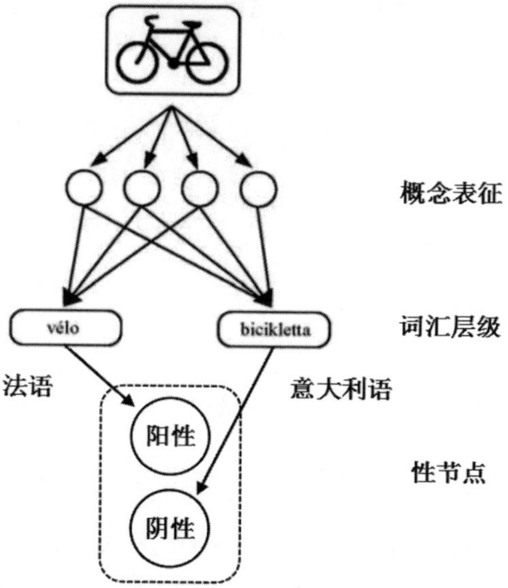

图 5.1　性别融合观在不同性取值单词中的体现

注：基于 Costa，Kovacic 等，2003。版权归剑桥大学出版社所有，2003。

标志着特定的性取值（例如，意大利语中大多数以 -o 结尾的名词都是阳性）。如果第一语言和第二语言的性标记存在类似的相关性，第二语言使用者可能会认为某种性的取值在第二语言和第一语言中是同一个语法特征；因此，他们可能会将习得的第二语言词汇连接到已有的第一语言性节点上。另一种可能是，两种语言具有各自的性系统，因此第二语言的词存在单独的性节点（见图 5.2），Costa 和 Kovacic 等人将这一观点称为**语言自主观**（language autonomy view）。他们没有给出任何支持这一观点的证据，但语言之间无法共用一个性系统的可能性是存在的，如具有不同性系统的语言（例如，一种语言具有三种不同的性参数：阳性、阴性、中性；而另一种语言只有两种性参数：阳性和阴性），或者是性参数会对名词短语的编码施加不同影响的语言。另一种可能的情况是，第二语言学习者在初始阶段有一个单独的性系统，随着语言水平的提升，该系统会与第一语言的性系统合为一体，反过来说也有可能。如前所述，有关第一语言和第二语言词语的
95 性信息之间关系的这两种可能性，也可以延伸到其他附加特征上，如探究关于名词的可数性状态或动词的及物性信息是共同存储还是单独存储在第二语言使用者的心理词库中的。

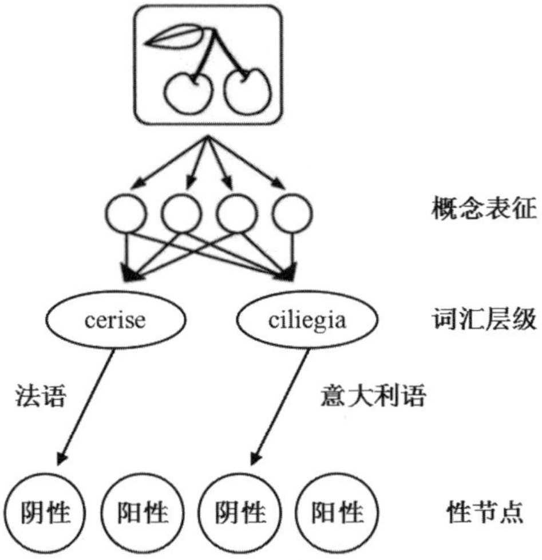

图 5.2 语言自主观在相同性取值单词中的体现

注：基于 Costa，Kovacic 等，2003。版权归剑桥大学出版社所有，2003。

性编码的另一个理论问题在于，性特征的选择是一种基于激活的机制还是一种自动过程。在第一语言加工中，许多研究者（例如，Schriefers，1993；

Vigliocco 等，2002）认为，一个名词的性参数编码的速度取决于其性节点的激活水平。也就是说，当需要对一个阴性名词进行编码时，若前一个被提取的名词也是阴性，那么阴性的性取值就能更快地被选定，若前一个名词是阳性则不然。一些其他研究提出，当名词本身被激活后，它的性取值就会被提取；因此，这个过程是自动的，与激活水平无关（Caramazza，Miozzo，Costa，Schiller 和 Alario，2001；参见 Costa，Kovacic 等，2003；Schiller 和 Caramazza，2003）。Costa 和 Kovacic 等人的结论是，由于第一语言和第二语言性系统的关系存在两种可能性，并且性参数的选择同样具有两种可能性，因此总共存在四种可能性。在性别融合观和语言自主观中，性特征既可以自动获取，也能够借助激活扩散机
制获取。如果两种语言具有各自的性系统，即使第一语言和第二语言性取值相 96
同，也并不能促进性参数编码。因此，在语言自主观中，无论是采用自动提取假说还是扩散激活假说，第一语言和第二语言中性取值相同的名词的编码速度都不会有任何差异。此外，在自动提取假说中，即使两种语言共用一个性系统，性取值相同的词的检索速度也并无差异。唯一可以观察到促进作用的情况是，两种语言共用一个性系统，并且提取是基于扩散激活，因为在这种情况下，命名时延会受到第一语言翻译对等词的性取值的影响。在第四章对第二语言词汇编码的阐述中我们发现，提取第二语言词汇时，第一语言词汇在一定程度上也被激活。因此，如果被激活的第一语言的词具有相同的性取值，它也会将更多的激活扩散至相应的性节点，从而加快性取值的速度（关于四种可能性的述评，见表 5.1）。

表 5.1　命名任务中第二语言使用者的表现（对于两种语言中具有相同性取值的单词）

	基于激活扩散的选择	自动选择
性别融合观	促进效应	无效应
语言自主观	无效应	无效应

注：基于 Costa，Kovacic 等，2003。

Costa 和 Kovacic 等人（2003）进行了一系列实验，实验中包括了性系统结构相似（法语-意大利语，加泰罗尼亚语-西班牙语）与性系统结构不同的语言（克罗地亚语-意大利语）的被试。除了一些细微的变化，基本实验过程包括用第二语言命名图片，其性取值既可能和第一语言相同，也可能不同。三组语言的实

验结果表明，命名图片所需的时间并无差异，由此可以得出一个结论：如果第一语言和第二语言共用一个性系统，那么性特征的获取与扩散激活无关。因此，我们还需进一步探究第二语言使用者对两种语言的使用是否依赖于同一个性系统，如果不是，那么性取值是自动获取还是基于扩散激活的。在未来更确凿的研究结果基础上，我们还可就以下问题做出推论：在第二语言产出中，某个词的其他句法信息是如何被存储和提取的。

97 语法词素的提取

在描述性语法中，词汇通常被分为实义词和功能词，或是开放词类和封闭词类；然而在心理语言学中，词素，即承载意义的最小语言单位，是从它们的存储与提取方式这一角度加以描述的。Myers-Scotton 和 Jake（2000）基于对语码转换、第二语言发展数据以及失语症的语言产出研究，提出了 4-M 模型，详细描述了四种不同类型的词素。该模型将词素分为两种基本类型：第一类是**内容词素**（content morphemes），指的是赋予和接受题元角色的词（如施事者和受事者），以及在其最大投射范围内作为中心词的词（如名词是名词短语的中心词）；第二类是**系统词素**（system morphemes），它们无法赋予或接受题元角色。名词和动词是典型的内容词素，而系统词素包括但不限于限定词、屈折变化和一些介词。系统词素可进一步细分为三小类。所谓的**早期系统词素**（early system morphemes）在概念层面被激活，并且“其形式取决于它们的直接最大投射范围内的内容词素中心词”（Myers-Scotton，2005：338）。例如，早期系统词素包括如下几类：由语前计划赋值的特征[+可及的]（如英语中的“the”）或[-可及的]（如英语中的“a”）激活的限定词、名词的复数标记以及派生词缀。**晚期系统词素**（late system morphemes）可分为两类：**晚期桥梁系统词素**（bridge late system morphemes）和**晚期外来者系统词素**（outsider late system morphemes）。晚期桥梁系统词素用于连接元素，并确保组成成分满足结构合格性条件。在英语中，短语“the book of the prophets（先知的书）”中的“of”就是这类词素的一个例子。“晚期外来者系统词素被称为外来者是因为它们的形式取决于其直接最大投射之外的信息”（Myers-Scotton，2005：338），主谓一致是该类词素的一个例子，该过程中动词的屈折变化取决于小句主语的信息。表 5.2 总结了四类词素的特征。

以语码转换的数据为主要依据（在“语码转换与句法编码”一节中有更详细

的讨论），Myers-Scotton（2005）认为在使用第一语言或第二语言以及两种语言同时使用的情况下，四类词素的提取方式是不同的。她认为基于语前信息包含的概念特征，内容词素和早期系统词素会在心理词库中被激活。一旦内容词素和早

表 5.2　Myers-Scotton 和 Jake（2000）的 4-M 模型中的四类词素 98

词素	激活概念层级	赋予题元角色	需要最大投射之外的操作
内容词素	+	+	–
早期系统词素	+	–	–
晚期桥梁系统词素	–	–	–
晚期外来者系统词素	–	–	+

期系统词素得以确立，它们将进一步激活句法构建过程，由此出现晚期系统词素。在增量程序语法假说的基础上，Pienemann（1998）也对词素进行了类似的分类。他区分了词汇词素、短语词素和短语间词素。词汇词素类似于 Myers-Scotton 和 Jake（2000）提出的早期系统词素，因为它们都是由词元的附加特征赋值的；也就是说，它们会在词元层级实现概念上的激活。Pienemann 以英语限定词为例，该词的选择取决于短语中心词（即名词）是单数还是复数，因此，在名词短语建构过程中，中心词这一附加特征的信息需要被储存起来，并在限定词被激活后使用（例如，“a book”中的“a”或“an”，或者是“books”中的零限定词）。晚期外来者系统词素（Myers-Scotton 和 Jake，2000）对应于 Pienemann 的短语间词素，它们的选择取决于句子内部短语间的一致性（例如动词的人称标记）。增量程序语法认为首先词汇词素会被激活，然后是短语词素的选择，最后才是短语间词素[1]。Pienemann 提出的可加工性理论（processability theory，PT）的一个基本原则是，高水平第二语言使用者也会按照这一顺序对三种不同类型的词素进行编码；但是，如果学习者还没有习得激活某一层级词素的必要程序，他

① Pienemann（1998）认为，Myers-Scotton 和 Jake（2000）提出的一些早期系统词素属于短语词素，因为它们的形式取决于短语中心词和短语中另一成分之间的一致性。Pienemann 并未提及可能与 Myers-Scotton 和 Jake 的内容词素相对应的词素，同时也很难将 Myers-Scotton 和 Jake 分类法中的晚期桥梁系统词素和 Pienemann 的词素分类建立直接的对应关系。

们就无法在接下来的层级上对他们想要表达的信息进行语法加工，而只会将概念结构映射到表层形式上。关于可加工性理论更详细的讨论参见“迁移与第二语言句法知识的习得”一节。

99

句法建构过程的激活

在句法构建过程的激活这一问题上，相关实证研究很少，部分原因是该问题即使在第一语言产出中也并未得到充分研究。在第二章中我们看到，短语和小句层级的句法加工主要是通过句法启动方法进行研究的。句法启动实验的主要发现是，在一个句子中使用一种句法结构（称为启动项）会增加在另一个句子中使用同一结构的可能性，这被称为启动效应（Bock，1986）。实验还表明，只有句法结构的相似性才会产生启动效应，启动物和目标语在词汇、主位、节律或音系上的相似并不会导致启动（相关综述见 Bock 和 Levelt，1994；Levelt，1989）。这表明一个句法结构能够激活另一个相似的结构，因此扩散激活机制在句法编码中同样起着作用。经典句法启动实验的延伸实验（Potter 和 Lombardi，1990；Tree 和 Mejer，1999）还发现，第一语言使用者会使用最近激活的词来重新构建需要他们回忆的句子，这佐证了句法编码由词汇驱动这一假说。在第二语言产出中，针对句法构建过程的激活所提出的问题是：第二语言词元是否只会激活第二语言句法构建过程，抑或是它们也能指向第一语言的产出过程。De Bot（1992）和 Pienemann（1998）认为短语及小句结构的构建过程是指向特定语言的，也就是说，第二语言词元不会触发第一语言的语法编码过程。Pienemann 等人（2005）补充道，只有在第二语言学习者已经习得了加工层级中较低层级的加工时，第一语言句法过程才可能发生迁移（详见下一节）。Truscott 和 Sharwood-Smith（2004）的加工习得理论提出了完全相反的观点，他们认为如果第一语言句法过程的激活程度高于第二语言中的过程，那么被选中的将是第一语言的句法过程而非目标语的。如下一节所述，尽管有充分的证据证明 Pienemann 等人的观点具有可行性，但加工习得理论模型尚未经过实证检验。

Meijer 和 Fox Tree（2003）提出了一个问题，如果特定结构的句法过程在第一语言和第二语言中是相同的，会出现什么情况？他们通过句法启动这一手段对该问题展开了研究，实验被试是高水平西班牙语-英语双语者，他们的第一项任务是回忆包含与格动词的英语句子，这些句子既可能将“名词短语+名词短语”

这一结构作为补语（例如，The mother gave the child the ice cream［母亲给了孩子冰淇淋］），也可能将“名词短语+介词短语”这一结构作为补语（例如，The 100
mother gave the ice cream to the child［母亲把冰淇淋给了孩子］）。在呈现了英语目标句之后，还会呈现一个西班牙语启动句，其包含有与英语句子相同或不同的补语结构。接下来，实验被试会看到一个干扰词，他们需要判断其是否包含在目标句中。最后，被试需要回忆最初呈现的英语句子。另一项实验人为控制了西班牙语目标句中直接宾语代词的顺序，并使用了英语启动句。此外，他们还考察了双重否定的使用情况与单一否定的不同之处，这两种结构在西班牙语中都是存在的。这项研究旨在探究的问题是，西班牙语或英语启动句所呈现的不同结构，是否会诱导实验被试在需要他们回忆的目标语句子中使用这一结构。换句话说，他们意在考察一种语言中某一短语构建过程的激活是否会影响另一语言对句法过程的选择。Meijer 和 Fox Tree 发现，如果第一语言和第二语言使用者在启动句中看到某一可能的句法结构，就会将目标句的结构转变至这一结构，但双重否定例外，它在西班牙语中是一个语义标记结构。基于这一结果，他们认为“在两种语言中都必不可少的句法规则是集中存储的”，并且这些规则“不会根据语言进行标记”（第 193 页）。需要注意的是，虽然 Meijer 和 Fox Tree 的假说可能是正确的，即一旦第二语言规则完全程序化，也就是第二语言使用者能够自动地应用它们时，第一语言和第二语言的句法规则就会存储在同一个地方；然而，在语言水平较低时，规则的运用往往是有意识的，并且规则存储在陈述性记忆中，研究表明陈述性记忆与程序性知识分别位于大脑的不同部位（Paradis，1994；Ullman，2001）。Pienemann 等人（2005）也指出，即使第一语言和第二语言规则相同，第二语言学习者也必须首先习得较低层级的句法过程，才能从第一语言中迁移这些知识。总之，对于两种语言水平不相当的双语者来说，第一语言和第二语言的句法过程存储在同一个地方的可能性较低。

迁移与第二语言句法知识的习得

迁移和第二语言句法知识的习得一直被视为第二语言习得中两个相互关联的过程，因为人们通常认为，在初始阶段学习者应用第一语言规则来构建第二语言话语，之后学习者的语言发展会慢慢达到能够正确使用第二语言规则的状态（例如，见 Selinker（1972）的中介语假说（interlanguage hypothesis））。后来普遍承

101 认的观点是，句法习得不仅仅涉及语法系统从第一语言到第二语言的转换，还包括创造性构建过程的应用（Dulay 和 Burt，1974），这些过程不受第一语言和第二语言的支配。本节我将简要概述语言学习的主要理论是如何看待第二语言句法编码过程的习得的，并对可加工性理论（Pienemann，1998）展开讨论，该理论关注的是句法学习的心理语言约束，而不是习得发生的实际过程。第二语言语法编码过程的习得中有一个重要问题，即学习者有意识习得的第二语言规则如何变为自动的，换句话说，陈述性知识是如何转化为程序性知识的。本节不会对该问题进行详细阐述，我将这一过程的讨论保留至第八章，与言语产出过程的自动性的其他问题一并探讨。

有关第一语言知识的迁移以及第二语言学习中句法构建过程对认知的应用问题，乔姆斯基（1965）的普遍语法首先进行了探讨，该理论认为人类拥有一种特殊的**语言习得装置**（language acquisition device，LAD），可以帮助他们凭借幼年时接收的贫乏输入习得第一语言。语言习得装置包含适用于所有语言的普遍原则，以及根据要学习的特定语言而设置的参数，二者共同被称为普遍语法（universal grammar，UG）。长期以来，第二语言研究的一个问题在于，第二语言学习者能否使用普遍语法，如果可以，他们是能使用所有的普遍语法，还是仅限于一部分（迁移和普遍语法的作用在第二语言习得研究中涵盖了许多问题，在此我们不做详细讨论；最新综述见 White，2003）。许多先天主义范式的研究已经指出，第二语言学习者可以使用全部的普遍语法，学习第二语言句法需要重置为第一语言而建立的参数，以符合第二语言的规则。而这些研究者对于第一语言迁移的制约条件又持有不同观点。Schwartz 和 Sprouse（1996）的观点最为极端，他们认为第一语言句法的每一方面都可以发生迁移，并且第二语言句法往往不能完全习得这一事实可以用石化（fossilization）加以解释，在重组第一语言知识所需的输入无法获取或不显著的情况下，石化就会发生。其他研究对第一语言迁移提出了一些限制。例如，Vainikka 和 Young-Scholten（1994）主张迁移仅限于词汇范畴及词序规则，而 Eubank（1993）认为词汇范畴和功能范畴的迁移都是存在的。然而，Felix（1985）、Clahsen 和 Muysken（1989），以及许多其他研究者
102 认为，第二语言学习者只能有限地或间接地使用普遍语法，这就解释了为什么超过一定年龄就几乎不可能完美地习得第二语言。最后，也有观点认为，第二语言学习者不再能使用普遍语法，他们运用一般的问题解决策略，基于输入重建第二语言语法（Meisel，1991）。White（1996）指出，将普遍语法理论用于解释语法

习得是错误的，因为它是一个表征理论而不是发展理论。因此，第二语言学习者能否使用普遍语法这一问题最近被重新表述为：学习者中介语的语法系统是否与自然语言遵循相同的原则，抑或是在某些方面存在一定的缺陷（见 Hawkins 和 Chan，1997 等）。不过该问题并不在本书的讨论范围之内。

联结主义的语言学习观认为与生俱来的语言习得装置并不存在，并主张语言学习与任何其他类型的学习没有区别（相关综述见 N. Ellis，2003）。在联结主义范式中，最著名的语言习得模型是由 MacWhinney 和 Bates 最先提出的竞争模型（关于该模型的最新综述，见 MacWhinney，2001）。在该模型中，语法形式和交际功能发生关系的频次及复杂程度会对学习产生影响，并且普遍语法在该模型中并不存在。学习第二语言意味着习得某一表层形式是如何表达交际意图的，这被称为形式-功能映射（form-function mapping）；学习者无需具有天生的语言能力，他们仅仅依赖于可获取的输入。学习者在输入中需要处理和习得的部分被称为“线索”。决定线索的强度或显著性的因素包括：输入中特定的形式-功能映射所具有的频次及可获取性。线索也可以相互竞争，某些线索可能比其他线索更为重要。MacWhinney（1997）将荷兰语的词序和格标记作为例子。在荷兰语中，位于情态动词之前的名词短语通常是句子的主语，我们可以将其视为一条词序线索。然而，当情态动词前面的名词短语被标记为宾格时，它则充当句子的宾语。因此在该例中，相较于词序线索，格标记线索占据了主导地位。竞争模型预测，在第一语言习得及第二语言习得中，线索强度都会影响各种线索习得的顺序。

关于第二语言句法的习得与迁移，竞争模型认为学习者首先会尝试将第一语言中形式-功能的映射迁移至第二语言。MacWhinney（1997：119）指出，“由于联结主义模型非常强调类比和其他类型的模式泛化，在这些模型看来，第一语言中所有可能迁移至第二语言的内容都会发生迁移”。如果迁移并未产生正确的输 103
出，学习者会进一步着眼于输入中的线索，逐步构建目标结构。该模型还预测，如果某一特定结构在两种语言中具有相同的功能，那么该结构的习得将更为容易；而两种语言中形式上相似但交际价值不同的句法结构则难以习得。竞争模型主要用于考察双语及单语的句子理解，很少有研究在这一理论框架下对言语产出中第二语言语法知识的习得进行探究。Döpke（2001）的研究是其中之一，她考察了双语儿童 1—3 岁期间第二语言句法结构的产出情况。Döpke 认为其数据证明了以下观点：在双语儿童的第一语言及第二语言习得中，句法知识的构建是通过学习者注意话语的表层结构并逐渐在第一语言及第二语言中形成正确的形式与功能的映射来实现的。

联结主义在句法习得领域的一个新发展是，已有计算机模拟成功表明，如果为一个联结主义的体系结构提供大量输入，它就能从输入的范例中进行归纳，并构建形态、音系以及句法结构（相关综述见 N. Ellis，1998；Murre，2005）。虽然这类研究大部分使用的是第一语言输入，但也有一些在第二语言领域开展的研究。N. Ellis 和 Schmidt（1998）记录了一组学习者如何习得一种人造语法的词法，然后他们用联结主义的计算机网络系统模拟了这一学习过程。该系统得出了与语言学习者相似的发展模式，并且在没有事先掌握相关规则的情况下，该系统能够重现接近于规则的行为；换句话说，它能够仅仅从输入中推断出规则。Kempe 和 MacWhinney（1998）也成功地在联结主义网络中构建了德语及俄罗斯语的格标记习得的模型。

Truscott 和 Sharwood-Smith（2004）提出了加工习得理论，尽管该理论像竞争模型一样大量借鉴了联结主义的研究成果，但相较于先前描述的模型和理论，加工习得理论从一个不同的角度来看待习得与迁移。该理论以 Chomsky（1995）的最简方案和 Jackendoff（2002）的模块化观点为基础。模块化观点认为信息的构建由三个独立的处理器完成：位于语言模块之外的概念处理器，以及句法和音系模块，二者共同构成语言模块。句法模块不具有语言差异性，并且可以使用全
104 部的普遍语法。中介语的差异源自词库。简单地说，Truscott 和 Sharwood-Smith 提出，通过加工实现的学习需要为目标项提供额外的激活，这包括单词、功能范畴、屈折变化等等，由此这些目标项在后续加工中将更容易被获取。对于在第一语言和第二语言中具有不同特征（如强和弱）的句法表征而言，第二语言目标特征的激活水平会因学习而提升，最终超过第一语言特征的激活水平。因此，正如在之前的研究中看到的那样，Truscott 和 Sharwood-Smith 认为迁移并不存在。在他们看来，迁移意味着在某些情况下，尤其是在习得过程的初始阶段，第一语言句法特征的激活处于更高的静息水平，因此它们会被选择，而不是第二语言特征。虽然从激活的角度来解释学习和迁移在第二语言习得研究中具有很大的潜力，但就其目前的状况而言，加工习得理论并未得到充分发展，并且缺乏实证支持。表 5.3 总结了各理论对第二语言句法习得中普遍语法的作用以及迁移的看法。

表 5.3　第二语言学习者句法习得理论之概述

理论	普遍语法的作用	迁移
先天主义	普遍语法部分或全部可用	无限制或有各种限制（发展性，普遍性等）
竞争模型	不存在普遍语法	无限制
加工习得理论	普遍语法全部可用	不存在迁移
可加工性理论	未讨论	受到发展阶段的限制

Pienemann（1998）提出的可加工性理论主要关注习得的限制条件，而不是
语法知识的表征。该理论假设，“第二语言学习者只能产出那些他们已习得必要
预备知识的语言形式”（Pienemann 等，2005）。可加工性理论以增量程序语法
（Kempen 和 Hoenkamp，1987）为基础，将加工组块视为具有自主性的专门组
块，这些组块渐进性地工作，加工的中间产物存储在语法记忆中（见“附加特
征：语法‘性’的编码”一节）。根据 Kempen 和 Hoenkamp 的观点，Pienemann
对句法编码的发生顺序假设如下：（1）词元提取，（2）范畴程序（构建短语范
畴），（3）短语程序（对短语进行编码），（4）句子程序（确定句子中短语的位 105
置），以及（5）从句程序（例如，见第二章中对 Kempen 和 Hoenkamp 的模型
（1987）的详细说明）。他还指出，第一语言和第二语言单词各自具有不同的词
元，词元包含特定于语言的附加特征，以及关于补语和指示语的信息；与此同
时，所有的句法程序都是基于特定语言的。可加工性理论最重要的假设是，由于
句法编码过程形成了一个层级结构，即每一个下级阶段至少需要部分完成后，其
上级阶段才能开始运作，因此学习者也需要首先习得低层级的语法编码程序，然
后才能处理下一阶段。也就是说，句法知识的习得遵循句法编码程序的顺序。
Pienemann 提出，如果学习者没有习得某一特定阶段及其之上的句法程序，那么
该层级开始，他（她）将不得不采取将概念映射到表层形式这一方式。正如 de
Bot（1998）正确指出的那样，Pienemann 并未详细解释以下问题：如果由于缺
乏知识，加工在某一特定阶段被中断，会出现什么情况？De Bot 认为，此时第
二语言学习者可以采用的一种解决方案可能是：依靠交际策略来弥补他们缺乏的
知识（详见第七章）。

Pienemann 还从不同词素的加工这一角度阐释了其层级结构。他提出，词汇词素的产出无需借助于短语构建程序，例如英语中动词的过去时标记，因此它们

是习得层级中的第一类词素。在下一学习阶段出现的是短语词素，其产出取决于该短语与另一短语成分之间的一致性（例如，英语中的限定词包含中心名词的单复数信息）。最后被习得的是短语间词素（例如，与句子主语保持一致性的动词屈折变化）（见表 5.4）。支持可加工性理论的实证研究主要考察了特定句法结构的习得顺序，研究发现，如该理论所预测的那样，第二语言学习者的言语产出中确实出现了相应句法结构。Pienemann（待刊）重新分析了 Johnston（1985）以及 Pienemann 和 Mackey（1993）对不同母语背景的英语学习者的研究，以及对于 ZISA（Zweitspracherwerb Italianischer und Spanisher Arbeiter [西班牙和意大利工人的第二语言习得]）研究小组中的德语学习者的研究（例如，Clahsen，1980；Clahsen，Meisel 和 Pienemann，1983；Meisel，Clahsen 和 Pienemann，
106 1981；Pienemann，1980），他发现这些学习者全都遵循其理论所描述的习得顺序。此外，最近对若干第二语言学习者的研究也佐证了可加工性理论，这些第二语言包括日语和意大利语（Di Biase 和 Kawaguchi，2002）、汉语（Zhang，待刊）、瑞典语（Pienemann 和 Håkansson，1999）以及阿拉伯语（Mansouri，2000）。关于语法词素习得的层级结构问题，在 Myers-Scotton 和 Jake（2000）的 4-M 模型框架下开展的研究也得出了与 Pienemann（1998）类似的结论。Wei（2000）认为内容词素（即赋予题元角色的词元）在加工层级中最先被激活，因此将最先被习得。接下来是早期系统词素，其激活同样发生在概念层级，对于信息的传递具有重要作用。由于晚期系统词素的分配取决于结构，该类词素位于层级的最后，这使得它们很难被习得。Wei 的研究考察了中国英语学习者和日本英语学习者的言语产出中语法词素的准确度排序，其结果与 Pienemann（1998）的加工层级体现出了相似的顺序。

表 5.4 加工程序的层级结构

阶段	加工程序	第二语言过程	词法	句法
5	从句程序	主句及从句		倒装解除（例如，I wonder what he means）
4	句子程序	交换短语间信息	主谓一致（如 Anna loves swimming）	？？（例如，Do you like swimming?）
3	短语程序	交换短语信息	物主代词（例如，This is my room）	助动词提前（例如，I do not like this）

（续表）

阶段	加工程序	第二语言过程	词法	句法
2	范畴程序	词汇词素	复数（例如，two cats）	规范的词序（例如，Me no longer live here）
1	单词或词元	单词	固定形式 单个成分	

注：表格基于 Pienemann 等人（2005）的数据。

加工层级带来的一个合乎逻辑的结果是，在第二语言学习过程的起始阶段，学生不可能将其第一语言句法系统的所有知识都迁移至第二语言。相反，Pienemann 等人（2005）主张，第二语言学习者会从加工层级的最底层开始，从零开始重建第二语言语法系统。他们指出，“第一语言迁移会受到发展过程的调节，只有当待迁移的结构在不断发展的第二语言系统中可以被加工时，迁移才会 107
发生。”Pienemann 等人的观点意味着，在第一阶段，第二语言学习者可能会将第一语言词元的附加特征，以及第一语言词元的选择性和强制性补语及指示语迁移至第二语言；在第二阶段，关于词元的句法信息已被习得，因此基于第一语言知识的范畴程序能得以运用，以此类推。Håkansson、Pienemann 和 Sayehli（2002）为这一观点提供了实验性证据，其研究表明，对于在第一语言和第二语言中同样存在的规则，瑞典德语学习者不会将其从第一语言迁移至第二语言，直到他们达到了可以处理这一特定规则的阶段。许多对于不同语言背景、习得不同第二语言的学习者的研究也佐证了这一观点（例如，Haberzettl，2000；Johnston，1997；参见 Pienemann 等，2005）。

在本节我们看到，关于第二语言语法学习和迁移具有的作用，存在四种主要理论：先天主义范式、联结主义理论（其中在句法领域最成熟的代表理论是竞争模型）、加工习得理论，以及可加工性理论。从前文的讨论可以明显看出，这四种理论是从不同的角度来探讨句法习得问题的。先天主义者认为存在一种与生俱来的语言习得装置，这种装置在第二语言学习中部分或者完全可用。可加工性理论关注的是：根据句法系统的制约条件，各种第二语言句法编码过程以怎样的顺序被习得；而竞争模型和加工习得理论关注的则是如何从可获取的输入中习得句法。竞争模型认为句法规则的习得是通过对输入的分析实现的，而加工习得理论和先天主义理论则认为，尽管学习主要是一种基于激活的机制，但仍然存在一个单独的先天语言模块。

语码转换与句法编码

在有关双语语码转换行为的早期研究中，有研究发现高水平双语者经过语码转换的话语是受规则支配的（Poplack，1981），从那时起，语码转换的句法就受到了广泛关注。学界提出了一些语码转换的制约条件，以及经过语码转换的句子的结构规则，大多都是在各种语法理论的框架下建立的。由于这些研究背后的理论复杂性，加之该领域的多数研究均未考虑言语产出的认知因素，本节仅讨论了具有认知心理学背景的一项研究，即 Myers-Scotton（1993）的主体语言框架（Matrix
108 Language Frame）。有关语码转换话语的语法结构，相关语言学理论见 Belazi，Rubin 和 Toribio，1994；MacSwan，2000；Poplack，1981；Woolford，1983。

Myers-Scotton（1993）在言语产出的心理语言学理论（主要是 Levelt，1989 的模型）的基础上提出了该模型。她指出，一种语言总是会在交流中占据主导地位（即主体语言），并且特定话语单位的基本语法框架就是建立在第一语言的基础上的。这一框架被称为主体框架，可以将一些元素从嵌入语言插入到该框架中，嵌入语言就是在交流中占据次要地位的语言。Myers-Scotton 对语码转换提出了两则制约条件：词素顺序原则（morpheme order principle），该原则认为主体语言决定了双语成分中词素的顺序；以及系统词素原则，即表明短语成分之间的语法关系的系统词素（在 4-M 模型中称为晚期系统词素；Myers-Scotton 和 Jake，2000——见“语法词素的提取”一节）也需来自主体语言。该模型的创立动机源自这一假说：某些语法词素可能是在语前计划中从概念上加以明确的（早期系统词素），而其他词素的运用则取决于句法建构过程，因此它们在语码转换中具有不同的表现。对于主体语言框架模型提出的几条规则，MacSwan（2000，2003）援引了几个反例，并指出了该模型存在的一个重要问题。Myers-Scotton 认为句法加工中存在语言框架，而 MacSwan 指出这一假设并未得到语法理论的支持。此外，句法框架这一思想与 Myers-Scotton 模型的一个基本假设相悖，即句法编码由词汇驱动。这导致了该模型的内部矛盾，然而，关于在语码转换中起作用的句法过程，该模型仍是迄今为止唯一可用的心理语言学理论。

语法编码过程总结

正如先前几节所介绍的，在句法编码领域，我们面临的问题比答案更多，并且该领域诸多问题并未得到充分重视。在词元的附加特征方面，只有语法性在最近一项研究中被 Costa 和 Kovacic 等人（2003）加以考察。他们所能得出的结论是，对于高水平第二语言使用者而言，语法性的编码可能是基于激活的，也可能是自动的；性特征可能是单独存储的，抑或是第一语言和第二语言单词共用相同 109
的性节点。然而，在可能存在的四种组合中，只有一种可以排除：如果第一语言和第二语言的性系统是整合的，那么性特征的提取则与激活水平无关。在名词和动词的其他附加特征的获取方面，相关研究还是一片空白。相较于附加特征的获取问题，我们似乎对语法词素的激活有更多了解，并且在这方面似乎也形成了共识。研究者们普遍认同的观点是，语法词素可以通过两种不同的方式激活：一是通过语前计划包含的特征，二是通过句法编码过程；这些词素在第二语言加工、习得、迁移以及语码转换中的表现很大程度上取决于它们被提取的模式。第二语言词元能否激活第一语言句法构建过程，还是仅能激活第二语言句法构建过程，这一问题存在着更大的分歧。Meijer 和 Fox Tree（2003）的调查表明，对于高水平第二语言使用者而言，如果第一语言和第二语言中某些语法过程相同，它们可以被合并，同时失去标明语言的特征。然而，可加工性理论（Pienemann，1998；Pienemann 等，2005）认为句法结构存在一种可加工性层级，就某一结构而言，如果第二语言学习者并未习得的程序在层级中位于该结构之前，那么这一结构就无法进行加工。这也就意味着，在第二语言学习者到达某第一语言过程在层级中所处的阶段之前，都无法迁移或运用该第一语言过程去替代第二语言过程。

在迁移和句法编码过程的习得方面，我们回顾了三种理论：可加工性理论、竞争模型以及加工习得理论。可加工性理论主要关注的是，基于句法系统的制约条件，各种第二语言句法编码过程将以怎样的顺序被习得；然而其余两个模型则致力于考察句法是如何从可获取的输入中习得的。以习得不同语言、拥有不同母语背景的学习者为实验对象，可加工性理论已得到广泛检验，其假说在很大程度上得到了证实。竞争模型主要应用于言语理解的相关研究，鲜有研究着眼于该模型对双语句法习得的影响。加工习得理论是一个有待实证检验的新理论。关于语码转换涉及的句法过程，也亟需从心理语言学的角度展开进一步的研究。

音系编码过程概览

在第二章中，我们回顾了 Roelofs（1997b）建立的音系编码的 WEAVER 模型，关于音系加工在单语者中的运作方式，该模型的阐述是最详细的阐述之一。
110 本节我们将再度概述一下该模型的基本步骤。音系编码过程的第一步是获取音系词的心理表征，该表征包含单词的韵律结构信息，以及构成该词的音系音段信息。下一步是音节化过程，该过程根据给定语言的音节化规则，将音段分配至音节中的相应位置。在产出由多个词素组成的单词以及连续语流时，该过程也会将相邻的词素和单词考虑在内。音节化从第一个音段开始，向第二个音段推进，再从第二个音段向第三个音段推进，以此类推，Roelofs 将这一过程比作织布（因而得名 WEAVER 模型）。在语音编码中，韵律表征用于设置响度、音高和时长的参数，而这一程序能够用于控制发音运动。WEAVER 模型认为，言语产出是渐进式的，这意味着输入的一小部分就足以触发产出过程。因此，在可获取韵律结构的情况下，音节化可以从一个单词的起始音段开始，并且音节化过程的中间结果可以储存在缓冲区，直到后面的音段即将开始音节化。在发音阶段，从音节表包含的众多习得程序中，发音动作程序被提取。音节以谱的组合的形式产出，由此才能完成发音运动。这些谱还指定了发音动作，以及它们的先后顺序。语音的同化被认为是动作谱发生重合的结果。在该模型中，激活只能向前扩散。

第二语言音系编码在心理语言学领域的研究中很少受到关注。与第一语言研究相同，已考察的问题之一是：对于未被选中但已被激活的单词而言，其音系形式是否会被激活，即激活能否由词元层级至词素层级进行层叠式传递（Colomé，2001；Costa 等，2000；Hermans，2000；Hermans 等，1998；Kroll 等，2000）。最近通过实验技术得以验证的另一问题是，第一语言和第二语言的音位表征是共有的还是各自不同的（Roelofs，2003b）？Poulisse（1999）考察了音系层面的口误，并基于其语料库中口误的类型及分布，提出了第二语言音系编码过程的相关结论。Laeufer（1997）也尝试对双语情况下的音系和语音表征进行类型学研究。关于第一语言在音系编码和第二语言音系习得中的作用，大多数研究都运用语言学理论来解决这些问题，鲜有研究关注第二语言音系编码机制习得过程中的心理语言学过程（相关研究见 Flege，Frieda，Walley 和 Randazza，1998；Hancin-Bhatt 和 Bhatt，1992）。

111

词项音系形式的激活

在第二章中我们看到，词形编码的心理语言学研究有一个关键问题：激活能否从词元层级层叠式地传递至词素层级，换句话说，一个未被选中但仍被激活的词元能否将激活传递至某词项的音系形式。在第一语言产出研究中，支持激活的层叠式传递的证据主要来自 Jescheniak 和 Schriefers（1997），以及 Peterson 和 Savoy（1998）等人，但也存在反对该观点的证据（见 Jescheniak 等，2003；van Turennout 等，1997 等）。有趣的是，在第二语言产出中，多数研究发现未选中语言的词的音系形式也会被激活。

对于激活会扩散至第一语言和第二语言的音系形式这一假说，第一项证据来自考察同源词命名时延的研究。许多研究者（例如，Costa 等，2000，针对西班牙语-加泰罗尼亚语双语者；Kroll 等，2000，针对荷兰语-英语双语者）观察到，与相应的词之间没有音系关系的图片相比，实验被试能更快地命名那些可以用两种语言中发音相似的词来描述的图片。这一发现或许可以解释如下：对于同源词而言，非选中语言中词元的音系形式也会被激活，并且会将额外的激活传递至选中语言中词元的音系特征（图解见第四章，表 4.3），这将加快图片命名的速度（亦见 Gollan 和 Silverberg，2001）。

Colomé（2001，针对西班牙语-加泰罗尼亚语双语者）和 Hermans（2000，针对荷兰语-英语双语者）采用了被称为音位监控的任务，意在考察激活是否会层叠式传递至音系层级。实验被试需要判断某个音位能否在描述一个物体的词中找到。该实验有两种不同的情况：在有待用目标语言命名的词中，该音位要么存在，要么不存在；目标词在另一语言的翻译对等词中，该音位要么存在，要么不存在，由此产生了四种不同类型的试验。Colomé 和 Hermans 都观察到，如果该音位在目标词的翻译对等词中出现，而并未在目标词中出现，那么关于该音位存在与否的判断则会更慢。他们对这一现象做了如下解释：非使用语言中词的音系形式也会被激活，并且会干扰目标语言中目标词音系形式的选择。

音系和语音系统的共享观与分离观 112

在言语产出的每一阶段，关注双语能力的研究者旨在探究一个核心问题：编码过程和表征在多大程度上是两种语言共享的。在最近的一项研究中，Roelofs（2003b）考察了第一语言和第二语言共有的音系音段的记忆表征在多大程度上是共享的，以及对于高水平双语者而言，音系编码是否依旧按照 WEAVER 模型（Roelofs，1997b）对单一语言的使用者所预测的那样，以右向渐进式的方式进行。同时 Roelofs 还想探究，两种语言共有的音系音段是作为一个单位还是作为音系特征的组合而存储和提取。为了尝试解决这些问题，Roelofs 在实验中使用了形式准备范式（也称内隐启动），我们在第二章中曾予以描述。在第一项实验中，Roelofs 以英语为例，以英语水平较高的荷兰人为实验对象，复证了 Meyer（1990，1991）的实验。在实验的第一阶段，学生需要学习一些词对。之后，当他们看到词对的第一个单词时，需要说出第二个单词。实验涉及三组不同的单词：两个相似组，即待回答单词的第一个音节或最后一个音节相同，以及一个异质组，即单词在词形上并无共通之处。该实验的研究重点在于：相似性在多大程度上会提升回答的速度。Roelofs（2003b）发现，在先前的回答中说出当前单词的第一个音节，有助于被试更快地在第二语言中编码该目标词；然而，若前一个回答和当前目标词的最后一个音节相同，则并未发现这一促进效应，这与 Meyer（1990，1991）对第一语言使用者的研究结果一致。Roelofs 由此得出结论，就右向递增性而言，WEAVER 模型对第二语言音系编码的预测是正确的，换句话说，第二语言使用者也会从左侧的第一个音段开始，对单词进行音系编码，然后将向右移动，每次编码一个音段。

第二项实验的设计与第一项实验相同，但实验中的词对来自两种语言。例如，一个荷兰语-英语的相似组包含以下词对：punt-stip、vapor-steam、ijzer-staal。就像在单语任务中一样，Roelofs（2003b）发现，当待回答单词的第一个音段相同时，就会产生促进效应，他认为原因如下——两种语言共有的音系音段的心理表征是共享的。最后一项实验中，Roelofs（1999）的研究被予以复证，
113 用以考察第二语言产出，我们在第二章介绍过该研究。此时的研究问题在于：促进效应的产生是由于音段相同，还是特征相同？换句话说，该实验旨在找到这一问题的答案：第二语言音位是作为一个单位存储的（例如，[b]），还是作为一系列特征得以表征的（例如，音位[b]被表征为［+浊音］［+唇音］［-鼻音］）。因此，实验使用了两种不同类型的相似组词对：一种包含起始辅音相同的单词（例如，river-boat, girl-boy），另一种包含的单词的第一个音段只有一个音系特征不同（例如，cat-dog, sugar-tea）。实验结果表明，只有当音段完全相同时才能加快其后单词的产出（即单词以同一个音开头时），而部分相同（例如，一个以[d]开头的单词后跟着一个首音为[t]的单词）无法对音系编码产生任何影响，由此可知第二语言音系音段也是作为一个单位存储的，而不是作为一组特征，这与 Roelofs（1999）对第一语言言语产出的结论完全一致。

Poulisse（1999）以不同水平的荷兰英语学习者为实验对象，考察了其言语产出中音系层面的口误。研究发现，有时被激活的并非第二语言音位，而是第一语言音位，它们意外地被激活，并用于本应由第二语言中的音构成的音节中。以这些类型的口误为依据，Poulisse 认为第一语言和第二语言音位有可能存储在同一个网络系统中，并带有各自的语言标记。她表明这些言语行为的失误还是较为罕见的，第二语言词汇通常都是用第二语言音位进行编码，而第一语言词汇即使是在语码转换中，即在某第二语言话语中，也是激活第一语言音位。

正如 Roelofs（2003b）的实验所示，对于高水平第二语言使用者而言，第一语言和第二语言共有的音系音段可能会共享同一个记忆表征；然而，对于在两种语言中不同的音系音段，以及在第一语言和第二语言中具有不同的语音实现方式的音系音段来说，情况就更加复杂了。基于 Weinreich（1953）对双语表征的类型学研究，Laeufer（1997）认为音系系统可能也有三种类型：共存、合并、从属。Laeufer 以塞辅音（[b]、[d]、[g]、[p]、[t]、[k]）为例阐述了这三种不同的系统，塞辅音存在于世界上诸多语言中，在发声起始时间（voice onset time，简称 VOT，指从某一塞音除阻的一刻到其后元音开始发声之间的时间）这一连续统上，它们可以通过三种基本且普遍的方式在语音上得以实现（Keating，1984）。产出塞音时可能会出现发声领先，这样的音属于浊塞音，例如英语的[b]。塞音也可能具有较短的 VOT，这会产生不送气的清辅音，例如法语的[p]；而较长的 VOT 则会产生送气的清辅音，例如英语的[p^h]。对于一个说英语的法国人而言， 114
音位[p]可能具有共存的表征，也就是说这个音存在两种不同的音系表征，它们在语音上也以不同的方式实现（见图 5.3a）。在合并系统中，说话者对该音位具有一个共同的表征，但分别以不同的方式在第一语言和第二语言中进行语音编码（见图 5.3b）。在从属系统中，音位[p]在第二语言中不具备单独的记忆表征，第二语言音位在语音上的实现方式与第一语言音位类似（见图 5.3c）。Lauefer 指出，只有在共存系统中，第二语言语音的实现才能接近母语水平，而在合并及从属系统中，第一语言和第二语言在语音层面都会有不同程度的交互作用。在回顾了关于塞辅音的发音研究后，Lauefer 指出有实验证据表明每种不同的表征系统都是存在的。除了少数例外，Lauefer 引证的研究还表明，共存系统主要出现在那些同时习得第一语言和第二语言的第二语言使用者身上，或者是在 7 岁之前开始第二语言学习的第二语言使用者。Lauefer 提出，合并系统的特点在于第一语言和第二语言音位的实现均无法达到母语水平，这一现象通常发生在第二语言是交流的主导模式，并且第一语言磨蚀已经开始的情况下。对于在 7 岁以后习得第二语言的使用者而言，无论其水平高低，从属系统往往会出现在他们的言语产出中，那些主要使用第一语言进行日常交流的第二语言学习者也是如此。

如果对 Roelofs（2003b）的研究以及言语产出的心理语言学理论予以思考，Lauefer（1997）的类型学研究似乎存在问题。原因如下：首先，我们需要注意 Lauefer 提出的分类可能并不适用于第二语言的每一个音，因为 Roelofs 的研究表明，两种语言中在音系及语音层面均相同的音可能会共用相同的音系表征，以及用于产出这些音的动作谱。此外，尤其是在第二语言学习过程的初始阶段，第二语言使用者还有可能在音系层面直接将第二语言音位与第一语言音位等同起来，并且令其发音等同于第一语言中的音（见 Flege，1987 等）。在心理表征和语音实现方面，这两种情况似乎并无区别：存在一个共有的表征，该表征会触发不具有语言特异性的语音编码过程。Lauefer 模型的另一个问题在于，一个共有的音系表征能否激活两种不同的语音编码机制？换句话说，加工程序如何才能确定要

115

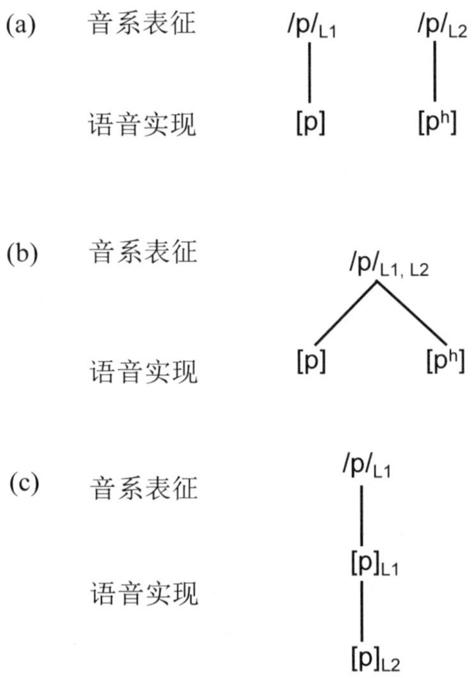

图 5.3 （a）语音及音系表征的共存系统；（b）语音及音系表征的合并系统；（c）语音及音系表征的从属系统

注：基于 Lauefer，1997。版权归 Mouton de Gruyter 所有，经许可后改编。

提取哪个动作谱呢？是第一语言的还是第二语言的？因为存在的是共有表征，所以我们无法将其解释为语言标记会指导编码过程；此时，控制语言选择的唯一可能途径是抑制，这导致了几个未解决的问题，我们在第四章中曾提及。从心理语言学的角度来看，可能性更大的情况是：在某些情况下，表征可能是两种语言共有的；而在其他情况下，第二语言音位和第一语言音位是单独进行表征的。

第一语言在音系和语音编码中的作用与第二语言音系习得 116

和句法编码一样，迁移和第二语言音系习得是紧密相关的过程。研究证据表明，第二语言学习者一开始会使用第一语言音位替代相似但不相同的第二语言音位，经常将第一语言编码规则应用到第二语言音系中，并且学习者很难转变已实现自动化的第一语言产出的动作谱（相关问题综述，见 Leather，1999）。与句法编码过程的习得类似，根据语言学习的主要理论，我们可以对三种用于解释第二语言音系习得的理论予以阐释。关于音系加工的习得问题，最早的模型是基于以下这一假设：在言语产出这一组成部分的学习过程中，主要影响来自学习者的第一语言（例如，Broselow，1984）。这些理论很快被一些模型加以完善，这些模型认为，除了迁移之外，一些普遍的语言原则也在语言学习中发挥着重要作用，而音系习得也是语言学习的一部分。在该思想下有一个重要模型——Eckman 的标记性差异假说（markedness differential hypothesis，1977），该假说将标记性定义为世界语言中某第一语言结构的出现频率：如果某第一语言特征在各语言中频繁出现，那么它具有非标记性；如果该特征很少出现，它则具有标记性（Eckman，1977）。标记性差异假说的主要观点是，那些比其相应第一语言结构标记程度更高的第二语言结构将更难习得。自 Eckman 的论文发表以来，音系领域的若干研究提出了反对该假说的证据，并从理论上对其进行了批评（相关综述见 Major 和 Kim，1999）。语言普遍性理论中一个相对较新的发展是优选论（Prince 和 Smolensky，1993），该理论认为对于各语言的使用者来说，都存在一组普遍的制约条件，而不是普遍语法中的普遍原则和参数。这一理论的新颖之处在于，在构建具有语法合格性的话语时，某些制约条件是可以违反的，并且可能具有不同的重要程度。一种语言的使用者旨在产出最优输出项（因此得名优选论），该输出项只违反那些可违反的制约条件，同时会受到另一些制约条件的约束，这些制约条件对使用者而言是十分重要的。以西班牙语和日语母语者（Hancin-Bhatt 和 Bhatt，1997），以及普通话母语者（Broselow，S.-I. Chen 和 Wang，1998）为实验对象，优选论被用于解释英语音节结构的习得。普遍主义思潮下的第三个重要理论是 Major（1987）的发生学模型（ontogeny model），该
117 模型认为普遍的发展过程和迁移在第二语言音系发展的不同阶段发挥着不同的作用。在习得初期，迁移对第二语言音系编码的影响最大，但随着第二语言音系能力的提升，其作用将减弱。与迁移减弱的影响相似，普遍的发展过程也开始对习得产生影响。联结主义理论认为语言普遍性并不存在，在解释第二语言音系加工的习得问题上，该理论直到最近才有了影响力；Hancin-Bhatt 和 Bhatt（1992），Hancin-Bhatt 和 Govindjee（1999），以及 Keidel、Zevin、Kluender 和 Seidenberg（2003）使用了基于联结主义架构的音系特征习得模型，这些架构是从输入中提炼出的规律。在接下来的内容中，我将重点关注言语产出中音系编码过程的习得，而不是学习第二语言音系的整个过程。我们将着眼于音系的四个层级——音段、音节、重音、语调，并对以下问题展开讨论：第一语言是如何在这些层级发挥作用的，以及第二语言音系的这些方面是如何被习得的。

关于单个音位层级上的习得与迁移，有四个重要理论：特征几何理论、特征竞争模型、词汇音系学、言语学习模型。我们还将讨论 Flege 等人（1998）的研究，他们考察了音位产出的影响因素，并试图探究学习或第二语言学习者的目标对象是单个的音位，还是整个单词的语音模式。特征几何理论基于以下这一假说：音系特征的组织具有一个层级结构；也就是说，一些特征往往会共同出现，而另一些特征相互之间具有依赖关系（Rice 和 Avery，1995）。该理论还指出，一个音系音段的结构是由对立特征决定的，这些特征使得该音段不同于其所属语言音系库中的其他音段。Rice（1995；参见 Archibald，1998a）以英语和日语中的流音为例予以了阐述：英语特征库包含［近音］和［边音］这两个特征，而日语特征库仅包含［近音］这一个特征。因此，音位[l]和[r]在日语中不具有对立性，而是自由变体，这意味着它们在音系层面具有同一个心理表征。Brown（1998）考察了日语和汉语母语者对英语音位[l]和[r]的产出与感知，结论如下：如果第一语言特征几何中缺失某一特征，第二语言使用者就无法为第二语言音位创造恰当的心理表征。然而，通过将第一语言的现有特征予以组合，这些第二语言中的新
118 音段也能得以表征。需要注意的是，这可能不适用于从童年开始习得语言的第二语言学习者。

Hancin-Bhatt（1994）的特征竞争模型与 MacWhinney 和 Bates 的竞争模型（相关综述见 MacWhinney，1997）一脉相承，该模型认为第二语言输入中可获取的语音特征的显著性会影响第二语言音位的习得。第二语言音系特征会相互竞争，以便在输入中显得更加重要，那些更突出的特征将更容易被感知和学习。尽管 Hancin-Bhatt 的说法很有吸引力，因为它考虑到了输入在音段习得中的重要作用，但是它会带来一些问题，其中最重要的就是如何建立音系特征的显著性。Hancin-Bhatt 仅仅是将某一特征在第二语言语音库中的出现频率等同于其感知显著性，而并未基于实证研究建立显著性（Archibald，1998a）。此外，她自己的研究结果也并不能完全支持该模型。

关于音系音段的第三个重要理论以词汇音系学（Mohanan，1986）为基础，该理论认为音系规则可分为两类：词汇规则与后词汇规则。词汇规则作用于单词层面，产生给定语言中具有对立性的音位；而后词汇规则可以跨单词边界应用，能够产生音位变体，即在该语言中不具有对立性的音[①]。研究表明，后词汇规则经常从第一语言迁移至第二语言，而词汇规则不太容易发生迁移（Broselow，1987；Rubach，1984；Young-Scholten，1997）。Eckman 和 Iverson（1995；参见 Archibald，1998a）指出，当第二语言学习者想要习得一个第二语言中的音时，而这个音在第一语言中属于音位变体，他们必须在第二语言音系加工中抑制第一语言的后词汇规则的应用。遗憾的是，目前尚未有研究从心理语言学层面对音系规则发生迁移的方式加以考察。

Flege（1995）在他的言语学习模型中提出，当第二语言初学者遇到一个不属于第一语言音系库的第二语言语音时，他们会先用最接近的第一语言语音替换该目标音位。随着更多地接触第二语言，学习者会逐渐建立起一个新的音系范畴，即该第二语言语音的底层心理表征，以及产出这个音的动作谱和发音动作程序。关于影响这一学习过程的因素，Flege 综合了许多先前介绍过的第二语言音 119
段音系学的发现，提出了以下主张：第二语言音位的习得会受到一些因素的限制，包括第二语言目标语音和与之最相似的第一语言语音之间的语音差异，以及第一语言的特征库。此外，Flege 还提出，第二语言使用者开始学习语言的年龄

① 此情境下的对立性意味着给定语言使用这个音来区分单词的意义。例如，英语音位[d]和[t]具有对立性，因为它们的互换会改变单词的意义，例如 bed（床）和 bet（打赌）。

以及使用第二语言的频率也会影响习得的成功与否。最近，Keidel 等人（2003）运用联结主义学习网络检验了 Flege 的模型，成功重现了英语使用者在现实环境中将祖鲁语的音同化为英语音位的过程。在另一项研究中，Flege 等人（1998）的主要关注点在于，言语学习模型和其他音系学习理论所提出的假说是否正确，即习得的基本单位是单音，而不是整个单词或词素中的语音组合。他们还尝试在该研究中解决另一个重要问题：如果某些单词在第一语言和第二语言中属于同源词，其发音是否会受到影响。如果有证据表明同源词中的音与非同源词中的音具有不同的发音方式，那么以下这一假说就能得以证实：在音系编码中，第二语言同源词是通过其第一语言翻译对等词的音系形式间接获取的。Flege 等人以 20 名英语母语者和 40 名西班牙语-英语双语者为实验对象，要求他们说出 60 个以/t/开头的单词，并分析了/t/音的 VOT。列表中的一些单词属于西班牙语-英语同源词。除了从现有语料库中计算词频外，他们还调查了被试对这些单词的了解程度、熟悉程度、习得时间以及对单词具体程度的判断。该研究采用了回归分析，以确定各因素的重要性。其主要发现是，无论被试的第二语言水平如何，他们在产出该实验的目标语音时都不会受到词汇因素的影响。尽管 Flege 等人反对从他们的研究中得出影响深远的结论，但他们认为其实验结果能够表明，单音是音系习得的基本单位这一假说可能是正确的。此外，实验被试似乎并不是通过第一语言对等词获取其第二语言同源词的音系形式的。

音节也是第二语言音系学中广泛研究的主题。由于音节的产出受到音系规则应用的支配，该领域多数研究都是从理论语言学的角度对这些规则的运用加以考察。联结主义理论是个例外，我们可以发现一些以前文提及的不同音系习得模型
120 为框架的研究。这些研究能够得出的结论是，音节的产出会受到迁移的影响，第一语言音节结构会迁移至第二语言，同时还会受到普遍标记性和普遍性制约条件的影响（最新综述见 Cutillas Espinosa，2002；Hansen，2004）。研究还表明，第二语言音节化规则的习得往往与学习新的第二语言音系特征区别同时发生（Archibald，1998b）。除此之外，还有研究证据指出，第二语言学习者对音节结构的习得可以更准确地描述为 U 型而不是直线型。Abrahamsson（2003）回顾了相关研究，这些研究表明初级使用者的第二语言音节结构产出是相当准确的，但随着语言水平的整体提升，学习者的注意力会被分配到言语产出的其他方面，因此会出现大量音节错误。在后续发展阶段，第二语言学习者音节结构的准确性将再次提高。

第一语言在单词和句子层面的重音指派方式似乎在很大程度上影响着第二语言的言语产出（Archibald，1997，1998a；Trammell，1993）。Archibald（1997，1998a）以母语为重音语言（即用音高来表示重音的语言）和非重音语言（例如汉语和日语，其中音高和／或声调是词项固有的一部分）的学习者为实验对象，考察了英语重音的产出及感知。其研究结果表明，第一语言是重音语言（波兰语和匈牙利语）的被试将第一语言韵律结构的原则与参数迁移到了第二语言，然而汉语和日语母语者无法利用迁移，因此他们将每个词项的第二语言重音特征储存在了第二语言中，而不是根据重音指派规则予以计算。在相反的情况下，当母语为重音语言的人学习声调语言时，第二语言学习者会将声调在其第一语言语调中的运用方式迁移至第二语言，这可以被视为跨结构层级的迁移（Leather，1997）。语调模式也极有可能从第一语言迁移至第二语言（Archibald，1998a）；此外，说话者通过语调表达的态度也可能会从第一语言的视角得以解释（Holden 和 Hogan，1993）。

音系编码过程小结

从前文对音系编码研究的回顾可以明显看出，这一主题是心理语言研究中被忽视的一个领域。对于句法编码而言，我得出的结论是待解决的问题比答案更多，然而，在心理语言层面的第二语言音系学中，我们甚至还没有提出足够多的
问题。在双语言语产出的每一阶段都受到关注的经典问题——表征是共享的还是 121
单独的，同样出现在了第二语言音位研究中，但在音节和音系规则的应用方面却被忽略。此外，我们对学习第二语言音系所涉及的认知过程也知之甚少。目前，以下关于第二语言音系编码机制的假设得到了支持。首先，似乎有足够的证据表明，在提取目标语言单词的音系形式时，未被选定的语言中的翻译对等词的音系形式也会被激活；换句话说，在非使用语言中，激活能够从词元层叠式传递至其音系形式。对于在两种语言中相同的音位，Roelofs（2003b）的研究表明高水平使用者具有共享的记忆表征；对于不相同的第一语言和第二语言音位，Poulisse（1999）认为它们是从第一语言和第二语言音位的共有存储库中提取的。Flege 等人（1998）的研究表明，第二语言音位是以单个音为单位习得的，构成单词或词素的语音组合并不是作为一个单位习得的。音系习得的相关研究一致认为第一语言的影响起着核心作用，但在限制迁移的因素方面还存在着相当大的分歧。关于

第二语言音系编码的发生机制和习得机制，目前并无统一的理论；这一领域需要开展更多的心理语言学研究，否则很难设计出需要的模型。

第六章　监控 122

在第二章中我们看到，监控在第一语言言语产出研究中存在三种基本的心理语言模型：编辑器理论（editor theories，Baars 等，1975；Laver，1980；Motley 等，1982）、激活扩散理论（Berg，1986；Dell，1986；Dell 和 O’Seaghda，1991；MacKay，1987，1992；Stemberger，1985）与感知闭环理论（Levelt，1983，1989，1993；Levelt 等，1999）。监控的编辑器理论认为，编辑器可以拒绝并替换言语产出过程的错误输出。在该模型中，编辑器有自己的规则系统，并以此为依据检查输出（Baars 等，1975；Motley 等，1982）。为了解释错误的发生，这些理论推测编辑器使用的规则系统是不完整的（例如，Garnsey 和 Dell，1984），抑或在特定的时刻使用的规则是不同的（例如，Motley 等，1982）。这一类模型的主要缺点在于编辑器只能检查加工过程的最终结果，而无法在中间层级拦截错误输出。一些在监控的编辑器理论范式下开展研究的学者（例如，Laver，1980；Nooteboom，1980 等）提出，在加工系统的每个阶段都应该有专门的监控器，负责检查每个过程的产出是否正确。这样的模型被称为**分布式编辑器理论**（distributed editor theory），因为监控器可以监控言语产出的不同阶段。Stemberger（1985）和 Dell（1986）的交互激活扩散模型认为，言语感知是通过自下而上的激活传递而实现的，这一机制在说话者监控自己的言语时同样会发生作用。因此，在该理论看来，监控是“因自下而上的激活扩散而自动形成的一个副产品”（Berg，1986：139）。在第二章中，我们指出了这一监控理论存在的两个基本问题——它并未对以下两种现象予以解释：一是许多错误仍未被说话者注意到（Levelt，1983），二是监控还包括对信息的语用不恰当性和所传递信息的不充分性的感知（Levelt，1992）。在第一章和第二章中我曾提出，关于监控在第一语言产出中的运作机制，Levelt（1983，1989，1993；Levelt 等，1999）的感知闭环理论似乎提供了最详细、可靠的解释。该理论认为言语理解系统不仅用于处理他人的言语，同样也会处理自己的言语，并且存在分别用于检查产出各过程的三个循环。在第一个循环中，比较语前计划和说话者的原始意图；在第二个循环中，信息会在发音前得到监控（称为内隐监控或发音前监控；亦 123
见 Postma 和 Kolk，1992，1993）；最后，生成的话语在发音后也会得到检查，这构成了最后一个外部监控循环。

各种监控模型不仅在第一语言产出中，而且在第二语言研究中也得到了检验（Kormos，1999，2000b；van Hest，1996）。在第二语言产出中，对监控的研究包括：分析学习者言语中的各类自我修正，它们的句法结构，以及修正发生的时间。监控的相关研究也有助于揭示第二语言学习者是如何将注意力分配到言语加工的各个方面的。而监控行为如何随着语言水平的发展而变化这一问题，许多研究者也进行了探究。监控在第二语言产出中同样被视为一个重要的过程，因为研究者认为监控有助于语言学习，能使学习者注意到他们在目标语言知识方面的不足（Izumi，2003；Kormos，1999）。

第二语言中的监控过程

在第一语言和第二语言研究中，对于监控的考察往往是通过分析说话者的自我修正行为而实现的，因为研究者认为自我修正是监控过程的外在表现。一个自发的、自我完成的修正行为包括以下几步：说话者先察觉到自身的输出有误或者不恰当，然后中断语流，最后执行修正行为。然而，说话人常常在发音之前就会注意到错误，在这种情况下，说话者可能会在发音之前对其进行修正（称之为隐性修正），也可能决定不纠正这句话中的错误。在继续探讨监控研究之前，我们需要注意的是，对于通过考察自我修正而开展的监控研究而言，这两种现象导致了严重的方法论问题。隐性修正在实验室条件下或采用口头报告的方法就足以保证研究的可靠性，而说话者不纠正错误的决定只能通过回顾来分析，抑或是通过考察错误的识别而不是错误的产出。遗憾的是，关于第二语言自我修正的研究并未充分运用这些研究方法（相关研究见Kormos，2000a，2000b，2003）。本节我将讨论各类自我修正背后的心理语言过程，以及通过自我修正的结构和修正发生的时间，我们能对该过程所涉及的认知机制形成怎样的认识。根据自我修正在这些领域中的研究结果，我认为在进行微调之后，感知闭环理论这一监控模型能为第二语言行为提供最佳的解释，优于其他各种监控理论。

关于监控涉及的基本心理语言过程，相关推论常常是通过分析实验被试的言
124 语样本中出现的修正类型而得出的，这些言语样本以不同的方式被提取。本节对监控过程的描述是基于 Levelt（1989）和 Levelt 等人（1999）的言语产出模型。第一类监控机制指的是说话者意识到需要改变语前计划的内容。在言语产出过程

的概念化阶段，如果出现了一个错误，说话者可能会决定编码与他们当时正在生成的信息所不同的新信息，或者他们可能会修改当前信息的内容。前一种类型的修正被称为**不同信息的修正**（different information repair，D-repair），而后者通常被称为**得体性修正**（appropriacy repair，A-repair）（Levelt，1983）。Levelt（1983）提出了人们决定传达不同信息的两个原因：其一，说话者意识到目标信息的某些部分需要按不同的顺序排列，如例 1 所示；其二，待传达信息的内容是不恰当的或者不正确的，如例 2 所示。带有回顾性评论的例子取自第二语言监控行为研究项目中的言语样本（关于该项目的报告，参见 Kormos，2000a，2000b）：

1. Uhm well there's a big dining table for forty person. And then we've also got er well it's well the dining table occupies half of the room.（嗯有个可以坐 40 人的大餐桌。然后我们也有呃，那个餐桌占了半个房间。）

回顾性评论：我认为，我一开始没有告诉你房间有多大，所以我说餐桌占了半个房间，然后我再说原本想说的话。

2. you have to we have to make a contract（你必须，我们必须写份合同）

回顾性评论：我意识到说你必须签订合同是愚蠢的，是餐厅必须写份合同。

通过分析第二语言自我修正行为，第二语言使用者决定在语前计划中编码新的或不同的信息可能还有第三个原因。尤其是在某些情况下，第二语言学习者可能会完全放弃他们最初想要传达的信息，并用一个全新的信息取而代之（Kormos，2000a）。这通常是因为第二语言能力有限，如例 3 所示。

3. we have some er er v … maybe you have vegetarians in your group（我们有一些呃……你们中间可能有人是素食主义者）

回顾性评论：这时素食主义者这个想法突然冒了出来，我放弃了我原本想说的东西，因为反正我也无法列出更多种类的食物。

然而需要注意的是，在某些情况下，此类修正与信息替换这一问题解决策略 125
非常相似，因为说话者认为自己没有能力执行最初的语前计划，从而选择中断原始信息的编码，并用不同的信息替换它。然而，对于信息替换这一交际策略，原始信息通常并不会进入发音阶段，并且替换过程甚至会发生在句法生成器接收到语前计划之前。

得体性修正同样涉及对语前计划的修改，但有别于不同信息的修正，得体性修正发生在说话者决定以修改后的方式对原始目标信息进行编码之时（Levelt，1983）。说话者会在下列情况下采用得体性修正：编码了（1）不准确（例 4）或者（2）模棱两可的信息（例 5），需要进一步说明；抑或是使用了（3）不连贯的术语（例 6）或者（4）在语用上不得体的语言（例 7）。前三类自我修正是 Levelt（1983）提出的，Brédart（1991）提出了第四类。他将其称为**提高语言质量的修正**（repair for good language），包括语用修正和语言质量修正（good-language repairs）。然而，Kormos（1999）指出，这两组自我修正应该更加清楚地予以区分，因为它们的来源并不相同。语用自我修正关注的是语境中的意义，而语言质量修正则是为了保证更高水平的语言表达（例 8）。下面是例 4 至例 8：

4. There are very wide choice of er main courses er er steak er er several kinds of steak.（主食的选择范围很宽呃，牛排呃几种牛排。）

回顾性评论：我想更准确地表达我们不仅有一种牛排，而是有好几种牛排。

5. In this um in this part of the town er there are many vegetarians. Er this is because the university is here and vegetarians like it er like this restaurant.（在这个嗯，在城镇的这片地方呃，有很多素食主义者。呃因为这边有大学，而且素食主义者喜欢它呃，喜欢这家餐馆。）

回顾性评论：我发现“it”也可以指大学，所以我想表明素食者喜欢的是餐馆，而不是大学。

6. 被试：In this case er if it is so urgent and important for you, we would like er you to to write us an order er in er 24 hours that you make sure that you will er come and book this er room.（这种情况呃，如果对你来说很紧急而且重要，我们想要呃，你给我们写一个订餐单呃，24 小时内，你确保你会呃，来预订这个呃房间。）

研究人员：I see, all right and then I can only pay the deposit next week when I er find out how many people come and when I have talked to all of the people.（我明白了，可以，那我要等下个星期才能付定金，等我呃弄清楚多少人会来并跟他们都沟通过之后。）

126 被试：Er but this letter is er the order is er anyway needed and we...（呃可是这个单子呃，这个订餐单不管怎样都是需要的，我们……）

回顾性评论：我记得我之前用的是“order”这个词，我想坚持使用同一个术语，所以我用“order”代替了“letter”。

7. It doesn’t it’s not a problem.（这无关，这不是个问题。）

回顾性评论：起初我想说“it does not matter（这无关紧要）”，但我意识到在商业交易中你不能说“it does not matter”。

8. Thirty-five per … people.（35 per……人。）

回顾性评论：起初我想说“persons”，但之前我已经用过好几次“persons”，所以我说了“people”。

在心理语言层面，第二种监控机制是对语言错误的纠正，这导致了**偏误修正**（error repairs）。对于这些错误而言，语前计划是恰当的，但是在生成信息的过程中，有可能选择了一个原本不该被激活的词，或者是一个不恰当的句法结构，抑或是一个错误的音位。Levelt（1983）将这些标记为词汇修正（例 9）、句法修正（例 10）和语音修正（例 11），分别对应于其模型中的三个主要加工层级：

9. Will er have to pay er five er sorry er twenty-five percent.（得呃必须付呃，5 呃对不起，呃 25%。）

回顾性评论：这里我不小心把 25 说成 5 了。

10. I think it a very nice it's a very nice（我觉得这非常好，这是非常好的）

回顾性评论：我漏了“is”，所以改过来了。

11. We could arrange er more smaller [teibiə] [teibəl] if you would like that better.（我们可以为您安排呃，更小一点的桌，桌子，如果您需要的话。）

Kormos（1999）提出了第三种修正机制，称为改述修正。与偏误修正相反，在得到同一个语前计划之后，此类修正涉及对语前计划的修改，但不会改变信息的内容。当第二语言使用者不确定他们的话语是否正确时，就会使用改述修正，因此这种类型的修正和交际策略十分类似（例 12）。改述修正表明的是底层的语言能力问题，而偏误修正则标志着语言表现的失误。

12. Uhm our fish fish meals er foods are very good too.（嗯我们的鱼，鱼饵料呃，鱼套餐也非常好。）

回顾性评论：我把“fish meals”改成了“fish food”，因为我不确定能不能说“fish meals”，“fish foods”听起来好一些。

在回顾了自我修正行为所涉及的基本心理语言过程之后，让我们来考察一下 127
透过自我修正的时机，我们能对监控机制有怎样的了解。正如我们在第二章中看到的，许多研究考察了不同类型的自我修正发生的确切时间，以及时间数据与不同监控理论的相关性（例如，Blackmer 和 Mitton，1991；Hartsuiker 和 Kolk，2001；Levelt，1989；Oomen 和 Postma，2001；van Hest，1996）。言语理解研究表明，单词识别发生在单词开始发音后约 200 毫秒（Marslen-Wilson 和 Tyler，1980）。在此基础上，Levelt（1989）认为对于显性修正而言，从检测到错误到中断语流的最短时间也是 200 毫秒的时间。据他推测，一个人对内部言语的识别大约会持续 150 毫秒，从接收语音计划到发音的时间约为 200—250 毫秒。因此，说话者最多有 100 毫秒用于发音前监控，这可能不足以防止错误话语的发音。在这种情况下，错误的单词在发音开始后不久就会被中断；也就是说，从错词开始发音到中断语流的时间将短于 200 毫秒。由于 Levelt（1989，1993）的模型允许并行加工，因此在发音缓冲区中可能已经有一些加工好的材料能够用于发音；这样一来，说话者就可以在发音之前拦截错误的输出（隐性修正）。

为了检验 Levelt（1989）的假设，Blackmer 和 Mitton（1991）进行了一项实证研究，研究发现大量修正都具有较短的“错误到中断”和“中断到修正”时间间隔（小于 150 毫秒）。他们指出，对于从中断到修正的间隔时间小于 150 毫秒的修正而言，话语的重新规划在这段时间内不太可能发生。因此，他们认为说话者通常会在语流被中断之前就开始处理修正。这一假说得到了证实，在他们的数据库中，对于快速修正而言，“错误到中断”和“中断到修正”时间间隔之间具有显著的负相关性。以这些结果为依据，Blackmer 和 Mitton 并不认为语流中断点可以作为错误识别点的可靠度量，他们还主张，“中断到修正”的时间间隔并不等于重新规划话语的总时间。Hartsuiker 和 Kolk（2001）使用 Oomen 和 Postma（2001）收集的时间数据进行了计算机模拟，以检验这一假说：中断和修正是“同时启动的并行过程，在检测到错误之后就会立即开始”（第 148 页），这与前文概述的 Blackmer 和 Mitton 的结论相似。Hartsuiker 和 Kolk 的研究表明，
128 如果假定中断和计划并行发生，计算机模型就能成功地再现时间模式。从第一语言监控的时间研究中，我们可以明显看到，语流中断和修正能够并行进行，与此同时，这些研究中发现的极短的中断时间也无法证明分布式编辑器的存在（Laver，1980；Nooteboom，1980），因为根据分布式编辑器模型，对错误的检测至少需要 200 毫秒，而且并行加工是不被允许的。

在第二语言监控领域，只有两项关于自我修正时间的研究。Van Hest（1996）的研究是基于一个自我修正的语料库，语料来自荷兰语母语者，他们使用母语和英语完成了三种不同类型的任务（图片描述、故事讲述和个人采访）。结果表明，音系错误的检测和中断快于词汇错误，对不得体的词的识别似乎是最慢的。Van Hest 做出了如下解释，她认为在 Levelt（1989，1993）的模型中，音系错误的修正路径是最短的，因为所有其他类型的错误或不得体都需要在概念生成器中对照原本的交际意图进行检查。该研究还表明，第二语言使用者“从中断

到修正”的间隔时间比第一语言长，van Hest 认为这是由于第二语言产出过程的自动化程度较低所致。

Kormos（2000b）的研究以三个不同英语水平的 30 名匈牙利语母语者为实验对象，对其言语中自我修正的时间进行了分析。该项目最重要的发现之一是，基于在错误检测时间方面，错误修正、得体性修正和不同信息修正存在的差异，激活扩散理论和感知闭环理论的共同假说得到了支持，即监控与言语理解涉及相同的机制。该研究还表明，检测语用方面不得体的词和检测词汇错误的速度非常相似，这可能意味着在监控过程中，词项的语用特征会同时与其音系、语义形式，以及题元结构一起被检查。因此，这一发现为以下假说提供了间接证据：词项不仅包含语义特征，还包含语用价值信息（Dörnyei 和 Kormos，1998；La Heij，2005；详见第四章“词汇编码中的控制”一节）。对错误检测时间的分析证实了区分错误修正和改述修正的必要，结果表明对于改述修正而言，说话者对其话语正确与否的不确定性在很大程度上拖缓了检测过程。关于从中断到修正的 129
时间间隔的分析结果表明，相较于对信息内容的大规模修改（例如放弃信息类修正），对语言形式（例如偏误修正和改述修正）以及话语信息的内容（例如信息得体程度的修正）的轻微修改需要较少的时间即可实现，也就是说，对它们的加工更加容易。对于偏误修正和改述修正而言，重新规划话语需要花费的时间差不多，这表明第二语言使用者在不确定其输出正确与否的情况下，采用了在心理语言层面最简单的策略。

对不同类型的自我修正的分析有助于了解各类监控的过程，而时间数据则能让我们对这些过程的运作方式作出推断。关于自我修正结构的研究可以进一步完善我们对监控机制的理解。有研究考察了自我修正的句法结构是否体现出了一定的系统性（例如，De Smedt 和 Kempen，1987；Levelt，1983），研究发现大多数自我修正都遵循一个特定的规则，Levelt（1983）将其称为语法合格性规则（well-formedness rule）。根据这条规则，“一个原始话语<O>加上修正后成为<OR>，<OR>具有语法合格性的唯一条件为：存在若干单词<C>去补全话语，让语符串<OC or R>具有语法合格性，其中 C 是直接支配 O 的最后一个元素的补充成分”（第 78 页）。换言之，这条规则说的是，话语和修正必须遵循句法协调规则。例 13 中的修正具有语法合格性，例 14 中的则不具有语法合格性：

13. all chairs have handles. And er sorry arms（所有的椅子都有把手。呃对不起，扶手。）

14. you can this er reserve this er er room（你可以这个，呃预订这个呃房间）

有两项研究考察了第二语言自我修正的语法合格性（Kormos，2002；van Hest，1996）。研究发现，第一语言和第二语言的自我修正在这方面几乎没有差别。根据 Levelt（1983）的分类规则，van Hest 的语料库中 80%的第二语言自我修正具有语法合格性，而 Kormos 的数据库中有 87.3%的修正符合语法合格性规则。根据 van Hest 和 Kormos 的结果，第二语言学习者的自我修正行为似乎也遵循语法合格性规则。这些结果似乎只能用言语产出的模块化模型（Levelt，1989，1993；Levelt 等，1999）进行解释，因为此类模型认为第二语言学习者和
130 第一语言使用者一样，在进行修正时会重新加工言语计划的相关部分，而不会像监控的激活扩散理论所假设的那样，从言语产出的中间层级重启话语。

注意力在第二语言言语监控中的作用

注意力在第二语言习得中的作用近来已成为第二语言习得研究中的一个重要问题（最新综述见 Robinson，2003）。Schmidt（1990，1993，1994；Schmidt 和 Frota，1986）在一系列研究中指出，有意识的注意力输入（他所用的术语，也就是注意）是学习发生的必要条件。Robinson（1995）完善了习得的必要条件，他认为在检测到输入之后，如果立即在工作记忆中进行预演，输入将得以内化。VanPatten（1990，1994，1996；VanPatten 和 Cadiorno，1993）开展了大量实验考察在加工输入的内容时，注意力是如何在形式与内容之间进行分配的。从早期的注意力研究结果可知，由于工作记忆的限制，注意力资源是有限的（Broadbent，1958；Gathercole 和 Baddeley，1994）。这些限制在第二语言言语加工中起着至关重要的作用，因为第二语言言语加工机制只是部分自动的，需要有意识的控制，即注意力（de Bot，1992）。第二语言使用者如何管理他们的注意力资源会影响其语言表现。因此，对该现象的研究不仅在第二语言习得中具有重要意义，在第二语言产出研究中也是如此。这就是为什么越来越多的研究着眼于第二语言产出中注意力在各种制约条件和情形下的分配（如 Bygate，1996，1999；Foster 和 Skehan，1996；Skehan 和 Foster，1997，2001；Tarone，1983，1985；Tarone 和 Parrish，1988）。

然而，注意力在言语监控中的作用长期以来都是一个被忽视的研究领域，尽管在第二语言使用者的自我修正行为方面，某些类型的自我修正的频率问题一直

都是被广泛探究的对象之一。该领域的多数研究仅仅着眼于确立各类自我修正的分布，却并没有对注意力的分配给予高度重视。这些研究探究第二语言使用者的监控器对哪种类型的错误较为敏感，大多使用未经处理的出现次数百分比数据，而不是标准化的频率数据（例如，Fathman，1980；Lennon，1984；van Hest，1996）。因此，仅仅通过计算各种自我修正所占比例而得到的结果，与同时考虑到自我修正的实际频率的结果相比，在注意力分配上可能会得到不同的结论。该领域研究存在的另一个不足之处在于，除了 Poulisse（1999）以及 P. S. Green 和 Hecht（1993）的研究外，对第二语言学习者监控技能所做的结论并未考察错误的出现频率和修正频率，以及二者与自我修正频率的关系。尽管存在这些研究方法 131
上的问题，第二语言产出的研究者认为第二语言学习者更加关注词汇恰当性而不是语法准确性（例如，Fathman，1980；Lennon，1984；Poulisse，1993；Poulisse 和 Bongaerts，1994；van Hest，1996）。关于第二语言自我修正的研究还表明，在不同类型的任务中，对于信息内容的修正频率也是不同的（Poulisse，1993；van Hest，1996）。

Kormos（2002）的研究以 30 名处于三种语言水平（较低水平、中高水平、高水平）的匈牙利语学习者和 10 名匈牙利语母语者为实验对象，考察了其言语中自我修正的分布、频率以及错误被修正率，该研究旨在探究注意力在监控第二语言言语中的作用。其中自我修正的整体分布表明，在信息交换任务中，匈牙利语学习者充分注意到了其话语信息内容的恰当性和充分性，与对语言准确性的重视程度大致相当。对词汇和语法错误修正率的分析似乎也体现出了相似的趋势。然而 Kormos 认为，经过修正后不准确的词汇和语法即使具有相似的比例，也并不一定意味着第二语言使用者的注意力在监控其信息的词汇恰当性和语法准确性上是平均分配的。语法错误和词汇错误的修正率之间缺乏显著差异可能是由于隐性修正并未在研究中得以考察。通过回顾性评论可知，说话人的第二语言修正行为基于有意识的决定。Kormos 指出，这些决定可能受到若干因素的影响，例如情境的准确性要求、学习者对错误阻碍成功交际的严重程度的认知，以及修正在多大程度上会降低话语的流利度。因此，语法错误和词汇错误相似的修正率或许表明，在决定是否修正某个错误时，Kormos 项目中的参与者并未对语法不准确性和错误的词汇选择给予不同程度的重视。由这些结果可知，该领域研究人员提出的普遍主张，即在第二语言监控中，注意力更多地集中在信息内容而不是语言形式上（例如，Fathman，1980；Lennon，1984；Poulisse，1993，Poulisse 和

Bongaerts，1994；van Hest，1996），并不适用于所有类型的第二语言学习者。在一些国家，显性语法教学在课程设置、日常教学实践和国家级语言测试中发挥了重要作用，接受正规教育的外语使用者可以有意识地分配他们的注意力资源，并
132 以不同的方式做出修正错误的决定，这种情况不同于第二语言环境中的学习者，或者使用交际教学法指导的学生。

监控与第二语言习得

已经有一些研究将自我修正的数量、性质与语言能力以及元语言意识（metalinguistic awareness）的发展进行了比较，研究对象包括第一语言（例如，Evans，1985；Rogers，1978）和第二语言（Kormos，2002；O'Connor，1988；van Hest，1996；Verhoeven，1989）。总的来说，这些研究的结果表明，由于学习者在习得过程初期的元语言意识有限，他们犯的错误比高水平使用者更多，并且能给予修正的错误也更少。另一方面，随着语言技能的整体提升，元语言意识随之增强，说话者犯错误的次数也随之减少，错误输出的修正率随之提高。由于自动化程度的提升，学习者的注意力似乎也从层级较低的词汇、语法和音系错误转移到了在语篇层级的问题上。

在一项纵向研究中，Verhoeven（1989）以 55 名居住在荷兰的土耳其儿童为实验对象，对他们进行了为期两年的观察，旨在探究第二语言自我修正与语言学习过程的关系。他的研究结果表明，儿童在 6 至 7 岁时音系修正以及重新加工的次数急剧减少，之后则保持不变。他还发现，在任何年龄阶段，重新加工和语义修正与第二语言水平之间都存在显著的正相关关系，而句法修正的数量仅仅在 6 至 8 岁之间增加。Verhoeven 的研究结果似乎证实了 Evans（1985）对于第一语言自我修正的发现，即自我修正的数量与类型与儿童的元语言意识以及口语能力有关。

一些研究采用了横向设计来比较不同语言水平的第二语言学习者的自我修正行为。O'Connor（1988）以在法国学习法语的美国人为实验对象，分析了三个低水平使用者和三个高水平使用者的言语。她的假设如下，低水平学习者会使用更多的纠正性修正，而高水平学习者的自我修正在本质上是可以预见的，即用于避免可能发生的言语中断或交际困难，并且可能包括语篇层级的修正。对实验数据的分析也证实了该假设。O'Connor 还发现，两组学习者的不同之处在于修正的

性质，而不是修正本身的数量。她对这些结果的解释是，初学者的言语缺乏自动 133
性，这降低了他们运用言语计划方法避免出现问题的能力与可能性。然而，对于高水平学习者来说，自动性的提升使他们能够将注意力集中在这一策略的运用上。Lennon（1990）的研究结果则有些不同。在他的研究项目中，被试在英国居住 6 个月后，其语速得到了提升，言语中的停顿次数也减少了，但和暂住期刚开始时相比，被试在暂住结束时产出了更多的自我修正。与 Evans（1985）和 O’Connor 相似，Lennon 对其发现的解释如下，随着语言能力的提高，学习者有更多的注意力能够用于监控和自我修正。Van Hest（1996）发现，低水平和中等水平学习者进行自我修正的次数大致相同，而高水平学习者纠正自己的频率明显较低。她解释说，低水平和中等水平学习者都还处于试错阶段，与之相反，高水平学习者的言语产出已经开始向零错误发展了。Kormos（2002）考察了监控中注意力的分配问题，包括分析词汇和语法错误的修正率。研究发现，在第二语言习得的不同阶段，对信息的语言准确性的关注程度始终保持不变。其研究结果还表明，由于高水平学习者的言语编码机制具有较高的自动性，这些说话者还有多余的注意力可用于监控，他们将这些注意力用来检查其信息在语篇层面的问题。通过上述四项研究的结果可知，随着第二语言水平的提升，简单的偏误修正会转向更复杂的语篇层面的修正，但自我修正的整体频率似乎不受第二语言能力水平的影响。

若干研究考察了语言水平对自我修正行为的影响，其研究结果对第二语言习得的自动化理论具有特殊意义。一方面，由于高水平说话者对第二语言拥有更多的陈述性知识，即知道更多词项和语法规则等，因缺乏能力而产生的错误比低水平学习者更少，因此，其言语中低层级的语言偏误修正就更少。另一方面，高水平学习者不仅对第二语言了解更多，而且他们还能更高效地运用这些知识。随着语言技能的提升，在使用时容易出错的有意识控制的知识逐渐被自动的、无意识的、基于规则或记忆的过程所取代，后者如果能正确地储存，就不会产生错误（DeKeyser，1997；Robinson，1997；Robinson 和 Ha，1993）。此外，在练习 134
后，刺激与反应之间的联系强度得以增强（MacKay，1982），这在词汇检索以及获取预先组构好的语块方面尤其重要。概念层级与词元层级之间的联系增强带来的结果是，与初学者的言语产出相比，高水平学习者的言语中更少出现因词元的错误激活而产生的词汇层级的口误（Poulisse，1999）。得益于自动性发展的各种机制，高水平学习者比低水平学习者所犯的错误更少，这也就解释了前者在言语中修正低层级语言错误的频率降低。这一系列推理表明，错误修正是尚未完全自动化的产出过程的标志，因此可以作为第二语言言语产出自动性方面的良好指标。

第二语言习得中自动性的发展不仅解释了由于错误频率的降低，第二语言学习者进行语言偏误修正的次数减少这一事实。正如前文提到的，自动化的过程不需要注意力，所以注意力资源能被用于言语加工的其他阶段。因此，相较于低水平学习者，高水平学习者能将更多的注意力用于语篇和内容层级的监控，这一现象在许多研究的发现中都有所体现，即高水平学习者做出了大量的得体性修正（Kormos，2002；O’Connor，1988；van Hest，1996）。

也有人从 Swain（1985，1995）的**输出假说**（output hypothesis）的角度探究了监控在第二语言习得中的作用。该假说认为，一般的输出以及略高于学习者能力水平的强制性输出都能促进第二语言言习得。许多研究者认为，由于监控既需要注意力和有意识的加工，还涉及输出的产生，它可以通过以下几种方式提高习得的效率（de Bot，1996；Izumi，2003；Kormos，1999）：

1. 因为第二语言监控包括对照学习者已有的语言系统检查其内部和外部言语，并且感知闭环理论（Levelt，1989，1993；Levelt 等，1999）认为监控与言语理解过程相似，第二语言学习者可以求助于“接受性知识（receptive knowledge），这类知识为比产出性知识（productive knowledge）更稳定、更可靠”（de Bot，1996：551）。然而，在第二语言使用中，监控所使用的接受性知识可能并不总是稳定的；例如，给定的语言规则或词汇项目可能还没有完全习得，抑或是还并未完全实现自动化。在这些情况下，第二语言使用者有时无法确
135 定其输出是否没有错误（见前文例 12 中的改述修正）。这能让人注意到其知识上的漏洞，并触发进一步的习得过程（Robinson，1995；Schmidt，1990，1993，1994；Schmidt 和 Frota，1986；Swain，1995；Swain 和 Lapkin，1995）。

2. 不仅感知到知识上的差距能促进第二语言学习，注意到错误也能达到相同的目的。Robinson（1995）指出，注意涉及到“在长时记忆的编码之前，在短时记忆中进行检测和预演”（第 296 页）。对于监控而言，这意味着错误项会得到检测，正确的解决方案在存入长时记忆之前会得到预演。以这种方式留下的记忆痕迹有助于陈述性知识的程序化（见 Anderson，1995，思维适应性控制理论——修订版），有助于生成储存在记忆中的解决方案（例如，Logan，1988，实例理论），抑或是有助于加强不同加工层级之间的联系（例如，MacKay，1982，强

度理论），进而促进第二语言习得。

3. 在第二语言中进行自我发起和自我完成的修正，其过程基本上与因会话对象发出的确认或阐明请求而进行的修正类似。这两种过程的唯一区别在于，在前一种情况下，察觉到错误的是说话者，而在后一种情况下，发现错误的是对话中的另一方。由第二语言学习者的会话对象所引出的修正或改述被称为强制性输出，此类输出被认为有助于第二语言的成功习得（Swain，1985，1995）。因此，就像强制性输出一样，自我发起的自我修正还可用于检验关于第二语言的假说，形成创造性解决问题的方案，并扩展学习者的现有资源（Swain，1995；Swain 和 Lapkin，1995）。

小　结

在本章中我们看到，第二语言自我修正的已有研究表明，第一语言和第二语言的监控以及自我修正行为的机制有许多相似之处，即自我修正的分布与检测在第一语言和第二语言的习得与产出过程中体现出了类似的模式。然而，由于第二语言的自动性不足，在可用于错误检测的注意力多少上，第一语言中的监控与第二语言中的有所不同。此外，由于第二语言说话人的知识系统通常是不完整的，他们的产出机制也并未实现完全自动化，因此某些修正机制（例如，替换信息类 136
修正和改述修正，Kormos，1999）只会出现在第二语言言语中，而在第一语言产出中是不能或很少能被观察到的。对自我修正时间的研究表明，说话人不同类型的错误和不得体被检测到的顺序与对会话对象的言语进行加工的顺序相似。因此，近来言语加工的模块化模型和激活扩散模型（Dell 和 O'Seaghda，1991；Levelt，1989，1993，1995；Levelt 等，1999）正确地指出，监控与言语理解涉及相同的机制。在自我修正时间的研究中，还有证据表明并行处理甚至可以发生在第二语言言语产出中。因此，那些认为分布式编辑器存在于言语加工的不同阶段的理论（例如，Baars 等，1975；Laver，1980；Motley 等，1982）不具有可行性。对自我修正的句法结构的研究还表明，言语产出并不是从发生错误的中间层级开始的，而是从概念化层级开始的，这为言语产出的模块化模型提供了有力的支持（例如，Levelt，1989，1993，1995；Levelt 等，1999）。因此能够得出的结论是，无论是理论考量还是监控的实证研究结果都表明，在第一语言和第二语言言语加工中，Levelt 的感知闭环理论都优于扩散激活模型和分布式编辑器模型。

关于注意力在监控中的作用，我们已经看到大量研究考察了各类自我修正的分布，这些研究表明，相较于信息的准确性，第二语言使用者往往更关注信息的内容。另一方面，Kormos（2002）的研究还考察了得到修正的错误的比例，其研究表明第二语言使用者更关注信息内容这一趋势可能并不适用于所有接受正规教育的学习者。相较于交际教学法环境下的学习者，那些语法在教学中占据了重要地位的学生可能会将更多的注意力放在准确性而非词汇的得体性上。此外，该领域的研究表明，随着语言水平的提升，第二语言使用者在监控中的注意力会从较低层级的语言错误转移到语篇层级的问题上。现在还有证据表明，监控在第二语言学习过程中起着重要作用。它能让学习者注意到他们的知识空白，将语言规则程序化、记忆语块，并推动学习者扩展他们语言能力极限。

第七章　第二语言言语表达中的问题解决机制 137

Clark（1994）在一篇关于口语问题管理的论文引言中写道："当会话参与者遇到问题时，他们会快速、熟练并且不需要明显努力地处理其中的大部分问题"（第 244 页）。尽管这种说法在交际参与者的第一语言会话中是符合实际的，但对第二语言口语会话的任何自然片段进行哪怕简要分析都会发现，第二语言说话者倾向于花费大量时间和努力去调整意义、勉力应对他们在沟通过程中遇到的各种问题（参见 Gass 和 Varonis，1991）。因此，理解第二语言中的问题管理是第二语言研究中的一个主要问题，对第二语言理论具有潜在的重要意义。用于克服沟通问题的语言手段一直是应用语言学各个子领域广泛关注的研究对象，但极少有研究为二语者在遇到沟通困难时所采用的机制提供了全面的解决方案。事实上，Yule 和 Tarone（1991）在他们对问题管理的两个中心领域之间的关系的讨论中指出，**意义调整**（meaning negotiation，有关述评参见 Gass 和 Selinker，1994；Pica，1994）和**交际策略**（communication strategies，有关述评参见 Bialystok，1990；Dörnyei 和 Scott，1997；Poulisse，1994）这两个领域的研究文献几乎完全是相互独立的。

本章的目标是对第二语言言语产出中的问题管理进行全面综述。根据 Dörnyei 和 Scott（1997）的研究，第二语言言语中的主要问题来源为如下三类：（a）资源不足，（b）加工时间的压力，（c）感知到的自身语言输出缺陷。其中第三类我们在第六章进行了讨论。Dörnyei 和 Scott 确定的第四类问题来源，即感知到对话者表现的缺陷，因其与言语产出无关，在此不详细展开（有关此问题的讨论，参见 Dörnyei 和 Kormos，1998）。本章的结构如下：首先，回顾问题解决机制的定义和特征。然后，通过讨论与资源短缺相关的问题解决机制来分析第二语言者如何管理他们言语中的问题——第一步在略微扩展 Poulisse（1993）的语言 138
处理策略框架的基础上详细阐述词汇交际策略，第二步分析语法和音系方面的问题解决机制。我们也研究与加工时间压力相关的问题解决手段，这种压力源自第二语言的线性而非平行的加工过程。最后，讨论交际策略在第二语言学习中的作用。

交际策略的定义及其特点的研究回顾

交际策略（communication strategies，简称 CSs）是二语问题解决行为研究中探讨最广泛的领域，这个术语由 Selinker（1972）首次使用。已有研究关于交际策略的性质主要有四种观点。其一被 Dörnyei 和 Scott（1997）称作“传统观”，将交际策略视为“潜意识的计划，用来解决个体为了达到特定的交际目标时遇到的问题”（Færch & Kasper，1983：23）。换句话说，Færch 和 Kasper 将交际策略视作解决问题的手段，用于解决在语言产出的计划阶段出现的问题。其二是所谓的互动观，将交际策略定义为“对话者共同尝试在似乎不共享所需的意义结构的情况下，在意义方面达成一致”（Tarone，1980：420）。从这个角度来看，交际策略不仅与说话人的语言运用问题有关，还与交际中发生的一系列理解问题有关。其三是 Dörnyei 和 Scott 的扩展观，将“每个潜在的试图解决说话人在交际过程中意识到的与语言相关的任何问题的尝试”（第 179 页）都视为某种交际策略。Dörnyei 和 Scott 从广义上将交际策略概念化，他们的界定包括与缺乏适当知识相关的问题解决装置、说话人自身的表现、意义调整机制以及用于在对话中争取时间的策略。而由于本书关注的是言语产生的心理语言学机制，我们采用了 Poulisse（1997a）的定义，即将交际策略视为“在最初的言语计划被证明不可编码时，替代的言语计划的表达”（第 5 页），这属于交际策略研究的心理语言学视角。

在 Dörnyei 和 Scott（1997）对交际策略研究文献的评述中，他们建立了定义交际策略的两个标准：问题导向性和意识，并指出交际策略研究中定义和分类标
139 准的多样化主要是由于上述两个标准事实上没有被恰当地阐释造成的。研究人员之间分歧的主要来源之一是在如何定义交际过程中出现的问题方面存在差异。Dörnyei 和 Scott 确定了三种主要类型的交际问题：（a）资源不足，这是“阻碍说话人用言语表达信息的知识缺口”（第 183 页）；（b）自身的语言运用问题，包括自我修复机制；（c）他人的语言运用问题，也就是意义调整策略和加工时间压力，这些“与使用填充词、犹豫和自我重复等策略有关”（第 183 页）。表 7.1 是四种主要的交际策略观对上述问题的处理方式概览。导致交际策略研究差异的第二个标准是意识。我们必须指出，在心理学和二语习得研究中关于意识的含义都存在很大的争议，在此我们不对其进行讨论（最近的评论参见 Robinson，2003）。Dörnyei 和 Scott 声称意识的三个方面与交际策略相关：（a）作为察觉问

题的意识；（b）作为意图的意识；（c）作为察觉语言使用策略的意识。他们指出，为了将交际策略与偏误和错误区分开来，需要假设在使用交际策略时说话人意识到他们有信息编码问题。作为意图的意识也是一个必要的标准，因为它将争取时间策略与无意识地应用停顿、犹豫等区分开来。Dörnyei 和 Scott 还认为，说话人需要意识到他们正在采用一种策略，换句话说，采用一个不那么完美的解决方案，以便区分以下两种情况：使用交际策略和说话人认为他们已经设法想出了可接受的第二语言结构或表达。

表 7.1　主要交际策略观概览

	资源不足	自身语言运用问题	他人语言运用问题	加工时间不足
传统观	包含	不包含	不包含	不包含
互动观	包含	包含	包含	不包含
扩展观	包含	包含	包含	包含
心理语言学观	包含	不包含	不包含	不包含

通过将第二语言言语产出的特征融入 Levelt（1989）的模型，可以勾勒出一个第二语言使用中问题解决机制的综合框架，并且可以讨论本章的重点即主要问题（资源不足和加工时间压力）的管理是如何与言语加工的各个阶段相关联的。 140
第一个问题是资源不足（这是二语者的第二语言能力不足的产物），它与语前信息的规划和编码的三个问题解决过程相关联：（a）**词汇层面的问题解决机制**（lexical problem-solving mechanisms），处理经常无法找到与语前计划中特定的概念相对应的恰当的第二语言词元的情况；（b）**语法层面的问题解决机制**（grammatical problem-solving mechanisms），处理语法形式、词的论元结构以及第二语言的短语和从句结构规则等知识不足的情况（Kempen 和 Hoenkamp，1987；Levelt，1989）；（c）**音系／发音层面的问题解决机制**（phonological/articulatory problem-solving mechanisms），有助于克服由于缺乏对单词的音系形式以及词汇和后词汇阶段音系规则知识的了解而导致的音系编码以及发音阶段遇到的困难。

第二个主要问题是加工时间的压力，和"至少部分第二语言言语加工是个线性的序列"这一事实有关。因此，与第一语言言语产出相比，第二语言加工需要更多的注意力资源和加工时间（相关述评参见第八章）。为了争取时间并在加工过程投入更多的注意力资源，二语者可以在规划信息和语前计划编码时采用各种“**拖延机制**”（stalling mechanisms）。

词汇层面的问题解决机制

已有交际策略研究对交际过程中词汇的指称方面的分析是最全面的，其中编码过程的主要障碍是第二语言词汇知识不足（如 Kellerman，1991；Poulisse，1993；Yule，1997）。Levelt（1989）认为，言语构建过程是词汇驱动的，也就是说，“语法和音系编码都是由词项作为中介进行调节的”（第 181 页）。这意味着说话人在言语产出过程中遇到的很大一部分问题都与词汇有关，这也符合以往对交际策略研究的发现（见 Kellerman，1991）。

Poulisse（1993）假设，词汇交际策略在 Levelt（1989）提出的框架内是这样实现的：说话人在概念生成器中对信息进行规划，然后形成语前计划。然而，句法生成器无法检索到对应于语前计划的特定语块的词元，因此言语产出过程中断，并向监控器发送警报信号，而监控器又将此信息反馈给概念生成器。对言语
141 计划进行一些修正后，概念生成器发布一个新的语前计划，句法生成器或设法对其进行加工，或在遇到新的问题时再次启动上述机制反馈给监控器。

Poulisse（1993）认为，说话人在词汇检索遇到困难的情况下可以采用两种主要解决方法：（a）放弃或改变最初的言语计划，或（b）保持总的计划不变，只修正语前信息。这两种选择类似于 Færch 和 Kasper（1983）假定的**减少和成就行为**（reduction and achievement behaviors）的二分法，并且这两个过程都可以进一步分解为不同的解决方案（表 7.2 是各种机制列表，含定义、例子和 / 或回顾性评论）。

当预期表达的信息或总的言语计划被重新制定时，说话人的首要选择可以通过三种不同的方式实现：（a）彻底放弃预期要表达的信息，采用称作**放弃信息**（message abandonment）的回避策略；（b）删减预期要表达的部分内容，即**减少信息**（message reduction）；或（c）用其他内容替换预期要表达的部分内容，即**替换信息**（message replacement）（参见 Færch 和 Kasper，1983；Tarone，1977；Váradi，1980）。这些过程只能被视为有限的“问题解决”：用这些方法并不能从根本上解决本来的问题，而是帮助说话人克服困境，从而避免交际被完全中断。

当由于词汇不足而难以对消息进行编码时，说话人的第二选择是保持预期表

达信息的整体计划不变，仅通过词汇问题解决机制重新制定语前计划以弥补第二语言能力的不足。Poulisse（1993）提出，词汇补偿策略（她使用的术语，指词汇层面的问题解决机制）的基础是心理语言学方面的三个主要过程。首先，在搜寻新的词元时，在语前信息阶段设定的一个或多个概念标准可能会被更改或忽略，因此原先的词项可能被替代，Poulisse 称之为**替代策略**（substitution strategy）。其次，说话人除了更改词元的概念设定外，还可以应用第一语言或第二语言形态和／或音系编码过程，即**升级的替代策略**（substitution plus strategy）。第三个过程被称为**概念重建策略**（reconceptualization strategy），因为它涉及对语前信息多个语块的更改。

表 7.2 词汇层面的问题解决机制（简称 PSM） 142

PSM 类型与子类型	描述	例示与回顾性评论
减少内容		
放弃信息	因遇到语言困难而未完成对信息的表达。	那是……一个公寓……在一所房子里……［回顾性评论］说话人：开始我想解释“住宅区”，后来我无法解释。访谈者：为什么？说话人：因为那些词从我脑中消失了。
减少信息	通过回避某些语言结构或在语言方面有困难的话题，或因语言资源不足而略去一些计划要表达的元素，从而减少信息。	他负责……房子的清洁和呃……他锁门……晚上并开门……在早上［回顾性评论］我无法用英语表达自己想说的话，就是他负责管理这座房子使其顺利运转等。
替换信息	因无法表达最初计划的信息，而用一个新的替代它。	你可以……待在这儿直到……半夜或者……你想要的时间。［回顾性评论］这里我想说直到“黎明”或者“早晨”，我想到了“半夜”这个词但我不喜欢，我必须说点什么，所以就这样说了。
替代		
语码转换	在第二语言表达中包含附带其原语言发音的第一语言或第三语言词汇，包括从单个词到整个语块甚至完整	［说完“铁（ferrum）”之后的回顾性评论］我马上想起化学课上我们用的符号“Fe”是拉丁语的“铁”，说英语的人也用这个词。他可能理解了一点。但我完全想不起来

（续表）

PSM 类型与子类型	描述	例示与回顾性评论
	话轮等延展的话语。	“iron”这个词。
近似法	使用单个的替代词项，比如与目标词或目标结构的语义特征相同的上位词或相关词。	呃……把一个苹果放进了它的嘴里。[回顾性评论] 这里我想不起来“喙（beak）”这个词。
使用通用词	在找不到具体词语的语境中使用一个一般的“空泛”的词项。	对“thing, stuff, make, do 和 thingie”等词以及“what-do-you-call-it”等表达的滥用。比如，你不修好我的东西（thing）我就没法工作。
143 完全遗漏	不知道某个词时跳过它继续讲，就好像那个词已经说过了。	然后……呃……太阳在……嗯太阳在……米老鼠……[回顾性评论] 我不知道“照耀（shine）”怎么说。
替代升级		
异化法	通过调整第一语言或第三语言词汇的音系或形态特征，使其适应第二语言（如赋予第二语言的发音），之后再使用这些词。	我的客人来自……政府某部门（ministerium，将其发音英语化，正确的英语词汇应为“ministry”）。
符合语法规则的生造词	通过将假定的第二语言规则应用于已有的第二语言词汇，而创造不存在的第二语言词汇。	[使用 dejunktion 和 unjunktion 指称路面清洁车后的回顾性评论]：我觉得我用非常科学的方式近似表达了：通过“junk”（垃圾）构建了一个名词，然后试着增加了表否定的前缀“de-”；而“unjunk”表示清理垃圾，“unjunktion”就是路面清洁车。
字面翻译	将一个词项、习语、复合词或语法结构按字面意义从第一语言翻译成第二和第三语言。	[说完“雪人（snowman）”之后的回顾性评论]：事实上我不知道英语怎么表达，这其实是匈牙利语词的字面翻译。我犹豫了一下，因为不确定这么说对不对，但又想不到更合适的词。
宏概念重建		
重构	因语言方面的困难而放弃某个言语计划的实施，放弃未说完的	她不得不照看那座房子，清理垃圾，照看……或打扫（clean）房子。[回顾性评论]：这里我想说“清洁

（续表）

PSM 类型与子类型	描述	例示与回顾性评论
	句子。通过替代计划来交流预期传达的信息。	（cleanness）”，但是我想不起来了。
微概念重建		
冗余表达	举例说明或描述某个目标对象或行为的属性。	［回顾性评论］：那，比如说这里，如果我当时知道怎么说“融化（melt）”，我就说了。可是我不知道，所以我说“它变成了水”。
符合语义规则的生造词	通过组合已有词而造出一个本不存在的第二语言词汇。	造出雪“雕塑（snowsculpture）”来指代“雪人（snowman）”。

注：引自 Dörnyei 和 Kormos（1998）。版权归剑桥大学出版社所有。

尽管 Poulisse（1993）假定三类补偿策略与三种不同的心理语言学过程有关，但 Kellerman 和 Bialystok（1997）指出，将这些策略的外部表现依据 Poulisse 提出的类别进行分类并不总是那么容易。因此，为了在语言表达解决问 144 题的手段和潜在的心理语言学过程之间建立更直接的对应关系，Dörnyei 和 Kormos（1998）建议应该对 Poulisse 的三分模型及其组成部分的一些定义稍做修改。

Poulisse（1993）以语码转换和近似作为替代策略的两种主要示例。关于语码转换，她认为，在第二语言言语中有意使用第一语言的词项时，只需在语前信息编码阶段重置附着在指定词汇概念上的语言标签的参数。因此，说话人会选择［+第一语言］而非［+第二语言］参数（另请参阅第四章中标题为“第一语言对词汇编码的影响”部分）。这个过程类似于潜在的目标语逼近，其中某个概念的一个或多个特征要么被删除（例如，如果说话人无法忆起与“康乃馨”这个概念相对应的词，他／她会选择删除某些特定的参数并将概念简化为“花”），要么被替换（如使用并列下位词）；在极少数情况下，甚至可能会将额外的特征添加到词汇组块中，从而生成下位词，例如使用“松树”代替“针叶树”。确实以往有研究者将各种类型的逼近策略单列出去（如 Yarmohamhadi 和 Seif，1992），但从心理语言学的视角来看，这些应包含在 Poulisse 的替代类策略中。

除了近似和语码转换外，替代过程还包括第三种解决问题的手段，即运用通用词。在这种情况下，概念的许多特征被删除，只剩下一般的参数比如［物体］

（例如“东西（thing）”“某物（thingie）”）或［使发生］（例如，“使得（make）”“做（do）”），对话者通过上下文线索重新构建意义。

在替代升级策略中，Poulisse（1993）列出了**异化**（foreignizing）和**符合语法规则的生造词**（grammatical word coinage）两种手段，包括修改词汇概念的一个或多个特征以及采用第一语言或第二语言形态学 / 音系学的编码程序。“按字面翻译”是否可以归入此类，是个有趣的问题。按字面翻译是一个过程，说话人首先将某个概念的［+第二语言］标签替代为［+第一语言］编码，当找到第一语言词项（通常是复合词或习语搭配）时，逐个考虑其各组成部分并分别检索相应的第二语言词元，从而创造一个新的通常是不正确且之前未存储在心理词典中的
145 第二语言词项。因此，应用字面翻译策略时，伴随替代过程的不是形态学或音系学编码，而是词汇编码。虽然字面翻译、异化和生造词显然不是经由完全相同的心理语言学过程产生的，但这三者都包括初始的替代过程、随后的构造过程以及创建新的词项。因此，在这个阶段可以通过扩展替代升级策略的“升级”部分，将词汇编码手段囊括进来，从而使替代升级策略也包括字面翻译。

在 Poulisse（1993）的框架中，概念重建策略涉及语前信息的多个语块的修正。Poulisse 列出了**冗余表达**（circumlocution）、**符合语义规则的生造词**（semantic word coinage）和**比划着表达**（mime）等概念重建的例子。在冗余表达情况下，说话人将预期表达词项的概念特征分别编码，从而改变整个语前信息组块。符合语义规则的生造词是选择两个词项并将其组合成为一个词（如生造“西装搬运工具（suit carrier）”来指代“西装袋（suitbag）”）。第三种手段是假定在有困难的情况下比划着表达，这个我们将在音系层面的问题解决机制部分进行讨论[①]。

---

① 将比划着表达作为一个独立的机制进行分析是有问题的。这不是一个基于替代的机制，它不仅包括用一系列身体语言替代某个词，也需对要表达的概念进行分析以便说话人能够选择最合适的体态来编码。但比划表达不属于概念重构策略，因为每次只涉及一个语前信息块且似乎不涉及任何分解和重新组合的过程。事实上，关于比划表达的讨论提出了一个更普遍的问题：如何使身体语言或其他非言语的、手势编码（如手势语）与言语信息表达系统兼容。此处并不进行详细分析。这些多样的产出过程可被视为在概念化语前信息阶段与言语产出类似，但之后根据交际编码的不同类型而被不同的生成器进行加工并产出。然而，如果情况确实如此，那么仅仅在一个言语产出框架内就无法对比划表达进行全面的讨论。

Kellerman 和 Bialystok（1997）认为，Poulisse（1993a）的三分模型“似乎无法清楚地区分替代策略和概念重建策略”（第 45 页）。比如类似定义的结构（如“杀死苍蝇的东西”），以及通过举例列出该类成员（例如，用“桌子、床、椅子和橱柜来说明‘家具’”）的方式来说明某个上位类别的策略。这些例子的言语化表达中涉及多少词汇概念确实存疑。解决概念模糊性的一个办法可能是将概念重建策略与“概念重建”的本义更紧密地联系起来，而不是与其所涉及的变化数量相联系。Kellerman 和 Bialystok 引用的两个有问题的例子明显有别于替代策略，因为它们涉及的不仅是检索在概念上准确性较低的词项（这个会在基于替代
策略的过程中发生），而是需要分析并分解语前信息组块，以便能够通过词项的 146
组合来表达。这一系列的分析、分解和重新组合可以用“概念重建”来概括，继而构成相应的策略类型即概念重建策略的核心特征。

如果我们接受概念重建的过程（分析-分解-重新组合）是概念重建策略的主要定义标准，我们就可以在逻辑上区分**微概念重建**（microreconceptualization）与**宏概念重建**（macroreconceptualization）。前者是重新概念化一个语前信息组块（如表达冗余或符合语义规则的生造词的情况），后者则涉及多个语前信息组块的修改。这样做的好处是，**重构**（restructuring）这一经常在文献中出现的交际策略（如 Færch 和 Kasper，1983）就可以作为宏概念重建的一个手段而被置于模型框架中，因为说话人借助这种手段来寻求预期信息表达的一种替代方式。比如这个例子：在“在米老鼠的脸上我们可以看到……所以他感到惊奇”。说话人无法在第二语言中检索到表达“惊喜”或“困惑”的词元，因此决定全部重新制定话语的语前计划，以便能用他 / 她可及的资源来表达信息。

总而言之，词汇层面的问题解决机制被认为是说话人克服词元检索困难的尝试。在 Poulisse（1993）之后，这一机制被归入替代策略，涉及改变某概念的一个或多个特征；替代升级策略包括替代策略与音系学、形态学或词汇编码的进一步组合；微概念重构策略是将语前信息指定的某个概念分解为若干组成部分，然后分别检索；宏概念重构策略则是修改语前信息中一个以上的概念。

语法层面的问题解决机制

语法编码是词汇检索过程的延续。因为当获取并编码词元的语法形式（有关词元变体参数的信息，如人称、数、时态、性别等）和论元结构（确定词元在句

子中可以处于什么位置以及接受什么强制性和选择性的补充成分）时，以及当词元在短语中进行排序时，都需要语法编码。语法编码中的问题可能出现在编码过程中的三个不同节点：（a）搜索语前信息激活的词元的选择性和强制性补充成
147 分、指示成分和变体参数值的时候，（b）处理补充成分、指示成分和变体参数的时候，（c）组合短语和从句的时候。有关词元的语法形式以及论元结构的知识不足，会阻碍信息以最初计划的方式进行编码，在这种情况下，说话人需要运用某些解决问题的机制。

由语法知识缺失引发的问题解决机制可以有几种类型。因为根据 Levelt（1989）的说法，语法信息是通过词元存储的，所以解决语法问题的一种简单方法是不激活与问题相关的词元，而代之以由词汇层面的问题解决机制发挥作用。然而，语法层面有两种问题解决机制与由语法引起的交际困难高度相关（见表 7.3）。首先我们可以设想**语法替代机制**（grammatical substitution mechanisms），包括改变词元在语法形式或论元结构方面的某些特征。这样的过程可以利用两种主要的信息来源，即第一或第三语言中相应词元的句法信息（迁移）和第二语言中相似或同义词元的句法信息（过度概括）。当第二语言学习者缺乏处理补充成分、指示成分、变体参数值或短语和从句结构的句法知识时，可以运用上述过程。在这种情况下，说话人可以依靠第一或第三语言中的相应词元所指向的子程序或规则，或者过度概括第二语言的规则。这些情况与 Færch 和 Kasper（1986）描述的“辅助迁移”非常相似，可以归入辅助手段或重点关注类。

第二种经常应用的机制是**语法弱化**（grammatical reduction）。这种情况下说话人使用有意简化的语法，希望对话者能够通过上下文重建语法含义。耳闻的证据和我们自己的经验表明，应用该策略的多种表现在俄语或德语等语言中均非常普遍。这些语言的说话人经常含糊地表达或完全省略形容词、动词或名词的词形变化。

音系层面的问题解决机制

一旦第二语言学习者成功地找到适当的词元并完成了语法处理阶段，就需要对表层结构进行音系编码，然后发出语音。正如 Tarone、Cohen 和 Dumas（1976）所指出的那样，这些加工阶段也可能给第二语言学习者带来潜在的问题，例如，当特定词项的词素（即其形态-音系形式，the morpho-phonological form）检索由于某种原因而受阻时。第二语言学习者在音系编码的三个主要阶段全都可能遇到问题（参见 Levelt，1989，1993；Roelofs，1997b）：（a）他们在生成由音系词组成的韵律结构时可能会遇到困难；（b）如果第二语言学习者没有正确习得指定词的词素，那么在添加音段信息和确定具体音素并将它们插入韵律结构中时，也可能引发问题；（c）问题可能出现在当说话人“将音节化的和韵律指定的音系串映射到语音或发音程序中”时（Levelt，1993：5）。

表 7.3　语法和音系层面的问题解决机制（PSM） 148

PSM 类型与子类型	描述	例示与回顾性评论
语法的 PSM		
语法替代	通过迁移和过度概括改变某个词位的特定语法形式要求。	并且这只老鼠把一个碗放（put，译者注）在桌子那里。
语法弱化	相信对话人能够从语境中重建语法含义而使用简化的语法。	当她呃再回来 [回顾性评论]：我总是不确定用什么时态，然后我决定一直用现在时，因为这个最容易。
音系和发音的 PSM		
音系检索		
“话到嘴边却说不出口”现象	在试图对某个词条进行检索、发出语音的过程中，找到最优形式之前，说出若干个不完整的或者错误的形式或结构。	这是某种呃……co……cop……copper（铜币）。
音系和发音替代		
使用发音相似的词	将说话人不确定形式的一个词条替换为听起来或多或少像目标词的另外一个词（可能是存在的或不存在的）。	[下面的例子中，疑问语调表明说话人意识到她说的仅仅是近似的形式]：说话人：雪人熔炼（smelt）？或…… 对话人：融化（Melt）。
音系和发音弱化	当说话人不确定某个词（或词的一部分）的正确形式时，吞掉它或发音低不可闻。	呃那么米老鼠看起来很意外或者某种（sort of）……[“某种（sort of）”作为指示词表明难以理解的部分不仅是记录的失败，而是一种策略]。

注：引自 Dörnyei 和 Kormos（1998）。版权归剑桥大学出版社所有。

149 与语法层面的问题类似，当音系层面的困难发生时，说话人可以利用词汇层面问题解决机制，回避使用他们无法说出的单词。此外，尽管第二语言问题管理在音系方面几乎没有研究，但我们也可以设想这个层面的一些问题解决机制（见表 7.3）。文献中经常记载的一种机制是**音系检索**（phonological retrieval），即说话人试图检索某个词素[①]，这个词素仅有不完整的音系信息可用（例如部分音素，通常是开头的一些）；在这种情况下，说话人会经历“话到嘴边却说不出口”的现象，他们会说出该词素的几种发音，以便通过听觉和言语理解模块检查测试，继而确定最佳选项。

通过与词汇替代和语法替代相类比，我们可以将**音系替代**概念化，即允许说话人进行语际或语内迁移以便替换某些音系特征，从而对有问题的词条进行编码并清楚地表达。一个有趣的问题是，使用发音相似的词是否是这种机制的子类：当说话人找到和语前信息组块匹配的词元但无法完全检索到相应的词素时，就会应用该机制而说出一串与本来的词条具有一定相似性的声音，希望这样做有助于听众关联到目标词。因此，在这种情况下，目标词被某个下位的专门化的音系表征所取代。Levelt（1995）认为，词素的音系信息有两种：词的韵律（或重音模式）与词的形态部分，并且已发现“音系表征部分并不固定在它们的位置不动，而是必须在说话时插入到正确的韵律位置”（第 19 页）。因此，发音相似的词可被视为与原始词素在韵律上相似但其中一个或多个音系组成片段已被替换的版本。

最后我们可以确定两种音系弱化机制。关于使用发音相似的词，一个更极端
150 的版本是 Dörnyei 和 Scott（1997）标注为**含糊表达**（mumbling）的机制，即故意在话语中有困难的词条位置说一个不可理解的词，希望听者从上下文中猜出缺失的词条。含糊表达也与原先拟表达的词元在韵律上听起来相似，但它与发音相似词的不同之处在于，有困难的语音片段没有被恰当地替代而是被吞掉了。

时间压力相关的问题解决机制

由于说话人的第二语言言语产出自动化程度不如第一语言，因此在语言产出的某些阶段，编码过程只能按顺序逐个进行，这导致产出的延迟。因此，检索过

① 即某个词的各种屈折变化形态的集合。——译者注

程可能需要“比产出系统所允许的更长的时间”（de Bot，1992：14）。此外，第二语言学习者通常意识到他们需要遵守某些时间组织原则以便能够使对话持续，特别是需要避免长时间的沉默，因为这可能会使对话终止或阻退对话者（例如在英语环境下）；用 Hatch（1978）的话来说，学习者必须尽最大努力使用“他们能用的任何填充词等向母语者表明他们确实在尝试”（第 434 页）。需要的处理时间比对话中自然可用的时间更长的实例发生在言语加工的两个阶段，如：（a）在宏计划和微计划阶段，生成信息的内容和形式时，（b）处理语前计划以生成语音表达的信息时。

当说话人认为言语产出（即概念化、制定言语计划和语音表达）耗费的时间将比产出系统或交际情境所允许的更长时，他们有三种选择：（a）他们可能会弱化或放弃要表达的信息，以避免因言语计划和加工而导致极长时间的犹豫；（b）他们可能采用其他与资源不足相关的策略，因为应用替代编码机制的结果可能比最初语前计划的编码更快；（c）为了保持沟通渠道畅通并提供更多的时间和注意力资源，说话人可以采用各种**拖延**机制（见表 7.4）。这三种选择并不相互排斥；前两个选择也需要一些认知参与（尽管比原先有困难的语前计划编码所需的参与度低），因此也可以伴随拖延机制。

表 7.4 时间压力相关的问题解决机制 151

PSM 类型与子类型	描述	例示与回顾性评论
非词汇化的停顿		
无填充停顿	思考时保持沉默。	
嗯嗯啊啊	使用非词汇化的停顿填充（呃、嗯、啊）。	[回顾性评论]：访谈者：这里你为什么“呃”？说话人：我不知道说什么……我正在想如何措辞。
声音延长（慢吞吞地说）	犹豫时延长声音。	[回顾性评论]：当我说“I'm”的时候，我延长了“m”说成了“嗯”。下面的例子还是这名被试 / 参加者。访谈者：当你说“look”的时候你重读了后面的“k”。说话人：很不巧，这里没有一个“m”可以让我延长，这样说是在争取时间。访谈者：你当时在想什么？说话人：在想后面说什么。

（续表）

PSM 类型与子类型	描述	例示与回顾性评论
词汇化的停顿		
填充词	使用填充词或开场语来填充停顿、拖延或争取时间，以便保持沟通渠道通畅，并在遇到困难时保持话语继续。	填充词或短语如那么（well）、你知（you know）、事实上（actually）、好吧（okay）、怎么说呢（how can I say that）、这个很难解释（this is rather difficult to explain）。例如：嗯，这个很有趣，因为那个大厅……是呃……40个人。[回顾性评论]：此处我还在想接下来说什么，因此我说“很有趣”。我不知道自己为什么那么说，这个语境下它不表示任何意义。
重复		
重复自己的话	说完一个或一串词之后，立刻重复这些词。	[回顾性评论]：访谈者：你为什么说“如果你……如果你……”？说话人：我可能想争取一些时间，因为我无法马上继续往下讲。
重复他人的话	重复对话人说的内容以争取时间。	访谈者：你知道你家里有没有橡胶垫圈（rubber washer）吗？说话人：橡胶，橡胶垫圈……呃。[回顾性评论]：访谈者：你为什么重复“橡胶垫圈”？说话人：橡胶（rubber）是什么意思，我正在努力地想。

注：引自 Dörnyei 和 Kormos（1998）。版权归剑桥大学出版社所有。

152 争取时间机制可以表现为两种主要的实现类型：**停顿**（pauses，参见 van Hest，1996）和**重复**（repetitions）。停顿可能包括（a）**无填充或非词汇填充的停顿**（unfilled or nonlexicalized filled pauses，例如，沉默或“嗯哼啊呃”），这些不需要额外的加工，但不足以保持表达的流利性，因为会导致产出的言语犹豫且不连贯；（b）提前思考的时候**延长声音或慢吞吞地说**（lengthening a sound or drawling），这是非词汇填充停顿较为复杂的变化，能有效地拖延发言时间；（c）**词汇化的停顿**（lexicalized pauses），包括使用各种填充词或更复杂的预制语块（参见 Pawley 和 Syder，1983；Raupach，1984；Towel 等，1996）。基于 Newell 和 Rosenbloom 的普遍语块理论（Newell，1990；Newell 和 Rosenbloom，1981；Rosenbloom 和 Newell，1987）认为预制语块作为一个单元存储在词典中并成块进行检索。这些预制语块需要完全自动化，以便使其编码不需要注意力，因此可以释放说话人的注意力资源，从而成为一种争取时间的手段（参见 Schmidt，1992）。

第二种主要的拖延机制是重复，可以包括（a）**重复自己的话**（own repetition），其功能与词汇化的停顿相同。因为通过从短时记忆中将最近处理过的词语串作为一个单元进行检索，说话人不使用任何注意力资源；（b）**重复他人的话**（other repetition），即将对话人的部分话语作为一个单元从言语理解系统中检索出来加以重复，这同样无需投入太多有意识的编码能力。

最后，我想指出的是，拖延机制并不是第二语言特有的，第一语言说话人在有问题和没有问题的加工过程中也都会使用。但该机制的作用在使用第二语言时可能更为突出，因为第二语言说话人的编码过程自动化程度较低，因而比第一语言言语加工需要更多的时间。

交际策略与语言学习

交际策略在语言学习中的作用相当具有争议性。长期以来，交际策略一直被看作是为了弥补知识不足而使用的手段，因此是能力不足的标志（例如，Bialystok 和 Kellerman，1987）。许多研究者提出，第二语言学习者可以自由地将他们在第一语言中使用的策略迁移到第二语言，因此没有必要通过显性的策略教学来发展学生的策略能力（例如，Bongaerts 和 Poulisse，1989；Kellerman，1991）。另一方面，Dörnyei（1995）认为交际策略是可教的；并且应该在第二语言课程中教授策略，以帮助学习者表达他们的意图。他在匈牙利进行的实验研究 153
表明，某些类型的交际策略的教学是成功的，因为教学后学生更频繁地使用这些策略，并且实验被试的表达流利度也提高了。Dörnyei 的研究表明，交际策略在语言学习中发挥着重要作用是基于多种原因的。首先，交际策略有助于提高学习者信息表达的流畅性。此外，它们还有助于第二语言说话人持续沟通，这有助于更多地输出。已有研究发现，增加输出量可以促进第二语言习得，因为这有助于第二语言学习者检验他们关于第二语言的假设，启发形成创造性地解决问题的方案，并拓展学习者的已有资源（Swain，1995；Swain 和 Lapkin，1995）。

第二语言能力的发展会使交际策略的运用发生怎样的变化，这个问题也得到了研究。Poulisse 和 Schils（1989）考察了三组学习者在不同类型的任务中使用交际策略的差异。他们发现，水平更高的学习者比能力较弱的同伴采用的交际策略更少，这是由于高水平学生的知识缺口较小。他们的研究结果还表明，能力强的第二语言学习者倾向于使用更多的近似表达，而中级水平的学习者通常采用基于第一语言的策略，例如迁移。Poulisse 和 Schils 对此差异进行了如下解释：熟练的第二语言学习者具备足够大的第二语言词汇量，这有助于他们找到与预期目标词意义相近的词。

小 结

在本章中，笔者尝试将第二语言说话人在遇到交际困难时可以采用的不同机制整合到一个集成模型中，该模型使我们能够在第二语言产出的不同加工过程之间建立联系，这些加工过程之前是由不同的概念框架处理的。我们将语言知识不足以及在时间压力情况下信息编码所使用的问题解决手段与言语产出的各个阶段联系起来；在应对资源不足的交际策略方面，详细分析了词汇层面、语法层面和音系层面的问题解决机制；并根据自动性理论讨论了应对时间压力相关的心理语言学机制；最后探讨了交际策略在促进第二语言习得方面的作用。

致 谢

本章是以下文章的修订版：Dörnyei, Z., Kormos, J. (1998). 第二语言交际中的问题解决机制：心理语言学视角 (Problem-solving mechanisms in L2 communication: A psycholinguistic perspective). *第二语言习得研究 (Studies in Second Language Acquisition), 20,* 349-385.

第八章　第二语言产出的流利度和自动性 154

除了口音之外，第一语言和第二语言说话人之间最容易被注意到的区别之一是他们说话的速度。相较于第一语言话语产出通常无需付出任何重要的努力，第二语言话语产出则需要说话人的注意力，这在相当大程度上减缓了信息的传递速度。若干研究表明，第二语言的语速和话语平均长度远低于第一语言（Deschamps，1980；Raupach，1984；Wiese，1984）。这种差异可能是由很多因素导致的，例如第二语言词汇、语法、形态和音系方面的知识不足，抑制第一语言产出程序所占用的注意力资源，以及二语对自我监控的更高要求，这些在本书的前几章中都已经讨论过。此处我们关注的焦点，是第二语言产出比第一语言慢的最重要原因之一，即第一语言和第二语言言语产出的自动化程度的差异。在第一语言产出中，只有言语计划和监控环节需要注意力，言语产出机制的其他环节可以自动、并行处理，而无需说话人有意识的监督。然而，在第二语言产出中，对初学者来说，句法和音系编码可能完全不是自动化的；或者即使对高级学习者来说，也可能只是部分自动的（de Bot，1992；Rehbein，1987；Sajavaara，1987）。由于自动性不足，第二语言产出过程无法像第一语言那样并行处理，这在相当大的程度上减慢了语速。在第三章中，我们看到了自动性的发展如何与言语加工的单语模型相关联。本章我们将尝试根据自动化模型解释第二语言产出的流利度。笔者首先讨论第二语言言语产出中流利度的定义；然后，将自动性和学习理论与第二语言流利度的发展联系起来；最后，对第二语言言语产出领域流利度的测量与感知研究进行了回顾。

流利度的界定

“流利度”这一术语通常有两种含义（Lennon，1990，2000）。在所谓的广义上，流利度似乎等于整体的口语熟练程度；换句话说，意思就是表达流利的说话 155
人通常精通外语或第二语言。从狭义上讲，流利度通常被视为仅是口语熟练度的一个组成部分，口语熟练度通常被用作在考试情境下评估考生口语技能的分数之一。广义的流利度的含义例如 Fillmore（1979）的概念化理论认为，“流利度”

一词可以有四种不同的解释。首先，他将流利度定义为可以长时间交谈而几乎不需要停顿，并能够用谈话填满某段时间的能力。其次，一个流利的说话人不仅能够毫不犹豫地说话，而且能够以连贯、合理且“语义密集”的方式表达他或她拟表达的信息。再次，如果一个人在多种不同语境下都知道该说什么，他或她就被认为是流利的表达者。最后，Fillmore 认为，流利的说话人在语言使用中具有创造力和想象力，且最流利的说话人具有上述所有能力。Fillmore 对流利度的界定非常宽泛，但目前尚不清楚这种概念化与整体的口语熟练度的定义有何不同。Sajavaara（1987）提出的定义也可被视为对流利度的一种宽泛的概念化。他将流利度定义为“言语行为在交际上的可接受性，或‘交际契合度’”（第 62 页）。他还指出，人们对交际语境下表达适切性的预期因情况而异；因此，他的定义在操作层面似乎很难实施。这种概念化与 Fillmore 所描述的流利度的第三个方面有相似之处。在对流利度的狭义解释方面，Lennon（1990）认为流利度与口语考试中的其他分数（如准确性、得体性）的不同之处在于，它纯粹是一种表现层面的现象，他将流利度定义为“听者对说话人的言语规划和言语产出的心理语言学过程不费力且有效地发挥作用的印象”（第 391 页）。因此，他认为，“流利度反映了说话人的一种能力，即通过呈现已完成的交际话语而将听者的注意力集中在说话人要表达的信息上，而非诱导听者关注产出机制的运行情况”（第 391—392 页）。Rehbein（1987）提出了类似的定义，声称“表达流利意味着某种语言的使用者几乎可以同步实施言语规划与发声表达两种活动”（第 104 页）。他还提出流利度依赖于交际语境，即“说话人对听者的期待的评估”（第 104 页）。Schmidt（1992）完善了 Lennon 的定义，他补充道：根据 Carlson、Sullivan 和 Schneider（1989）的观点，言语产出的流利度是一种“自动的程序化技能”，流利的言语“是自动的，无需太多的注意力或努力”（第 358 页）。在更近的一项研究中，
156 Lennon（2000）综合了早期的定义，提出“流利度的工作定义可能是在实时加工的时间限制下，将思想或交际意图快速、流畅、准确、明晰且有效地转化成语言”（第 26 页）。

自动性理论与第二语言流利度的发展

如前所述，流利度最全面的定义之一是，“在实时加工的时间限制下，将思想或交际意图快速、流畅、准确、明晰且有效地转化成语言”（Lennon，2000：

26）。如果考虑第三章中描述的自动性理论，很明显，第二语言流利度的发展得益于两个相互关联的过程：编码过程的自动化以及称之为程式化语言的预制语言单元的运用。自动化和学习可能以三种不同的方式进行：（a）有意识地学习语言规则的过程可能成为自动的，因为这个过程的实施不需要说话人这一方的注意力；（b）起初在句法和音系规则支持下组合成的短语和从句，之后可能作为一个单元存储在记忆中，并作为一个整体被检索；（c）学习者可能在尚未意识到记忆中的语块所应用的句法和音系规则时就开始使用它们，而可能在学习过程的后期从这些语言单元中推断出相关规则。下文我将讨论这三种可能的学习方式，将它们与自动性理论联系起来，回顾 SLA 研究领域旨在检验这些理论的实证研究。

关于规则的应用如何变得自动化，最全面的解释之一是 Anderson（1983）的适应性思维控制理论（ACT*）及其修订版（ACT-R）。如第三章所述，该模型假设自动化过程的发展不仅涉及对规则的更快应用以及从基于规则的加工中转移注意力，而且涉及质变，如创建更大范围的产出，即由较小单元组成语块和泛化（将规则的应用范围扩大到所有适用的语境）以及区分（仅在适当的上下文中使用规则）。Anderson 的 ACT*和 ACT-R 模型对语言学习的认知理论产生了重大影响，但正如 Raupach（1987）和 Schmidt（1992）所指出的那样，使这一理论适应流利度发展的研究开展得极少，尽管事实上该理论可为 SLA 领域提供的东西 157
很多。在一项探索性研究中，Towell 等人（1996）试图将 Anderson 的理论与 Levelt（1989）的言语产出模型联系起来。他们认为，程序化唯一合乎逻辑的发生位置是 Levelt 模型中的生成器模块，其作用是为信息赋予语言形态，并将这些编码后的信息转发给发音器。他们假设，可以认为程序化已经发生的条件是，在学习过程中，流利表达的平均长度增加，而停顿的平均长度没有改变或减少，且发声时间比保持不变或增加；换句话说，条件是如果在说话上花的时间多于停顿时间，并且学习者能够在不停顿的情况下产出更长的词语片段。对二语学习者处于目标语言环境一年之内和一年以上的言语进行定量的比较分析表明，主要的改进体现在流利表达的长度方面。对两名实验被试的输出进行详细的定性分析显示，该变化可主要归因于这些学习者成功将句法知识程序化的事实。Towell 等人认为，实验被试将"已经习得的语言知识转化为快速可用的实时'产出品'"（第 113 页）。Poulisse（1999）调查了三种不同水平的荷兰英语学习者言语中发生的口误，尝试将她的发现与 Anderson 的 ACT*理论联系起来。根据 ACT*理论（以及任何其他的学习理论）的假设，她发现熟练度较低的学习者的失误比高水平学习者更多，也就是说，前者的表现可变性更大。对语言发展的不同阶段、不同类型口误的比较表明，程序化主要发生在词汇提取、动词的形态编码以及音系编码的过程。Raupach 承认 ACT*理论的潜力，但他告诫不要毫无保留地将其用于第二语言学习的研究。他认为，在 SLA 中并非每个程序性知识实例的编码都是通过陈述性知识转换来的；也就是说，学习者有可能直接地或通过第一语言程序性知识迁移而习得某些类型的程序性知识。此外，他对德国法语学习者在出国留学前后的言语中的时间变量进行调查发现，一些学习者通过模仿习得了某些第二语言结构，也就是说将其作为未分析的语言单元而习得。

McLaughlin（1990）的第二语言学习理论也借鉴了 ACT*模型和 Cheng（1985）的重组理论。McLaughlin 的理论假设，首先言语产出过程的自动化发
158 生，然后是重组。这个心理机制的次序可以解释第二语言学习过程中的 U 形行为（如 Kellerman，1983），即在正确使用某些言语片段（自动化）一段时间后，第二语言说话人的规则应用实现质的变化。最初这可能会导致一些不正确的产出，而在正确的形式重新出现之前需要一定的时间。McLaughlin 在文章中没有讨论这种 U 形发展是否也适用于流利度的达成，但从理论上讲，初学者有可能依靠记忆单元的有限能力来维持交际活动以可接受的速度进行。当他们开始分析这些单元并有意识地应用从这些语块中推导出的规则时，他们的言语产出可能会变慢。最后，二语者使用这些规则时可能自动且有效地与记忆单元结合，从而提高流利度。很遗憾的是，流利度发展的纵向研究较为稀缺，尚不能对这一假设进行实证检验。

Anderson（1983，1995）的学习理论与第二语言产出研究的相关性很高，具有高度适用性。第二语言言语产出有两个重要的过程即句法和音系编码，其中基于规则的知识发挥着重要作用。言语产出过程发展的研究表明，在这两个编码步骤中确实发生了有助于流利度发展的重大变化。Towell 等人（1996）发现，流利表达长度的增加是由句法知识的程序化引起的；然而 Poulisse（1999）的研究表明，随着语言熟练度的增加，学习者在形态和音系编码方面的表现变得更加稳定，也更不易出错（她还发现了词汇自动提取，我们下文再述）。迄今为止，为数不多的实验室环境下的句法规则习得实验研究（DeKeyser，1997；Robinson 和 Ha，1993）也表明，能够解释这类研究中出现的学习模式的理论主要还是 Anderson 的程序化理论。

Logan（1988）的示例理论与 Anderson 的 ACT*（1983）和 ACT-R（1995）

模型截然不同。Logan 的理论探讨了 Raupach（1987）提出的问题，即并非所有
的学习都涉及从陈述式知识到程序式知识的转换。如第三章所述，Logan 假设自
动处理等同于内存检索；也就是说，将使用算法替换为在记忆中进行单步检索的
解决方案。作为最早探究示例理论在 SLA 中的实用性的研究之一，Robinson 和
Ha（1993）考察了学习者在做语法合法性判断时是使用基于算法的机制还是记 159
忆检索。他们的研究结果表明，这两种过程并不是非此即彼的选择，而是二者之
间似乎存在一个接口且它们都可能有助于自动性的发展。DeKeyser（2001）在讨
论 Robinson 和 Ha（1993）以及 Robinson（1997）的研究时指出，可能近来修订
的基于记忆的学习理论，可以比传统的示例理论更好地解释这些研究的结果。如
Palmeri（1997）基于范例的随机行走模型，允许在受到相似（但不一定相同）
刺激的情况下进行记忆检索。尽管在 SLA 研究中，基于记忆的学习理论的作用
经常被质疑（如 DeKeyser，2001；N. Segalowitz，2003），但可以参考这些模型
来解释第一语言和第二语言流利度某些方面的现象。Pawley 和 Syder（1983）认
为，像母语一样的流利度是由从记忆中整个提取出来的预制结构和程式化表达的
可用性决定的。换句话说，这些作者提出流利度不仅包括对规则的自动应用，还
包括从记忆中检索出适当的表达式。在第三章中，我们看到语块的记忆在第一语
言习得中起着重要作用，许多孩子（但不是全部）记住用于表达操控功能的程式
化表达，并将它们作为未分析的单元而应用。Wray（2002）在回顾第二语言学
习中程式化的相关研究时得出结论，这一过程也是儿童在自然环境中学习第二语
言的典型特征（如 Bohn，1986；Wong Fillmore，1976）。若干项研究表明，成人
学习者习得语言无论在自然环境（如 Rehbein，1987；Schmidt，1983；Yorio，
1989）还是在有指导的课堂环境下（如 Myles，Hooper 和 Mitchell，1998；R.
Ellis，1984）都会不经分析地记住某些程式化表达，并用它们实现特定的交际功
能。研究证据还表明，在学习的后期阶段，第二语言说话人（特别是那些得到指
导的）开始分析这些单元，从中推断出规则，并以创造性的方式应用这些规则与
程式化表达（Bolander，1989；Myles 等，1998；Myles，Mitchell 和 Hooper，
1999）。对程式化语言的研究表明，语块理论的假设得到了实证的支持，即通过
从较小的单元创建更大范围的产出的方式，可以学习诸如说话之类的认知技能，
并且从整体记忆的语块中抽象出语言的规则是有可能的（N. Ellis，2001，
2003）。问题是相反的过程是否可能发生，也就是说，最初基于规则的加工过程
产生的词语序列经过练习后是否可以作为一个单元存储在记忆中并作为一个整体

160 被检索。Wray（2002）关于第二语言词汇如何习得的模型揭示了这种习得路径也是可能的。她提出：

> 虽然第一语言学习者的表达是从长而复杂的词串开始，并且从不将它们分解到非必要的程度，但后儿童时期的第二语言学习者是从小的单元开始，并尝试将它们逐步堆积建立起来。学习者可能在输入材料中遇到短语和从句，但他们注意到和处理的是词以及它们如何黏合在一起。结果是，课堂上的学习者专注于单个的词，而丢弃了所有真正重要的信息，即与它们同时出现的是什么。（第 206 页）

自动化的强度理论（例如，MacKay，1982）也与第二语言产出流利度的发展和词汇编码的自动性有关。为了有效地检索词汇，需要在概念和词之间建立紧密的联系，并且需要用直接的一步检索来取代搜索机制。强度理论假设，练习会增强层级网络（如语言）中的节点之间的联系，这种情况下，概念和词项之间的联系也会增强。如第三章所述，如果由视觉或其他类型的输入激活的概念将最高级别的激活程度传递到相应的词汇节点，则可以认为词汇检索是自动化的。总而言之，词汇编码过程的自动化主要涉及概念和第二语言词项之间联系的加强。强度理论也可以解释程式化的序列是如何学习的。在习得过程的开始阶段，组成特定短语的词之间的联系很弱；因此，学习者创建易变的短语。在学习过程中，词与词之间建立了很强的联系，并且构成程式化序列的一组词作为一个单元而被检索。Oppenheim（2000）考察了六个英语非母语的人士进行两次相同的演讲时言语中复现的表达序列。她发现，学生们倾向于使用部分重复的表达序列而不是完全重复的短语，他们经常通过添加新元素、重新排序以及将短语组合成更大的单元来改变这些表达序列。她认为，示例理论会预测实验参加者第二次发表演讲时将使用完全相同的复现序列，由于事实并非如此，因此关于第二语言言语产出过程是如何学习的，示例理论似乎并不是一种可行的解释。她提出，强度理论和语块理论能够解释参加者以可变的方式复现了短语。强度理论能解释由词与词之间可能存在的不同程度的连接带来的表达可变性，而语块理论可以解释学生基于较小的单元创建更大的单元，或者他们将较长的短语分解为较短的表达序列（表
161 8.1 是学习的心理学模型对言语产出过程的适用性概览）。

T. Ullman（2001）从神经语言学的视角考察自动化，对学习者的词汇和句法加工过程中哪些脑区被激活进行了元分析研究。研究对象包括母语和非母语背

景、早期和后期阶段的语言学习者以及熟练和不熟练的第二语言学习者。他分析的起点是他的陈述性／程序性模型，该模型假设：

> 陈述性记忆有助于词汇存储器中保存的有关声音——意义配对组的记忆、储存和加工，该记忆是一种植根于颞叶结构的大脑系统，与学习和使用事实和事件方面的知识有关。相比之下，语法方面的学习、表征和加工在很大程度上取决于程序性记忆，该记忆是植根于左额叶／基底神经节结构的独特大脑系统，与运动和认知技能以及习惯的学习、表达有关。（第 117 页）

表 8.1　技能学习的心理学模型对言语产出过程的适用性分析一览

	ACT 理论	示例理论／基于范式的随机行走模型	强度理论	语块理论
句法与音系编码	快速有效地应用规则，无需注意力监督	基于规则的加工与记忆检索竞争	—	通过语块分析而弱化规则
词汇检索	—	—	强化概念与词项之间的联系	—
使用程式化的语言	基于语言中较小的单元而创建更大范围的产出	在记忆中进行一步检索得到程式化的表达	强化构成程式化表达的词语间的联系	程式化表达首先作为未分析的单元而被整体习得

他提出青春期后开始习得第二语言的说话人，特别是如果他们没有使用第二语
言进行足够练习的话，倾向于依靠陈述性记忆来加工语法，这可能意味着他们将语
言形式作为一个单元去记忆（如 walked，走过），有意识地将规则应用在陈述性记
忆中，并利用“词汇联想记忆能力将这些模式泛化到新形式中”，而不是在程序记 162
忆中使用自动计算机制（例如，为动词添加后缀 -ed 以编码过去时态）（第 118
页）。通过对神经影像学、电生理学以及失语症研究的综述，Ullman 得出结论：他
的模型所做的预测在很大程度上得到了证实。Ullman 的模型与 Anderson（1983，
1995）的 ACT 理论的类似之处是二者都认为学习是通过陈述性知识到程序性知识
的转换而发生的，但前者也考虑到了基于记忆的范例学习。但是，Ullman 的模型
显然不同于联结主义理论，后者没有为词汇和语法学习提出不同的计算系统假设，
且认为其系统具有广泛的结构上的分布（如 Bates 和 MacWhinney，1989）。

第二语言流利度的衡量标准

正如定义流利度相当困难一样，确立流利度的组成要素也不是没有难度的。在第二语言学习者言语的研究中存在四种不同的描述和测量流利度的方法。第一类研究的趋势是关注言语产出时间方面的信息（如 Lennon，1990；Möhle，1984）；第二类方法将对这些变量的考察与对交互特征如话轮转换机制（turn-taking mechanisms）的研究相结合（例如，Riggenbach，1991）；第三种方法探索了流利度在音系方面的表现（如 Hiek，1984；Wennerstrom，2000）；最后一种是近期有研究将对程式化言语的分析纳入了第二语言言语的流利度研究（例如，Ejzenberg，2000；Towell 等人，1996）。该领域的实证研究使用了三种不同的方法：对流利度的发展进行纵向研究（Freed，1995，2000；Lennon，1990；Towell 等，1996），或对流利和不流利的说话人进行比较（Ejzenberg，2000；Riggenbach，1991；Tonkyn，2001），或将流利度得分与时间变量相关联（Fulcher，1996；Rekart 和 Dunkel，1992）。我们必须注意到，这些研究项目中的大多数所调查的被试数量非常少，其中许多项目并没有使用统计分析和计算机技术来可靠地识别停顿。表 8.2 列出了这些研究中最常用的时间变量及其定义。

163 **表 8.2　流利度的测量指标概览**

测量指标	定义
语速	给定言语样本中的音节总数除以产出样本所需的总时长（包括停顿时间），以秒为单位表示。然后将该数字乘以 60，得到以分钟为单位表示的音节数。Riggenbach（1991）建议，3 秒以下的无填充停顿不应包含在语速计算中
发音速度	给定言语样本中的音节总数除以产出音节所用的总时长，以秒为单位。然后乘以 60。与语速的计算不同的是，停顿时间不计入。发音速度表示产出语音样本所花费的总时间内平均每分钟产出的音节数
发声时间比	说话时间占产出言语样本所花费总时间的百分比（Towell，Hawkins 和 Bazergui，1996）
平均话语长度	在 0.25 秒及以上的停顿之间平均产出的音节数
每分钟无声停顿的次数	0.2 秒以上停顿的次数除以说话总时长（以秒为单位），再乘以 60
平均停顿时长	0.2 秒以上停顿的总时长除以 0.2 秒以上停顿的总次数

（续表）

测量指标	定义
平均每分钟填充停顿的次数	填充停顿如嗯、呃、啊等的总次数除以总时长（以秒为单位），再乘以 60
每分钟表达不流利的次数	重复、重新开始和修正等不流利表达的总次数除以总时长（以秒为单位），再乘以 60
节奏	每分钟重读的词数（Vanderplank，1993）
间隔	重读词占总词数的比例（Vanderplank，1993）

然而，大多数研究的结论是，流利度的最佳预测因子是**语速**（speech rate），即每分钟说出的音节数，与**平均话语长度**（mean length of runs），即在 0.25 秒及以上的停顿之间平均产出的音节数（例如，Ejzenberg，2000；Freed，1995，2000；Lennon，1990；Riggenbach，1991；Towell 等，1996）。也有研究发现**发声时间比**（Phonation-time ratio），即说话时间占产出言语样本所花费的总时间的百分比，是良好的流利度预测因子（Lennon，1990；Towell 等，1996；van Gelderen，1994）。关于填充和无填充停顿的频率以及重复、重新开始和修正等 164
不流利话语的研究结果则是模棱两可的。基于少量被试的研究发现，无声停顿和填充停顿的频率可以将流利与不流利的说话人区分开来（如 Freed，1995，2000；Lennon，1990；Riggenbach，1991）。另一方面，在学生被试的人数较多的研究项目中，填充停顿和无填充停顿的次数与流利度的评级并不相关（Rekart 和 Dunkel，1992；van Gelderen，1994）。大多数研究人员一致认为，在不流利的第二语言学习者的言语中，不流利的话语往往密集出现（如 Freed，1995，2000；Riggenbach，1991），而表达流利的学生则倾向于在相关语法的连接处停顿（Lennon，1990；Towell 等，1996）。

基于流利度依赖语境的假设（例如，Lennon，1990；Rehbein，1987；Sajavaara，1987），Riggenbach（1991）通过交互特征研究对第二语言流利度背后的时间变量分析做了补充。她的研究结果表明，话题启动、反馈渠道、实质性的评论、衔接和前后重叠以及言语产出量都有助于对流利度进行判断，尽管程度有限。

在音系学研究领域，Hieke（1985）基于流利的言语等于相连的言语这一假设，建立了另一套流利度测量标准，其中某些音系程序如**辅音引力**起了作用。辅音引力“发生在如果后音节以元音开头、前音节最后的辅音被吸引到后音节的地方”（第 140 页）。在早期的一项研究中，Hieke（1984）发现辅音引力可以成为非正式英语风格下非母语者言语流利度的可靠指标。Wennerstrom（2000）的研究通过分析以英语为第二语言与以英语为母语的人之间的对话，考察了语调以何种方式影响流利度的感知。她的研究表明，用短语说话的能力可以引发听者关于流利表达的感知，而不是逐字逐词地说，也不是更长的句段或更短的停顿。在另一项研究中，Vanderplank（1993）提出，在听力材料中，较之标准语速类测量指标，如每分钟产出的音节，节奏（每分钟重读的词的数量）和间隔（重读词占总词数的比例）是难度方面的更好的指标。这可能间接表明这些变量在预测流利度分数方面也很有用。

在最近的一项研究中，Kormos 和 Dénes（2004）探讨了哪些变量可以预测母语和非母语教师对流利度的感知，以及区分流利和不流利的第二语言学习者。
165 除了传统的衡量学生言语产出质量的标准如准确性和词汇多样性之外，他们借助计算机对停顿进行分析，比较研究了两种不同水平的 16 名匈牙利第二语言学习者的言语样本。两组学生在时间和语言方面的测量结果与三名母语教师和三名非母语教师评分者打出的流利度分数相关。该研究也考虑到教师对学生表现的书面意见。语速、平均话语长度、发声时间比和每分钟产出的重读单词数，对于所有母语和非母语教师来说都是流利度分数的最佳预测指标。然而，在准确性、词汇多样性和平均停顿时长对于预测流利度分数的重要性程度方面，评分者之间存在差异。该研究发现填充和无填充停顿的次数以及其他不流利现象对流利度的感知没有影响。

小 结

本章讨论了如何定义和衡量流利度，如何将其与自动化和学习理论联系起来，以及在流利度的感知与发展方面，实证研究的结果揭示了什么。在回顾流利度的各种定义时，笔者指出“流利度”一词通常有两种含义：表示整体的口语熟练程度，以及现实生活交际中在有限时间内顺利进行交谈的能力。本章我们关注的是流利度的第二种含义，并采用了 Lennon（2000）的定义，将流利性描述为“在实时加工的时间限制下，将思想或交际意图快速、流畅、准确、明晰且有效地转化成语言”（第 26 页）。另外参考各种自动化理论和学习理论，尝试对流利度的发展进行了解释。我认为，为了解释第二语言学习者的言语如何变得流畅，需要考虑三种加工过程：句法自动化以及形态和音系的编码过程；从较小的语言单元创建程式化的表达序列；还有从作为未分析的单元习得的记忆语块中推出规则。研究发现 Anderson（1983，1995）的适应性思维控制及其修订版理论适合用来解释语言规则如何变得自动化，而强度理论和语块理论则可以为程式化语言的习得提供可行的解释。语块理论还可以解释如何从记忆的单元中推导出各种语言规则。关于流利度测量的综述表明，最准确地预测流利度分数的时间变量是语速和流利表达的平均长度。

第九章 结论：第二语言言语产出融合模型 166

在本结论章中，笔者初拟了一个第二语言言语产出的综合模型，该模型既符合当前的言语加工理论，又与我们在前几章描述的研究结果相一致。该模型以 Levelt（1999a）的话者行动方案为出发点，但对其中的一些理论基础做了修改，以解释最近一些研究的结果，即发现了层叠激活的可能性。在这个双语言语产出模型中，笔者不仅结合了第二语言的知识存储和加工系统，而且还尝试解释表达程式是如何编码的，以及言语产出机制是如何习得的。本章首先概述了作为模型基础的一般的理论考量，然后介绍了模型，最后描述了迁移、语码转换、交际策略和熟练度的发展是如何在这个新的双语言语产出框架中兼容的。

双语言语产出模型的一般特征

笔者提出的双语言语产出模型以 Levet（1989，1999a）的言语产出理论为基础，因为正如我们在第二章的小结部分中所论证的那样，该模型是单语言语产出加工方面得到经验支持最多的理论。因此，我假设双语言语产出是模块化的，缘于它由概念生成器、句法生成器和发音器这些单独编码的模块组成，不同模块基于各自的输入特征而运行；我们假设第二语言言语产出与第一语言的加工类似，也可以是增量式运转；也就是说，模块输入的特征碎片可以触发该模块的编码过程。例如，一旦某个单词的首个音节进行了音系编码，发音器就可以开始发音。这也意味着，对于一定水平之上的学习者来说，理论上并行加工是可能的。但是，只要编码过程需要对注意力有意识的控制，编码就只能依顺序进行。尽管如此，这个双语的言语产出模型并不是一个严格的序列模型，因为它允许从词汇到 167
音系层级的级联激活。换句话说，已激活但未被选择的词汇节点可以将这种激活传递给较低级别的音系节点。另一方面，该模型不允许在层级之间逆向激活，且言语监控是在言语理解系统的辅助下实现的。

Levelt（1999a）模型中有三类知识存储：外部和内部世界知识的存储、心理词典和音节表。基于记忆研究的主要理论（如 Tulving，1972），笔者提出的新模型包含一个称为长期记忆的大型记忆存储器，它由几个子部件组成：情节记忆、语义记忆（包括心理词典和音节表）以及有关第二语言规则的陈述性知识存储（见图 9.1）。语义记忆包含语言和非语言概念以及与这些概念相联系的意义相关的记忆痕迹，而情节记忆是一个人生活中所经历的事件或插曲按时间进行组织的存储。为了解释言语产出研究的发现，我们假定语义记忆具有层级的结构，由概念、词元和词素三个层级组成。词元层级包含句法信息和与词项相关的词元层面的形态-音系信息。音节表中存储着用于产出音节的自动化动作谱。基于本书前几章讨论的实证研究的发现，我们假设所有到目前为止描述的知识存储都是第一语言和第二语言共享的；换句话说，第一语言和第二语言有共同的情节和语义记忆，第一语言和第二语言的词元和词素、发音谱皆以共享的方式存储。然而，在第二语言产出中，我们需要假设存在第四类且是第二语言所特有的知识存储：第二语言的句法和音系规则有关的陈述性记忆。在第一语言产出中，规则被假定是自动化的，是编码系统的一部分（Levelt，1989）。但对于双语者来说，许多短语和从句的构建以及词汇和后词汇的音系规则不是自动的，而是以陈述性知识的形式存储的。T. Ullman（2001）引用了神经影像学研究的几项证据（详见第八章中自动性理论和第二语言流利度的发展部分），即有关语法的陈述性知识所存储的大脑区域与负责自动语法规则加工的区域不同。因此，我们的模型中包含对于第二语言使用者来说尚未自动化的有关句法和音系规则的第四类知识存储（参见图 9.1）。

168

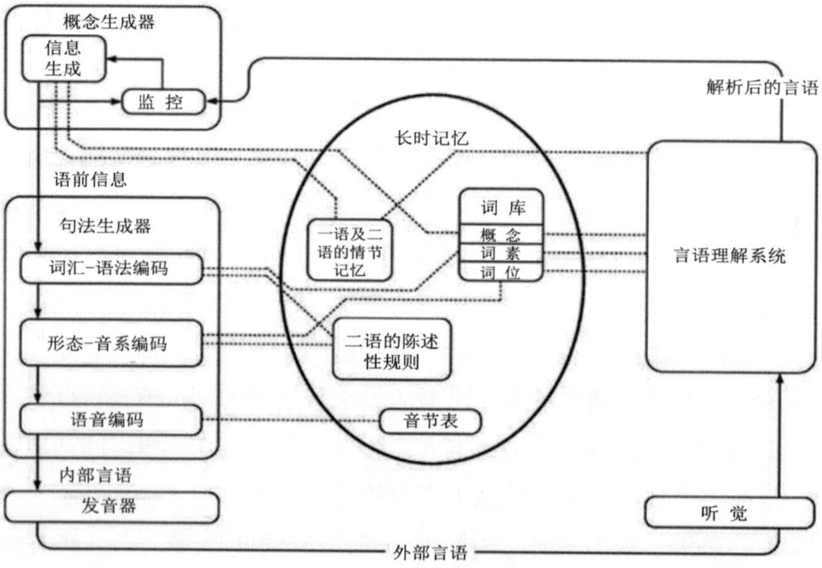

图 9.1 双语言语产出模型

情节记忆和语义记忆密切相关，在图中用相邻的框表示。这表示情节记忆可以激活概念，反之亦然。语义记忆的层级本质要求言语产出中的激活是从概念传导至词元，最后到达词素层级；而在言语理解中，激活传导的方向则是相反的。

该模型旨在遵循人类认知中普遍的生态学和简单性原则。因此，除了为产出规则有关的陈述性知识增加了一个新的知识存储类，以及合并了第二语言概念、词元、词素和音节的程序（动作谱）之外，这里提出的双语产出模型与为单语使用者构建的模型并没有显著差别。Abutelebi 等人（2001，2005）对有关第二语言产出的神经影像学研究的评述，似乎为第一语言和第二语言言语加工在本质上性质相似的观点提供了支持。Abutelabi 等人对该领域已有研究的元分析表明，对于早期双语者，即在生命早期学习第二语言的双语者，和广泛接触第二语言环境的极高水平二语者来说，第一语言和第二语言无论大脑激活的程度还是参与加工的大脑部位都没有区别。然而，晚期双语者特别是那些第二语言不熟练且接触 169
目标语言较少的人，在说第二语言时比第一语言激活的脑区更大且部位略有不同。我们的模型解释了这一发现，因为熟练的双语者不依赖于单独的陈述性规则知识存储，而对于熟练度较低的学习者来说，语法和音系规则分别存储在不同的脑区。

第二语言言语产出中知识存储的编码机制与结构

第二语言的言语加工从信息的概念化开始，这涉及激活要编码的相关概念并决定信息将以哪种语言来表达。如上一节所述，我们假定第一语言和第二语言概念一起存储在语义记忆中（另见 Francis，2005）。在这个模型中，概念被视为由词汇含义相关的信息组成的相互关联的记忆痕迹集合体（见 de Groot，2000；Hintzman，1986）。当一个概念被调用时，并非所有的记忆痕迹都被激活；只有语境相关的信息片段会变得活跃（Hintzman，1986）。概念由记忆痕迹网络组成，这一假设使第一语言和第二语言可能具有相同、共享或极少完全分离的概念。第一语言和第二语言概念共享的程度取决于概念本身（例如，由具体名词表达的概念倾向于被共享，而由抽象名词表达的概念仅表现出部分重叠）、习得第二语言的环境（例如，如果两种语言在不同的环境中学习并使用，概念就可能是分离的）、说话人的熟练程度（例如，在初级水平阶段，第二语言概念完全投射在第一语言概念上，而在高级水平阶段，第二语言概念的表征方式极大丰富化）

（见 de Groot，1992，第四章“双语词典组织模型”部分的概念特征模型）。

传递信息的语言也需要在概念化阶段进行设置。语言选择在很大程度上取决于社会语言学因素，例如交际情境的性质、对话者之间的关系、所涉及语言的威望等。在这个模型中，我们选择了最简单、最经济的解决方案，即语言的选择通过添加到激活的概念信息中的语言线索这一形式而体现。我们必须强调，语言线索是单独添加到每个概念的，因此在句子编码情况下，语前计划可能由一串添加
170 了不同语言线索的激活的概念组成。例如，在对“警察罚了驾驶员的款”这个句子进行编码时，德-英双语者可能会在“警察”和“驾驶员”概念中添加语言线索“+英语”，而“罚款”的概念可能会添加一个“+德语”标签。

我们的模型与 Levelt（1989，1999a）和 Levelt 等人（1999）的理论以及扩展激活理论（Dell，1986；Dell 和 Juliano，1996）对言语产出的解释一致，也假设在语义记忆中，不仅说话人想要编码的概念被激活，而且语义上相关的概念也被激活。例如当激活“母亲”这个概念时，相关概念如“父亲”“孩子”“爱”等也会变得活跃。这也意味着，在极为罕见的情况下，如果相同的意念在第一语言和第二语言中存在不同的概念，那么当双语者使用一种语言时，另一种语言中的概念也会被激活。如果概念的表征是相同或部分重叠的，则概念特征群会被整体激活。这个双语言语产出模型假设，只有选定语言的预期表达概念会被进一步加工（例如，Bloem 等人，2004；Levelt，1989）。所选概念不仅会激活其配对的词项，还会激活语义相关的词元，包括未被选择的语言中的词元。

在概念化阶段，我们还需要考虑一个问题，即并非语言表达的每个实例都是创造性地构建的。事实上，我们的大多数话语都是记忆的短语、从句和句子的组合，这些一起被称作程式化语言（Pawley 和 Syder，1983）。为了解释程式化表达的运用，我们需要假设组成语块（即创建更大的产出单位）是在概念生成器的层级上完成的。换句话说，我们假定母语者拥有一些概念组块，用于表达各种交际功能，如请求、道歉、表达惊讶等。他们在惯常表达特定的交际意图时，将组块中包含的一组概念作为一个单元而激活。这些概念组块将激活传递到相应的语言模块，后者也作为一个单元（即一个词元）被存储和检索。

在这个双语言语产出模型中，词汇编码指的是将概念说明和语言线索与心理词典中适当的词条相匹配。根据在第四章的“第二语言词汇激活与选择”部分总结的经验证据，概念说明将激活发送给第一语言和第二语言词元（Costa 等，2000；Hermans 等，1998），它们都参与选择竞争（Costa，Colomé 等，2003；

Hermans 等，1998；Lee 和 Williams，2001）。竞争胜出的词元是其特征与包括语
言线索在内的所有概念说明相匹配者（La Heij，2005；Poulisse，1999；Poulisse 171
和 Bongaerts，1994）。我们认为抑制性的和附加的检查机制都不是控制双语词汇编码所必需的。

心理词典包含第一语言和第二语言的词元与词素；换句话说，它是说话人关于词形（词素）及其句法和形态特征（词元）的知识储存库。我们假定双语词典由第一语言和第二语言中单个的词语以及对应于概念组块的较长词语序列组成。这些较长的序列可以是成语、习语、惯用语和短语，它们形成单个的词条并包含着自身的句法信息。与概念系统一样，词典也被设想为词条之间彼此连接的一个网络。第一语言和第二语言的词元与词素之间，以及语言内部的词项之间都可能存在连接。说话人熟知且高频使用的第二语言词条在网络中占据中心位置，且与其他词项之间有大量连接；而第二语言说话人不太熟悉的词则位于网络的边缘（Wilks 和 Meara，2002；Wolter，2001），连接的强度也可能有所不同；在学习过程的开始阶段，第一语言和第二语言词项之间的联系可能比第二语言词条之间的联系更强（Kroll 和 Stewart，1990，1994）。而且，连接也可能是不对称的，意思是在某些情况下，可能只有一个单向的连接，比如仅从第二语言词项到第一语言词项（人们能够识别的被动词汇）（Meara，1997）。

第一语言产出中的句法编码需要两个重要的过程：一是激活与词项相关的句法信息，如性别、可数性以及可选和强制性的补充成分；二是使用句法编码机制，用激活的词及其句法特征来组装短语和从句。在第一个阶段，第一语言说话人依赖陈述性知识，而第二个阶段涉及程序性知识的应用。我们关于第二语言句法编码的知识相当有限，因此，双语言语产出模型中有一些提法将是推测性的。在这个模型中，我假设第一语言和第二语言产出在句法编码的一般过程方面不存在根本区别，句法加工遵循 Kempen 和 Hoenkamp（1987）的增量程序语法步骤（参见第二章的“句法加工”部分和第五章的“总体概述”部分）。这意味着句法编码是词法驱动的，由步步相随的不同阶段组成。

该过程的第一个主要阶段，是激活与信息的第一个概念组块相对应的词元的
句法属性。假设对于双语平衡发展的第二语言学习者来说，第二语言词元指向给 172
定的第二语言词条所含的特定句法信息；而对于较低水平的学习者来说，第二语言词元可能指向相应的第一语言词条的句法信息。这个假设得到了频繁出现的迁移类偏误的支持，特定词语相关的句法信息发生了第一语言迁移。例如，匈牙利

英语学习者经常说“进入房间”（enter into a room），因为他们将“进入”（enter）在匈牙利语中的对应词指向的 VP + PP 结构迁移了过去。这个加工阶段利用了存储在心理词典中的陈述性知识。下一个主要阶段涉及短语的构建和以恰当的顺序排列短语的从句结构。在这个阶段，第一语言的说话人和双语平衡发展的说话人使用有关句法和形态规则的程序性知识，这个过程是自动的。水平较低的第二语言学习者则可能以多种方式进行加工。首先，部分规则可能已经以程序性知识的形式习得，而其他规则可能存储在陈述性记忆中并被有意识地使用，也可能有些规则完全未被习得。在这种情况下，他们使用某种交际策略，可能是第一语言规则有意识地迁移，或者简单地将经过词汇编码的概念依次并置排列以表达预期的信息（有关交际策略的讨论和迁移的使用，请参阅下一节）。

下一个加工阶段是音系编码，它涉及激活要编码的词的音系形式、划分音节以及设置由若干词组成的语调短语的响度、音高和时长的参数。在这个阶段，我再次提出第一语言和第二语言产出的音系编码的基本机制没有区别。就第二语言加工中音系词形式的激活而言，我们假设未被选择的词元的音系形式也可以被激活，即第一语言和第二语言词素在双语的音系编码中都参与选择竞争（Colomé，2001；Costa 等，2000；Hermans，2000；Kroll 等，2000）。这意味着激活可以从未被使用的语言的词元传递到其音系形式，并且这个模型中，激活可以在词元和词素层级之间连续传递。下一步，音系词以连续的方式激活词的音素，从第一个音素开始，以最后一个音素结束（Roelofs，1997b，1999，2003b）。我们假定音素作为一个单位（如[b]）而不是作为特征列表如［+有声的］［+唇音］［-鼻音］被存储和检索（Roelofs，1999，2003b）。第一语言和第二语言音素存储在词典内部的词素层级的单个网络中（Poulisse，
173 1999），并且第一语言和第二语言中的相同音素共享记忆表征（Roelofs，2003b）。学习者一旦习得后，就将第一语言和第二语言中不同的音素以不同的表征形式加以存储。然而，在学习过程的开始阶段，第二语言特有的音素经常被等同于第一语言中与目标音素相似的某个音素（Flege，1987）。平衡发展的双语者则会以相同的方式进行音节化和韵律编码。与句法编码的过程类似，较低水平的第二语言学习者可能需要借助词汇和后词汇的音系规则方面的陈述性知识，或在相关知识不足的情况下，从他们的第一语言中迁移这些规则。

语音编码过程要检索音节的发音动作。此模型假设第一语言和第二语言的音节程序一起存储在音节表中。de Bot（1992）的观点假设初级的第二语言学习者

主要依赖第一语言音节程序，而高级的第二语言学习者通常为目标语音节成功创建单独的组块。

我们要讨论的言语产出的最后一个过程是监控，这个过程在第一语言和第二语言产出中以类似的方式进行。与 Levet（1989）的模型类似，我们假设三个监控循环负责检查产出过程的结果。第一个循环涉及比较语前计划与说话人的初始意图。第二个循环涉及发音之前的语音计划（即“内部言语”）监控，也被称为“隐蔽监控”（另见 Postma 和 Kolk，1992，1993；Postma，Kolk 和 Povel，1990；Wheeldon 和 Levelt，1995）。最后，在发音后也要检查生成的话语，这构成了监控过程最终的外部循环，涉及声学-语音加工器。当察觉到这三个控制循环中的任何一个输出有错误或不得体时，监控器都会发出警报信号，这反过来又触发从概念化阶段开始的第二轮产出机制（Kormos，2002）。我们假设监控涉及与言语理解相同的机制。

监控需要注意力，这一事实导致了第一语言和第二语言监控的最重要的区别。注意力资源是有限的，由于第二语言言语加工在词汇、句法和音系处理层级经常需要注意力（与第一语言不同），使得第二语言说话人可用于监控的注意力很少。因此，关于监控时要注意什么，他们必须经常做出有意识的决定。这些决定通常包括使内容优先于形式、词汇优先于语法，或反过来（Kormos，1999）。

双语言语产出模型中的迁移、语码转换和交际策略 174

第一语言和第二语言言语产出有三个重要区别：第一个区别是第一语言对第二语言加工的影响，这可能表现在第一语言知识和编码程序以及语码转换的迁移上；第二个区别是第二语言知识经常不全，说话人依靠交际策略来补偿；第三个区别是话语构建的速度（de Bot，1992）。导致第三个区别的原因是：第一语言和第二语言词项之间的竞争，第二语言的知识经常不充分，以及对于句法和音系编码程序还没有或只是部分自动化的学习者来说，加工过程受到有意识地控制的特点。在本节中，我们通过尝试解释迁移、语码转换和第二语言言语中交际策略的使用，来检验前面概述的模型是否可行。

在迁移和语码转换的情况下，第一语言的影响都有两种可能的动因。一种可能性是，第二语言的词项（陈述性知识）或程序性规则已被习得，但学习者未使用目标词或结构，而是错误地使用第一语言词项或程序，这可能被视为运用的失误。发生这种情况是因为知识存储是共享的，即第一语言和第二语言概念、词元，词素、音节程序和程序化的规则都存储在一起，因此都在选择时参与竞争。对于双语发展不均衡的学习者而言，第一语言词项和规则的使用频率更高，因此，它们比第二语言词项和规则的静息激活水平更高。这可能导致学习者错误地选择第一语言词项或编码过程。这种错误选择解释了词汇层级无意识的语码转换（意外地选择了第一语言而不是第二语言的词素，参见 La Heij，2005；Poulisse，1999；Poulisse 和 Bongaerts，1994）、语法和音系学方面自动化的规则迁移的某些情况，以及发音上的口误。迁移和语码转换的另一个可能动因是第二语言能力不足，从而迫使第二语言说话人依赖他们的母语知识。说话人可能意识到他们的资源有限，在这种情况下，他们使用交际策略（Dörnyei 和 Scott，1997），或者可能认为第二语言的运行方式与第一语言相同。第二语言学习者可能会假设第二语言词汇或语法项的某些特征与其翻译对等项的特征可能相关联。在概念记忆中，第二语言词语的含义可能与相应的第一语言概念的含义相联系，
175 这解释了语义迁移。在心理词典中，第二语言词元可能指向属于第一语言对等翻译词的句法信息，这可以解释许多句法转移的情况。句法转移和一些音系规则迁移的情况，也可能是在第二语言短语或句子编码过程中应用第一语言规则有关的程序性知识的结果。由于双语言语产出模型的基础是 Kempen 和 Hoenkamp（1987）的增量程序语法，我们假设在第二语言能力不足的情况下，并非每条第一语言句法规则在任何熟练度水平上都可以迁移。根据 Pienemann（1998）的可加工性理论，迁移受到习得程度等级的约束。换句话说，第二语言学习者需要先习得低一级的语法编码过程，才能迁移层级结构中高一级的第一语言句法结构。

词汇方面有意进行的语码转换也可以应用在双语言语产出模型中。我们假设当说话人故意将语前计划中特定概念的第二语言表达要求替换为第一语言表达要求时，会有意进行词汇语码转换（La Heij，2005；Poulisse，1999；Poulisse 和 Bongaerts，1994）。这种情况的发生可能有若干原因：如缺乏恰当第二语言词项的知识，或者因为第一语言词项比第二语言词在语义和/或词法方面更好地满足概念要求（参见 Myers-Scotton 和 Jake，1995）。更难解释的是如何建立语码转换的话语的句法结构。根据 Myers-Scotton（1993）的矩阵语言框架模型（参见第五章的语码转换和句法编码部分），我们假设某一种语言总是更占据主导地位的交流模式，话语的概念结构将基于这种语言进行组配，并将决定词语检索的顺序以及句子建构的方式。然而，在话语内部，可能为别的不太占主导地位的语言

（嵌入式语言）的某些概念重新设置语言线索。在这种情况下，将会检索与嵌入式语言中的概念相对应的词元，但是句子的编码将使用与矩阵语言相关且被矩阵语言中的词元激活的句法程序。

交际策略也可以参考本章提出的双语言语产出模型来解释。第二语言说话人可能需要应用沟通策略来解决四种不同类型的问题：（a）资源不足，（b）加工时间的压力，（c）感知到自己语言输出的缺陷，以及（d）感知到自己解码对话人信息时的缺陷（本书中没有讨论此处的第四种问题来源，因为这涉及言语理解而 176
非产出）（Dörnyei 和 Scott，1997）。资源不足可能意味着缺乏第二语言词汇、句法和音系知识。词汇交际策略可以包括三个不同的过程：（a）对于二语者无法检索到适当的第二语言词元的词汇概念，更改其一个或多个特征，这称之为替代策略；（b）将替代策略的使用与进一步的音系和语法加工过程相结合；（c）修改一个以上由语前计划指定的词汇概念（Dörnyei 和 Kormos，1998；Poulisse，1993）。语法层面的问题解决机制最常指的是，第二语言说话人依靠第一语言或第三语言迁移或过度概括第二语言规则来有意识地改变词元的某些语法特征，包括其语法形式和论元结构（Dörnyei 和 Kormos，1998）。还有人假设音系层面的问题解决机制一般是指替换一个或多个词的音系特征，从而实现对遇到问题的词项进行编码和表达（Dörnyei 和 Kormos，1998）。

除了缺乏第二语言词汇、语法和音系学的知识外，二语者经常不得不面对这样一个问题，即由于注意力资源的有限而导致现实生活交际中无法在时间限制内处理他们的信息。基于 Dörnyei 和 Kormos（1998）的研究，有人提出在上述情况下，第二语言学习者可能会减少或放弃他们的信息，可能会采用与资源不足相关的策略，或者也可能诉诸拖延机制，如填充停顿、无填充停顿和词汇化的停顿，以及重复他们自己或对话人刚刚说过的话。词汇化的停顿以及重复自我和他人的话可以帮助学习者解放他们的注意力资源，因为这些语块是作为一个单元从记忆中检索的，不需要有意识的编码。

第二语言说话人在判定他们的信息是否准确、恰当，以及是否可以被对话人理解时，也可能遇到问题，这些问题出现在监控阶段。如果特定编码过程尚未完全自动化或尚未在记忆中被恰当地编码，则可能会发生这种情况，因此，学习者无法判定他或她自己所说的内容是否包含偏误（Kormos，1999）。

双语模型中的第二语言能力发展

当我们从言语产出的角度讨论第二语言能力的发展时，需要考虑有关学习
177 的一般含义的三个重要方面：陈述性知识的获得、自动编码程序的发展以及对频繁刺激的反应记忆。在第二语言言语产出中，两种基本类型的知识被当作事实性知识而习得：其一是词汇，包括它们的语义、句法、形态、音系、文体、语用和习语特征；其二是语法和音系编码规则，这个有少数例外，如在孩童早期，第二语言规则并不是以陈述性知识的形式有意识地学习的。一旦规则以陈述性知识的形式获得，其程序化也就开始了，这意味着有意识地控制的知识将可能变成自动的。不仅产出规则可以自动化，事实性知识如词汇的检索过程也可以。在学习过程的初始阶段，与预期概念相对应的词的形式以及与特定词相关的句法和音系信息一般通过搜索机制进行检索，而随着熟练程度的提高，这些信息片段变得自动可用。语言学习的第三个重要方面，涉及记忆用于表达各种交际意图的更大的产出单元。

现在，我们来看看这些学习机制如何整合在双语的言语产出模型中。第二语言产出中的词汇习得包括为词的形式（词元）创建记忆痕迹，并在概念系统中建立词元的语义指向（Truscott 和 Sharwood-Smith，2004）。如前所述，在习得过程开始时，第二语言词形通常与相应的第一语言概念的语义特征相关联，第二语言特定的新的语义、语体和语用特征是在习得过程中缓慢地创建的（Jiang，2004；N. Schmitt，1998；N. Schmitt 和 Meara，1997）。存储在心理词典中的句法、音系和形态学信息的习得也涉及创建新的记忆痕迹。在某些情况下，第二语言学习者也可能首先将第二语言词元与对应的第一语言词元的句法信息联系起来，很少与其音系信息相联系，然后他们才发展第二语言的特定表征。

语法和音系规则的知识可以通过记忆明确地呈现给学习者的规则来习得，在这种情况下，学生在语法和音系有关的陈述性知识存储中为产出规则创建记忆痕迹。规则也可以通过分析输入内容并进行演绎来学习，这往往使得规则先以陈述性知识的形式被记忆，然后再将其转换为自动的过程。在自然的早期的第二语言习得中，对规则的自动应用也可以直接经由输入而发生。

178 语法和音系规则在生成器中变得程序化（Poulisse，1999；Towell 等，1996），意思是规则相关的陈述性知识通过质变和量变而被转化为自动的程序（关于这种转化是如何发生的，请参阅“编码机制和知识存储结构”那一节）。如

果输入项将最高级别的激活传递给相应的词法、句法或音系节点（例如，不传递给非预期语言中的节点），则可以认为词汇检索以及句法和音系信息的提取是自动化的。事实性信息的检索自动化的主要过程涉及加强输入和相关信息之间的联系（MacKay，1982）。

我们假定更大的整块记忆的产出单元的习得在概念生成器和词典中均有发生。学习者首先通过从概念中创建语块的方式为第二语言中各种各样的交际功能（例如开始对话、请假、请求、道歉和建议）建立概念单元；下一步是分块组合以及加强词项之间连接强度，在学习过程中建立词元之间的强有力的连接，并将组成程式化表达序列的词元作为一个单位进行检索。

总　结

本章概述了一个包含我们对第一语言和第二语言的言语加工最新知识的双语言语产出模型。该模型在 Levelt（1999a）的说话人模型基础上做了一些修改。笔者提出的双语言语产出模型遵循模块化原则，由若干专门处理特定功能的加工模块组成，但这些模块不是严格按顺序排列的，因为模型允许在词汇编码和音系编码两个层级之间进行级联激活。该模型假设第一语言和第二语言的产出机制基本相同，并且大多数知识存储都是由第一语言和第二语言共享的；第二语言产出唯一需要的额外知识存储，是有关句法和音系规则的陈述性知识的存储。我们也稍微调整了 Levelt 模型中的知识存储，以便使其符合记忆研究的相关理论。在这个模型中，所有的知识存储都处于长期记忆中，共包括四个主要的记忆系统：情节记忆、语义记忆，音节表和第二语言规则的陈述性知识存储。语义记忆进一步细分为概念或语义、句法以及音系三个层面。

这个双语融合模型假设，第一语言和第二语言在言语加工的各个阶段的主要 179
区别在于，两种语言的词项与编码程序之间存在竞争，以及第二语言产出需要补偿机制以弥补所缺失的知识；两种语言的分离由语言提示线索来控制，该线索在概念化阶段添加到概念上；也就是说，我们认为特定语言信息的编码是通过将语言信息与知识存储中适当的词项进行匹配而发生的。

该模型还能够解释交际策略、语码转换和迁移的使用，并且与程式化语言的使用以及编码程序的发展具有兼容性。不过，该模型在许多方面都仍非常粗略，特别是在句法和音系编码以及混合语言的话语句法加工方面。进一步对第二语言言语习得的心理语言学过程进行研究，有助于完善我们的相关知识，包括关于语言的陈述性知识相关的记忆痕迹的发展、基于规则的机制的自动化以及在记忆中创建程式化表达等方面。

推荐阅读

1. de Bot, K. (1992). 双语产出模型：调整后的 Levelt 的"说话"模型 (A bilingual production model: Levelt's "speaking" model adapted). *应用语言学 (Applied Linguistics), 13,* 1-24. De Bot 的文章是 SLA 领域中第一次尝试将第二语言言语产生过程与 Levelt（1989）的言语加工模型联系起来。De Bot 认为，第一语言和第二语言言语之间主要有三种差异：其一，二语者往往比一语者说得更慢、更犹豫；其二，第二语言学习者关于目的语的知识极少是完整的；其三，第一语言总是通过迁移或有意识的语码转换去影响第二语言的言语表达过程。他认为，前两个差异的解释不需要对 Levelt 的模型进行质的改变。De Bot 详细解释了 Levelt 的理论如何兼容第一语言对第二语言言语产出的影响，特别关注双语词库以及第一语言和第二语言句法、形态与音系编码过程的互动。

2. Kroll, J., & de Groot, A. M. B. (Eds.). (2005). 双语手册 (Handbook of bilingualism). *心理语言学研究方法 (Psycholinguistic approaches).* 纽约: 牛津大学出版社. 对双语现象的心理语言学视角研究感兴趣的学生和研究人员而言，这本书是宝贵的资源。与第二语言言语产出研究特别相关的章节包括 Costa 有关词汇编码过程的论文，La Heij 关于词汇提取中的控制机制的章节，Pienemann 和他
180 的同事关于句法编码过程的可迁移性的论文，Kroll 和 Tokowitz 关于双语词典的文章，Myers-Scotton 关于语码转换的研究，Segalowitz 和 Hulstijn 关于自动性的章节。这本书还包含了对语言习得理论和最新的神经语言学研究的出色的述评。

3. Costa, A. (2004). 双语言语产出 (Bilingual speech production). T. K. Bathia (编), *双语手册 (Handbook of bilingualism)* (pp. 201-223). 英国牛津: 布莱克威尔. 手册中 Costa 的第二语言习得那一章是对第二语言言语产出领域最新的且易于理解的概述。作者主要关注词汇编码问题，如词汇的提取和词汇编码中的选择与控制，但那一章也包含心理语言学在句法和音系编码方面的最新研究的简要总结。相关论文对词汇编码领域的实证研究进行了不错的综述。

4. Poulisse, N. (1999). *口误：第一语言和第二语言产出中的言语错误 (Slips*

of the tongue: Speech errors in first and second language production). 阿姆斯特丹和费城: John Benjamins. 这本书描述了 Poulisse 对第一语言和第二语言言语产出的口误的广泛研究。该书首先详细回顾了言语产出的单语和双语模型、语言学习的认知理论，以及第一语言和第二语言产出口误的已有研究。然后详细描述了研究项目及其结果，并根据该书第一部分梳理的言语产出与学习的理论对研究的发现进行了讨论。在如何使用自然引导的言语产出数据进行研究，以及这些数据对我们理解第二语言加工有什么帮助等方面，这本书提供了极好的示范。

5. Meijer, P. J. A., & Fox Tee, J. E. (2003). 在话语中建立句法结构：双语视角的探索 (Building syntactic structures in speaking: A bilingual exploration). *实验心理学 (Experimental Psychology), 50,* 184-195. 该研究是为数不多的关于第二语言言语产出句法编码的研究。作者通过句法启动的方法研究了如果特定结构在第一语言和第二语言中的句法程序相同，会发生什么。这项研究的主要问题是：在西班牙语或英语的启动句中看到一个不同的句法结构，是否会诱导被试在用另一种语言回忆的句子中使用这种结构。他们发现，第一语言和第二语言的使用者都会从一种结构切换到另一种可能的句法结构，如果那种结构他们在启动句中看到过的话。双重否定结构是个例外，它在西班牙语中是一个语义上有标记的结构。基于这个结果，他们认为两种语言所需要的句法规则是集中存储的，并没有根据不同语言而分别进行标记。

6. Roelofs, A. (2003). 双语者共享的音系编码过程和语言表征 (Shared 181
phonological encoding processes and representations of languages in bilingual speakers). *语言与认知过程 (Language and Cognitive Processes), 18,* 175-204. Roelofs 研究了第一语言和第二语言中常见的音系片段的记忆表征在多大程度上是共享的，以及高级双语者的音系编码是否如同他在单语者 WEAVER 模型所描述的那样，也是以向右增量的方式进行。Roelofs 另外感兴趣的是，两种语言共同的音系片段是作为一个单位还是作为音系特征的组合被存储和提取。为了深入探究这些问题，实验中他使用了 Meyer（1990，1991）为说英语的荷兰人设计的形式启动范式（也称为内隐启动）。Roelofs 得出结论，就右向增量而言，WEAVER 模型对第二语言音系编码的预测是正确的，并且第二语言音系片段也是作为一个单位而非作为一组特征来存储的。

7. Leather, J. (1999). 第二语言言语研究导论 (Second language speech research: An introduction). *语言学习 (Language Learning), 49,* 1-56. 这篇文章对第

二语言言语产出的音系过程进行了出色的总结。虽然这篇文章的主要关注点不是音系编码相关的心理语言学过程，但从中我们可以对迄今所知的音系知识习得的各个方面（如音位、音系规则、重音和语调）都有一个很好的了解。Leather 还讨论了关于第二语言音系如何学习的不同理论，包括联结主义和学习的先天论理论。

8. Schmidt, R. (1992). 第二语言流利性的底层心理机制 (Psychological mechanisms underlying second language fluency). *第二语言习得研究 (Studies in Second Language Acquisition), 14,* 357-385. 在这篇文章中，Schmidt 讨论了最重要的学习认知理论，如 Anderson 的适应性思维控制理论、示例理论、强度理论、语块竞争理论和联结主义，以及它们与第二语言流利性的关联。文章从流利性的定义开始，在随后的章节中描述了一般技能学习模型，并将其与第二语言习得领域关联起来。在论文的结论部分，Schmidt 从第二语言学习的角度对这些模型进行了评估，并提出了进一步的研究方向，事实上论文发表之后，作者的建议被许多研究者所采纳。

术语表 183

Activation spreading **扩散激活：**称之为激活的简单信号的交换，通过网络或层级系统中的项目间的连接而实现。

Appropriacy repair **得体性修正：**对信息的纠正，包括以改进后的方式对原始信息进行编码。

Cascading of activation **层叠激活：**激活流由未被选择但在一定程度上激活的词项传递到其音系形式。

Code-switching **语码转换：**同个语篇中使用两种或以上的语言。

Cognates **同源词：**在正字法和／或音系上相似的词，这些词在两种语言中有相似的意思。

Communication strategy **交际策略：**指在交际过程中，为解决与语言有关的任何问题而有意识地进行的能动性尝试。

Compound lexical representation **复合的词汇表征：**某个给定词的概念表征在第一语言和第二语言中共用的过程。

Conceptualization **概念化：**关于信息的计划。

Coordinate lexical representation **并列的词汇表征：**某个给定的第一语言词项及其第二语言对等翻译词项存在独立概念表征的过程。

Covert monitoring **内隐监控：**在信息被表达之前检查其正确性和得体性。

Covert repair **内隐修正：**在信息表达之前对其偏误部分进行纠正。

Declarative knowledge **陈述性知识：**储存在长期记忆中的有关事实和数据的知识。

Different-information repair **不同信息的修正：**涉及对新信息以及不同于初始意图的信息进行编码的信息修正。

Error repair **偏误修正：**纠正表达中句法、词汇和音系方面的某个错误。

Formulaic language (formulas) **程式化语言（程式化表达）：**将心理词汇库作 184
为一个单元，从中检索出来的一串词（短语、习语、表达式、从句甚至句子）。程式化表达通常具有特定的语用功能，如请求、道歉等。

Formulation **构建表达**：对信息进行词汇、语法和音系编码。

Gestural scores **动作谱**：用来产出特定语言的音节的自动化动作组块。

Grammatical problem-solving mechanism **语法层面的问题解决机制**：有意识地尝试解决由于对词元的语法形式和论元结构以及第二语言的短语和从句结构规则相关的知识不足而引起的问题。

Incremental processing **增量加工**：某个加工组件基于其特征输入片段进行加工的能力。

Lemma **词元**：心理词库中的项目，包含有关词条的句法信息。

Lexeme **词素**：心理词库中的项目，包含有关词条的形态音系信息。

Lexical problem-solving mechanism **词汇层面的问题解决机制**：有意识地尝试解决由于无法检索到与预期概念相对应的恰当的第二语言词元而产生的问题。

Mean length of runs **平均表达长度**：一种常用的衡量流利度的标准，表示 0.25 秒及以上停顿之间的话语内产出音节的平均数量。

Output hypothesis **输出假说**：Swain（1985，1995）的理论，该理论认为一般的输出与强制性输出（即略高于学习者能力水平的输出）会促进第二语言习得。

Parser **解析器**：言语理解系统。

Phonation-time ratio **发声时间比**：一个很好的预测流利度的指标，测量说话花的时间占产出语音样本所花时间的百分比。

Phonological problem-solving mechanism **音系层面的问题解决机制**：有意识地尝试克服由于缺乏某个词的音系知识或第二语言言语产出时使用的音系规则知识而造成的困难。

185 Prearticulatory monitoring **发音前的监控**：参见内隐监控。

Preverbal plan **语前计划**：在言语产出的模块化模型中，概念化阶段的最终产物。它包含了将意义转化为语言的所有必要信息。

Procedural knowledge **程序性知识**：产出规则的知识，例如“如果一个动作发生在过去，在动词的词干后面加后缀‘ed’。”

Rephrasing repairs **重新表述修正**：对说话人不确定其准确性的部分信息进行修正。

Reconceptualization strategy **概念重建策略**：词汇层面的一种问题解决机制，指在语前计划阶段修改一个以上的概念。

Self-monitoring **自我监控**：检查语言输出的正确性和得体性。

Self-repair **自我修正**：自主发起并自主完成的信息修正。

Speech rate **语速**：最常用的流利度衡量标准之一，计算方法是用给定言语样本中产出的音节总数除以产出该样本所需的总时间。

Subordinate lexical representation **下位词汇表征**：在这个过程中，一个给定词项的概念直接与第一语言的词相连，因此该概念不能直接通过第二语言词检索，只能通过第一语言翻译对等词来检索。

Substitution strategy **替代策略**：词汇层面的一种问题解决机制，涉及对第二语言词元的概念设定进行修改。

Substitution plus strategy **替代升级策略**：词汇层面的一种问题解决机制，除了对第二语言词元的概念设定进行修改外，还涉及第一语言或第二语言形态和/或音系编码过程的应用。

Syllabary **音节表**：存储着用来产出音节的自动化动作组块。

Transfer **迁移**：第一语言对语言习得、语言使用以及理解的影响。

参考文献

Abrahamsson, N. (2003). Development and recoverability of L2 codas. A longitudinal study of Chinese-Swedish interphonology. *Studies in Second Language Acquisition, 25,* 313-349.

Abutalebi, J., Cappa, S. F., & Perani, D. (2001). The bilingual brain as a function of functional neuroimaging. *Bilingualism: Language and Cognition, 4,* 179-190.

Abutalebi, J., Cappa, S. F., & Perani, D. (2005). What can functional neuroimaging tell us about the bilingual brain. In J. Kroll, & A. M. B. de Groot (Eds.), *Handbook of bilingualism: Psycholinguistic perspectives* (pp. 497-515). New York: Oxford University Press.

Aitchison, J. (1987). *Words in the mind.* Oxford, England: Basil Blackwell.

Altenberg, B. (1998). On the phraseology of spoken English: The evidence of recurrent word-combinations. In A. P. Cowie (Ed.), *Phraseology: Theory, analysis, and applications* (pp. 101-122). Oxford, England: Oxford University Press.

Anderson, J. R. (1983). *The architecture of cognition.* Cambridge, MA: Harvard University Press.

Anderson, J. R. (1995). *Learning and memory. Anintegrated approach.* New York: Wiley.

Anderson, J. R., Fincham, J. M., & Douglass, S. (1997). The role of examples and rules in the acquisition of a cognitive skill. *Journal of Experimental Psychology: Learning, Memory, and Cognition, 23,* 932-945.

Archibald, J. (1997). The acquisition of English stress by speakers of tone languages. Lexical storage versus computation. *Linguistics, 35,* 167-181.

Archibald, J. (1998a). *Second language phonology.* Amsterdam: John Benjamins.

Archibald, J. (1998b). Second language phonology, phonetics and typology. *Studies in Second Language Acquisition, 20,* 189-213.

Austin, J. (1962). *How to do things with words.* Oxford, England: Clarendon.

Baars, B. J., Motley, M. T., & MacKay, D. G. (1975). Output editing for lexical status in artificially elicited slips of the tongue. *Journal of Verbal Learning and Verbal Behaviour, 14,* 382-391.

Baddeley, A. D. (1978). The trouble with levels: A re-examination of Craik and Lockhart's framework for memory research. *Psychological Review, 85,* 139-152.

Bates, E., & MacWhinney, B. (1989). Functionalism and the competition model. In B. MacWhinney & E. Bates (Eds.), *The crosslinguistic study of sentence processing* (pp. 3-73). Cambridge, England: Cambridge University Press.

Beattie, G. (1984). "Are there cognitive rhythms in speech?"—A reply to Power (1983). *Language and Speech, 27,* 193-195.

Belazi, H., Rubin, E., & Toribio, A. J. (1994). Code-switching and X'-bar theory: The functional head constraint. *Linguistic Inquiry, 25,* 221-237.

188 Berg, T. (1986). The problem of language control: Editing, monitoring and feedback. *Psychological Research, 48,* 133-144.

Berg, T. (1992). Production and perceptual constraints on speech-error correction. *Psychological Research, 54,* 114-126.

Bialystok, E. (1990). *Communication strategies*. Oxford, England: Blackwell.

Bialystok, E., & Kellerman, E. (1987). Language strategies in the classroom. In B. K. Das (Ed.), *Communication and learning in the classroom community* (pp. 160-175). Singapore: Seameo Regional Language Center.

Bierwisch, M., & Schreuder, R. (1992). From concepts to lexical items. *Cognition, 42,* 23-60.

Blackmer, E. R., & Mitton, J. L. (1991). Theories of monitoring and the timing of repairs in spontaneous speech. *Cognition, 39,* 173-194.

Bloem, I., van den Boogaard, S., & La Heij, W. (2004). Semantic facilitation and semantic interference in language production: Further evidence for the conceptual selection model of lexical access. *Journal of Memory and Language, 51,* 307-323.

Bock, K. (1986). Syntactic persistence in language production. *Cognitive Psychology, 18,* 355-387.

Bock, K. (1996). Language production: Methods and methodologies. *Psychonomic Bulletin and Review, 3,* 395-421.

Bock, K., & Levelt, W. J. M. (1994). Language production: grammatical encoding. In

M. A. Gernsbacher (Ed.), *Handbook of psycholinguistics* (pp. 945-984). San Diego: Academic Press.

Bohn, O. S. (1986). Formulas, frame structures and stereotypes in early syntactic development. *Linguistics, 24,* 185-202.

Bolander, M. (1989). Prefabs, patterns and rules in interaction? Formulaic speech in adult learners' L2 Swedish. In K. Hyltenstam & L. Obler (Eds.), *Bilingualism across the lifespan: Aspects of acquisition, maturity and loss* (pp. 73-86). Cambridge, England: Cambridge University Press.

Bongaerts, T., & Poulisse, N. (1989). Communication strategies in L1 and L2: same or different? *Applied Linguistics, 10,* 253-268.

Brédart, S. (1991). Word interruption in self-repairing. *Journal of Psycholinguistic Research, 20,* 123-137.

Bresnan, J. (1982). *The mental representation of grammatical relations.* Cambridge, MA: MIT Press.

Broadbent, D. E. (1958). *Perception and communication.* Oxford, England: Pergamon.

Broselow, E. (1984). An investigation of transfer in second language phonology. *International Review of Applied Linguistics*, 22, 253-269.

Broselow, E. (1987). An investigation of transfer in second language phonology. In G. Ioup & S. Weinberger (Eds.), *Interlanguage phonology: The acquisition of second language sound system* (pp. 261-278). Rowley, MA: Newbury House.

Broselow, E., Chen, S.-I., & Wang, C. (1998). The emergence of the unmarked in second language phonology. *Studies in Second Language Acquisition, 20,* 261-280.

Brown, C. (1998). The role of the L1 grammar in the acquisition of L2 segmental structure. *Second Language Research, 14,* 136-193.

Bygate, M. (1996). Effects of task repetition: Appraising the developing language of learners. In. D. Willis & J. Willis (Eds.), *Challenge: Change in language teaching* (pp. 136-146). London: Heinemann.

Bygate, M. (1999). Task as a context for the framing, reframing and unframing of 189
language. *System, 27,* 33-48.

Caramazza, A. (1997). How many levels of processing are there in lexical access? *Cognitive Neuropsychology, 14,* 177-208.

Caramazza., A., & Miozzo, M. (1997). The relationship between syntactic and phonological knowledge in lexical access: Evidence from the "tip of the tongue" phenomenon. *Cognition, 64,* 309-343.

Caramazza., A., Miozzo, M., Costa., Schiller, N., & Alario, F. X. (2001). Lexical selection. A cross-language investigation of determiner production. In E. Dupoux (Ed.), *Language, brain, and cognitive development: Essays in honor of Jacques Mehler* (pp. 209-226). Cambridge, MA: MIT Press.

Carlson, R. A., Sullivan, M., & Schneider, W. (1989). Practice and working memory effects in building procedural skill. *Journal of Experimental Psychology: Learning, Memory, and Cognition, 15,* 517-526.

Chen, H.-C., & Lueng, Y.-S. (1989). Patterns of lexical processing in a non-native language. *Journal of Experimental Psychology: Learning, Memory, and Cognition, 15,* 316-325.

Cheng, P. W. (1985). Restructuring versus automaticity: Alternative accounts of skill acquisition. *Psychological Review, 92,* 414-423.

Chomsky, N. (1965). *Aspects of the theory of syntax.* Cambridge, MA: MIT Press.

Chomsky, N. (1995). *The minimalist program*. Cambridge, MA: MIT Press.

Clahsen, H. (1980). Psycholinguistic aspects of L2 acquisition. In S. W. Felis (Ed.), *Second language development: Trends and issues* (pp. 57-79). Tübingen, Germany: Narr.

Clahsen, H., Meisel, J., & Pienemann, M. (1983). *Deutsch als Zweitsprache: Der Spracherwerb ausländischer Arbeiter* [German as a second language: The language acquisition of guest workers]. Tübingen, Germany: Narr.

Clahsen, H., & Muysken, P. (1989). The UG paradox and L2 acquisition. *Second Language Research, 2,* 93-119.

Clark, E. V. (1993). *The lexicon in acquisition*. Cambridge, England: Cambridge University Press.

Clark, H. H. (1994). Managing problems in speaking. *Speech Communications*, *15*, 243-250.

Colomé, A. (2001). Lexical activation in bilinguals' speech production: Language specific or language-independent? *Journal of Memory and Language, 45*, 721-

736.

Costa, A. (2005). Lexical access in bilingual production. In J. Kroll & A. M. B. DeGroot (Eds.), *Handbook of bilingualism: Psycholinguistic perspectives* (pp. 308-325). New York: Oxford University Press.

Costa, A., & Caramazza, A. (1999). Is lexical selection in bilingual speech production language-specific? Further evidence from Spanish-English and English-Spanish bilinguals. *Bilingualism: Language and Cognition, 2,* 231-244.

Costa, A., Caramazza, A., & Sebastian-Gallés, N. (2000). The cognate facilitation 190
effect: Implications for models of lexical access. *Journal of Experimental Psychology: Learning, Memory, and Cognition, 26,* 1283-1296.

Costa, A., Colomé, A., Gómez, O., & Sebastian-Gallés, N. (2003). Another look at cross-language competition in bilingual speech production: Lexical and phonological factors. *Bilingualism: Language and Cognition, 6,* 167-179.

Costa, A., Kovacic, D., Franck, J., & Caramazza, A. (2003). On the autonomy of the grammatical gender systems of the two languages of a bilingual. *Bilingualism: Language and Cognition, 6,* 181-200.

Costa, A., Miozzo, M., & Caramazza, A. (1999). Lexical selection in bilinguals: Do words in the bilinguals' two lexicons compete for selection? *Journal of Memory and Language, 41*, 78-104.

Craik, F. I. M., & Lockhart, R. S. (1972). Levels of processing: A framework for memory research. *Journal of Verbal Learning and Verbal Behavior, 11,* 671-684.

Crystal, D. (1987). *The Cambridge encyclopedia of language*. Cambridge, England: Cambridge University Press.

Cutillas Espinosa, J. A. (2002). Sonority and constraint interaction: The acquisition of complex onsets by Spanish learners of English. *Anglogermanica Online.* http://www.uv.es/anglogermanica/2002-1/home.htm.

de Bot, K. (1992). A bilingual production model: Levelt's "speaking" model adapted. *Applied Linguistics, 13,* 1-24.

de Bot, K. (1996). The psycholinguistics of the output hypothesis. *Language Learning, 46,* 529-555.

de Bot, K. (1998). Does the formulator know its LFG? *Bilingualism: Language and*

Cognition, 1, 25-26.

de Bot, K. (2002). Cognitive processing in bilinguals: Language choice and code-switching. In R. B. Kaplan (Ed), *The Oxford handbook of applied linguistics* (pp. 286-300). Oxford, England: Oxford University Press.

de Bot, K., & Schreuder, R. (1993). Word production and the bilingual lexicon. In R. Schreuder & B. Weltens (Eds.), *The bilingual lexicon* (pp.191-214). Amsterdam: Benjamins.

de Groot, A. M. B. (1992). Determinants of word translation. *Journal of Experimental Psychology: Learning, Memory, and Cognition, 18,* 1001-1018.

de Groot, A. M. B. (2000). On the source and nature of semantic and conceptual knowledge. *Bilingualism: Language and Cognition, 3,* 7-9.

de Groot, A. M. B., & Poot, R. (1997). Word translation at three levels of proficiency in a second language. The ubiquitous involvement of conceptual memory. *Language Learning, 47,* 215-264.

de Groot, A. M. B., & van Hell, R. (2005). Learning foreign language vocabulary. In J. Kroll & A. M. B. de Groot (Eds.), *Handbook of bilingualism: Psycholinguistic perspectives* (pp. 9-29). New York: Oxford University Press.

de Smedt, K., & Kempen, G. (1987). Incremental sentence production, self-correction, and coordination. In G. Kempen (Ed.), *Natural language generation: Recent advances in artificial intelligence, psychology and linguistics* (pp. 365-376). Dordrecht, Netherlands: Kluwer.

191 DeKeyser, R. M. (1997). Beyond explicit rule learning: Automatizing second language. *Studies in Second Language Acquisition, 19,* 195-221.

DeKeyser, R. M. (2001). Automaticity and automatization. In P. Robinson (Ed.), *Cognition and second language instruction* (pp. 125-151). Cambridge, England: Cambridge University Press.

Dell, G. S. (1986). A spreading activation theory of retrieval in sentence production. *Psychological Review, 93,* 283-321.

Dell, G. S., & Juliano, C. (1996). Computational models of phonological encoding. In T. Dijstra & K. de Smedt (Eds.), *Computational psycholinguistics: AI and connectionists models of human language processing* (pp. 328-359). London: Taylor

& Francis.

Dell, G. S., Juliano, C., & Govindjee, A. (1993). Structure and content in language production: A theory of frame constrains in phonological speech errors. *Cognitive Science, 14,* 179-211.

Dell, G. S., & O'Seaghda, G. P. (1991). Mediated and convergent lexical priming in language production: A comment on Levelt et al. (1991). *Psychological Review, 98,* 604-614.

Deschamps, A. (1980). The syntactic distribution of pauses in English spoken as a foreign language by French students. In H. W. Dechert & M. Raupach (Eds.), *Temporal variables in speech* (pp. 255-266). The Hague, Netherlands: Mouton.

Di Biase, B., & Kawaguchi, S. (2002). Exploring the typological plausibility of processability theory: Language development in Italian second language and Japanese second language. *Second Language Research, 18,* 274-302.

Dijsktra, A., Van Heuven, W. J. B., & Grainger, J. (1998). Simulating competitior effects with the bilingual interactive activation model. *Psychologica Belgica, 38,* 177-196.

Döpke, S. (2001). Generation of and retraction from cross-linguistically motivated structures in bilingual first language acquisition. *Bilingualism: Language and Cognition, 3,* 209-226.

Dörnyei, Z. (1995). On the teachability of communication strategies. *TESOL Quarterly*, *29*, 55-85.

Dörnyei, Z., & Kormos, J. (1998). Problem-solving mechanisms in L2 communication: A psycholinguistic perspective. *Studies in Second Language Acquisition, 20,* 349-385.

Dörnyei, Z., & Scott, M. L. (1997). Communication strategies in a second language: Definitions and taxonomies. *Language Learning*, *47*, 173-210.

Dufour, R., Kroll, J. F., & Sholl, A. (1996). *Bilingual naming and translation. Accessing lexical and conceptual knowledge in two languages.* Unpublished manuscript.

Dulay, H., & Burt, M. (1974). Natural sequences in child language acquisition. *Language Learning, 24*, 37-53.

Eeg-Olofsson, M., & Altenberg, B. (1994). Discontinous recurrent work combinations in the London-Lund corpus. In U. Fries, G. Tottie, & P. Schneider (Eds.), *Creating and using English language corpora* (pp. 63-77). Amsterdam: Rodopi.

Eckman, F. (1977). Markedness and the contrastive analysis hypothesis. *Language Learning, 27,* 195-216.

192 Eckman, F., & Iverson, G. (1995). *Second language pronunciation: A new look at an old problem* (Occasional Paper No. 95-02). University of Wisconsin-Milwaukee, Center for International Studies, Marquette University.

Ejzenberg, R. (2000). The juggling act of oral fluency: A psycho-sociolinguistic metaphor. In H. Riggenbach (Ed.), *Perspectives on fluency* (pp. 287-314). Ann Arbor: University of Michigan Press.

Ellis, N. (1997). Vocabulary acquisition: Word structure, collocation, word-class, and meaning. In N. Schmitt & M. McCarthy (Eds.), *Vocabulary: Description, acquisition and pedagogy* (pp. 122-139). Cambridge, England: Cambridge University Press.

Ellis, N. (1998). Emergentism, connectionism and language learning. *Language Learning, 48,* 631-664.

Ellis, N. (2001). Memory for language. In P. Robinson (Ed.), *Cognition and second language instruction* (pp. 33-68). Cambridge, England: Cambridge University Press.

Ellis, N. (2003). Constructions, chunking and connectionism: The emergence of second language structure. In C. J. Doughty & M. H. Long (Eds.), *Handbook of second language acquisition* (pp. 63-103). Malden, MA: Blackwell.

Ellis, N., & Schmidt, R. (1998). Rules or associations in the acquisition of morphology. The frequency by regularity interaction in human and PDP learning of morphosyntax. *Language and Cognitive Processes, 13,* 307-336.

Ellis, R. (1984). Formulaic speech in early classroom second language development. In J. Handscombe, R. A. Orem, & B. Taylor (Eds.), *On TESOL '83* (pp. 53-65). Washington, DC: TESOL.

Ervin, S., & Osgood, C. E. (1954). Second language learning and bilingualism. *Journal of Abnormal and Social Psychology, 49,* 139-146.

Eubank, L. (1993). On the transfer of parametric values in L2 development. *Language Acquisition, 3,* 183-208.

Evans, M. (1985). Self-initiated speech repairs: A reflection of communicative monitoring in young children. *Developmental Psychology, 21,* 365-371.

Færch, C., & Kasper, G. (1983). Plans and strategies in foreign language communication. In C. Færch & G. Kasper (Eds.), *Strategies in interlanguage communication* (pp. 20-60). London: Longman.

Færch, C., & Kasper, G. (1986). Cognitive dimensions of language transfer. In E. Kellerman & M. Sharwood Smith (Eds.), *Crosslinguistic influence in second language acquisition* (pp. 49-65). New York: Pergamon.

Fathman, A. K. (1980). Repetition and correction as an indication of speech planning and execution processes among second language learners. In H. W. Dechert & M. Raupach (Eds.), *Towards a crosslinguistic assessment of speech production* (pp. 77-85). Frankfurt, Germany: Peter D. Lang.

Felix, S. (1985). More evidence on competing cognitive systems. *Second Language Research, 7,* 47-72.

Fiez, J. A. (2001). Neuroimaging studies of speech: An overview of techniques and methodological approaches. *Journal of Communication Disorders, 34,* 445-454.

Fillmore, C. J. (1979). On fluency. In D. Kempler & W. S. Y. Wang (Eds.), *Individual differences in language ability and language behavior* (pp. 85-102). New York: Academic Press.

Flege, J. E. (1987). The production of “new” and “similar” phones in a foreign 193
language: Evidence for the effect of equivalence classification. *Journal of Phonetics, 15,* 47-65.

Flege, J. E. (1995). Second-language speech learning. Theory, findings and problems. In W. Strange (Ed.), *Speech perception and linguistic experience: Theoretical and methodological issues* (pp. 233-272). Timonium, MD: York Press.

Flege, J. E., Frieda, E. M., Walley, A. C., & Randazza, L. A. (1998). Lexical factors and segmental accuracy in second language speech production. *Studies in Second Language Acquisition, 20,* 155-187.

Foster, P., & Skehan, P. (1996). The influence of planning and task type on second language performance. *Studies in Second Language Acquisition, 18,* 293-323.

Francis, W. S. (2005). Bilingual semantic and conceptual representation. In J. Kroll & A.

M. B. de Groot (Eds.), *Handbook of bilingualism: Psycholinguistic perspectives* (pp. 251-267). New York: Oxford University Press.

Freed, B. (1995). What makes us think that students who study abroad become fluent? In B. Freed (Ed.), *Second language acquisition in a study abroad context* (pp. 123-48). Amsterdam: Benjamins.

Freed, B. F. (2000). Is fluency, like beauty, in the eyes (and ears) of the beholder? In H. Riggenbach (Ed.), *Perspectives on fluency* (pp. 243-265). Ann Arbor: University of Michigan Press.

Friedman, L. A., & O'Connell, D. C. (1991). Pause reports for spontaneous dialogic speech. *Bulletin of the Psychonomic Society, 29,* 223-225.

Fry, D. (1969). The linguistic evidence of speech errors. *BRNO Studies of English, 8,* 69-74.

Fulcher, G. (1996). Does thick description lead to smart tests? A data-based approach to rating scale construction. *Language Testing, 13,* 208-238.

Garnsey, S. M., & Dell, S. G. (1984). Some neurolinguistic implications of prearticulatory editing in production. *Brain and Language, 23,* 64-73.

Garrett, M. F. (1976). Syntactic processes in sentence production. In R. J. Wales & E. Walker (Eds.), *New approaches to language mechanisms* (pp. 274-293). Amsterdam: North Holland.

Garrett, M. F. (1980). The limits of accommodation: Arguments for independent processing levels in sentence production. In V. A. Fromkin (Ed.), *Errors in linguistic performance. Slips of the tongue, ear, pen, and hand.* (pp. 114-128). New York: Academic Press.

Gass, S. M., & Selinker, L. (1994). *Second language acquisition: An introductory course*. Hillsdale, NJ: Lawrence Erlbaum Associates.

Gass, S. M., & Varonis, E. M. (1991). Miscommunication in nonnative discourse. In N. Coupland, H. Giles, & J. M. Wiemann (Eds.), *"Miscommunication" and problematic talk* (pp. 121-145). Thousand Oaks, CA: Sage.

Gathercole, S. E., & Baddeley, A. (1994). *Working memory and language*. Hillsdale NJ: Lawrence Erlbaum Associates.

Gollan, T. H., & Silverberg, N. B. (2001). Tip-of-the-tongue states in Hebrew-English bilinguals. *Bilingualism: Language and Cognition, 4,* 63-83.

Green, D. W. (1998). Mental control of the bilingual lexico-semantic system. *Bilingualism: Language and Cognition, 1,* 67-81.

Green, P. S., & Hecht, K. (1993). Pupil self-correction in oral communication in English 194
as a foreign language. *System, 21,* 151-163.

Greene, J. (1984). Speech preparation processes and verbal fluency. *Human Communication Research, 11,* 61-84.

Greene, J., & Cappella, J. (1986). Cognition and talk: The relationship of semantic units to temporal patters of fluency in spontaneous speech. *Language and Speech, 29,* 141-157.

Grosjean, F. (1998). Studying bilinguals: Methodological and conceptual issues. *Bilingualism: Language and Cognition, 1,* 131-149.

Haberzettl, S. (2000). *Der Erwerb der Verbstellung in der Zweitsprache Deutsch durch Kinder mit typologisch verschiedenen Muttersprachen. Eine Auseinandersetzung mit Theorien zum Syntaxerwerb anhand von vier Fallstudien* [The acquisition of verbs in German as a second language by children from typologically different language backgrounds: An evaluation of the theories of syntax acquisition based on four case studies]. Unpublished doctoral dissertation, University of Potsdam, Germany.

Håkansson, G., Pienemann, M., & Sayehli, S. (2002). Transfer and typological proximity in the context of L2 processing. *Second Language Research, 18,* 250-273.

Hancin-Bhatt, B. (1994). Segment transfer: A consequence of dynamic system. *Second Language Research, 10,* 241-269.

Hancin-Bhatt, B., & Bhatt, R. (1992). On the nature of L1 filter and cross-language transfer effects. In J. Leather & A. James (Eds.), *New Sounds 92: Proceedings of the 1992 Amsterdam symposium on the acquisition of second language speech* (pp. 124-134). Klagenfurt, Austria: University of Klagenfurt.

Hancin-Bhatt, B., & Bhatt, R. (1997). Optimal L2 syllables: Interactions of transfer and developmental effects. *Studies in Second Language Acquisition, 19,* 331-378.

Hancin-Bhatt, B., & Govindjee, A., R. (1999). A computational model of feature competition in L2 transfer. In P. Broeder & J. Murre (Eds.), *Language and thought in development: Cross-linguistic studies* (pp. 145-161). Tübingen, Germany: Günter Narr.

Hansen, J. G. (2004). Developmental sequences in the acquisition of English L2 syllable codas. A preliminary study. *Studies in Second Language Acquisition, 26,* 85-124.

Harrington, M. (2001). Sentence processing. In P. J. Robinson (Ed.), *Cognition and second language instruction* (pp. 91-124). Cambridge, England: Cambridge University Press.

Hartsuiker, R. J., & Kolk, H. H. J. (2001). Error monitoring in speech production: A computational test of the perceptual loop theory. *Cognitive Psychology, 42,* 113-157.

Hatch, E. M. (1978). Discourse analysis and second language acquisition. In E. M. Hatch (Ed.), *Second language acquisition* (pp. 401-435). Rowley, MA: Newbury House.

Hawkins, R., & Chan, Y.-H. C. (1997). The partial availability of Universal Grammar in second language acquisition: The "failed functional features hypothesis". *Second Language Research, 13,* 187-226.

Henderson, A., Goldman-Eisler, F., & Skarbek, A. (1966). Sequential temporal patterns in spontaneous speech. *Language and Speech, 8,* 236-242.

195 Hermans, D. (2000). *Word production in a foreign language.* Unpublished doctoral dissertation, University of Nijmegen, the Netherlands.

Hermans, D., Bongaerts, T., de Bot. K., & Schreuder, R. (1998). Producing words in a foreign language: Can speakers prevent interference from their first language. *Bilingualism: Language and Cognition, 3,* 213-229.

Hieke, A. E. (1984). Linking as a marker of fluent speech. *Language and Speech, 27,* 343-354.

Hieke, A. E. (1985). A componential approach to oral fluency evaluation. *Modern Language Journal, 69,* 135-142.

Hintzman, D. (1986). "Schema abstraction" in a multiple-trace memory model. *Psychological Review, 93,* 411-428.

Holden, K., & Hogan, J. (1993). The emotive impact of foreign intonation. An experiment in switching English and Russian intonation. *Language and Speech, 36,* 67-

88.

Hulstijn, J. H., & Laufer, B. (2001). Some empirical evidence for the involvement load hypothesis in vocabulary acquisition. *Language Learning, 51,* 539-558.

Indefrey, P., & Levelt, W. J. M. (2000). The neural correlates of language production. In M. Gazzaniga (Ed.), *The new cognitive neurosciences* (pp. 845-865). Cambridge, MA: MIT Press.

Indefrey, P., & Levelt, W. J. M. (2004). The spatial and temporal signatures of word production components. *Cognition, 92,* 101-144.

Izumi, S. (2003). Comprehension and production processes in second language learning: In search of the psycholinguistic rationale for the output hypothesis. *Applied Linguistics, 24,* 168-196.

Jackendoff, R. (2002). *Foundations of language.* Oxford, England: Oxford University Press.

Jacoby, L. L. (1991). A process dissociation framework: Separating automatic from intentional uses of memory. *Journal of Memory and Language, 22,* 485-508.

Jaffe, J., Feldstein, S., & Gertsman, L. (1972). Random generation of apparent speech rhythms. *Language and Speech, 15,* 68-71.

Jarvis, S. (1998). *Conceptual transfer in the interlingual lexicon*. Bloomington: Indiana University Linguistics Club.

Jarvis, S. (2000). Semantic and conceptual transfer. *Bilingualism: Language and Cognition, 3,* 19-21.

Jescheniak, J., D., Hahne, A., & Schriefers, H. (2003). Information flow in the mental lexicon during speech planning: Evidence from event-related brain potentials. *Cognitive Brain Research, 15,* 261-276.

Jescheniak, J. D., & Schriefers, H. (1997). Lexical access in speech production: Serial or cascaded processing? *Language and Cognitive Processes, 12,* 847-852.

Jiang, N. (2004). Semantic transfer and development in L2 vocabulary acquisition. In P. Bogards & B. Laufer (Eds.), *Vocabulary in a second language* (pp. 101-126). Amsterdam: Benjamins.

Johnston, M. (1985). *Syntactic and morphological progressions in learner English.* Canberra, Australia: Commonwealth Department of Immigration and Ethnic Affairs.

Johnston, M. (1997). *Development and variation in learner language*. Unpublished doctoral dissertation, Australian National University, Canberra.

196 Kahnemann, D., & Treisman, A. (1984). Changing views of attention and automaticity. In R. Parasuraman & D. R. Davies (Eds.), *Varieties of attention* (pp. 29-61). New York: Academic Press.

Kasper, G. (1992). Pragmatic transfer. *Second Language Research, 8,* 203-231.

Kasper, G. (1995). Routine and indirection in interlanguage pragmatics. In L. Bouton & Y. Kachru (Eds.), *Pragmatics and language learning* (pp. 59-78). Urbana: University of Illinois at Urbana-Champaign.

Keating, P. A. (1984). Phonetic and phonological representation of stop consonant voicing. *Language, 25,* 29-50.

Keatley, C., Spinks, J., & de Gelder, B. (1994). Assymmetrical semantic facilitation between languages. *Memory & Cognition, 22,* 70-84.

Keidel, J. L., Zevin, J. D., Kluender, K. R., & Seidenberg, M. S. (2003). Modeling the role of native language knowledge in perceiving nonnative speech contrasts. In *Proceedings of the 15th International Congress of Phonetic Sciences* (pp. 2221-2224). Barcelona: Universitat Autonòma de Barcelona.

Kellerman, E. (1983). If at first you do succeed. In S. Gass & C. Madden (Eds.), *Input in second language acquisition* (pp. 345-363). Rowley, MA: Newbury House.

Kellerman, E. (1991). Compensatory strategies in second language research: A critique, a revision, and some (non-)implications for the classroom. In R. Phillipson, E. Kellerman, L. Selinker, M. Sharwood Smith, & M. Swain (Eds.), *Foreign/second language pedagogy research: A commemorative volume for Claus Færch* (pp. 142-161). Clevedon, England: Multilingual Matters.

Kellerman, E., & Bialystok, E. (1997). On psychological plausibility in the study of communication strategies. In G. Kasper & E. Kellerman (Eds.), *Communication strategies: Psycholinguistic and sociolinguistic perspectives* (pp. 31-48). London: Longman.

Kempe, V., & MacWhinney, B. (1998). The acquisition of case-marking by adult learners of Russian and German. *Studies in Second Language Acquisition, 20,* 543-587.

Kempen, G., & Hoenkamp, E. (1987). An incremental procedural grammar for sentence formulation. *Cognitive Science, 11,* 201-258.

Kormos, J. (1999). Monitoring and self-repair in L2. *Language Learning, 49,* 303-342.

Kormos, J. (2000a). The role of attention in monitoring second language speech production. *Language Learning, 50,* 343-384.

Kormos, J. (2000b). The timing of self-repairs in second language speech production. *Studies in Second Language Acquisition, 22,* 145-169.

Kormos, J. (2002). *The structure of L2 self-repairs in the speech of Hungarian learners of English.* Unpublished manuscript.

Kormos, J. (2003). Attention and monitoring in a second language: A qualitative analysis. *Fremdsprachen Lehren und Lernen, 32,* 116-132.

Kormos, J., & Dénes, M. (2004). Exploring measures and perceptions of fluency in the speech of second language learners. *System, 32,* 146-164.

Kroll, J., & Curley, J. (1988). Lexical memory in novice bilinguals: Evidence from sentence priming. In M. Gruneberg, P. Morris, & R. Sykes (Eds.), *Practical aspects of memory* (Vol 2, pp. 389-395). London: Wiley.

Kroll, J., & de Groot, A. M. B. (1997). Lexical and conceptual memory in the bilingual. 197
Mapping form to meaning in two languages. In A. de Groot & J. Kroll (Eds.), *Tutorials in bilingualism. Psycholinguistic perspectives* (pp. 169-199). Mahwah, NJ: Lawrence Erlbaum Associates.

Kroll, J. F., Dijkstra, A., Janssen, N., & Schriefers, H. (2000, November). *Selecting the language in which to speak: Experiments on lexical access in bilingual production.* Paper presented at the 41st annual meeting of the Psychonomic Society, New Orleans, LA.

Kroll, J. F., & Stewart, E. (1990). *Concept mediation in bilingual translation.* Paper presented at the 31st annual meeting of the Psychonomic Society. New Orleans, LA.

Kroll, J. F., & Stewart, E. (1994). Category interference in translation and picture naming: Evidence for asymmetric connections between bilingual memory representations. *Journal of Memory & Language, 33,* 149-174.

Kroll, J., & Tokowitz, N. (2005). Models of bilingual representation and processing: Looking back and to the future. In J. Kroll & A. M. B. de Groot (Eds.), *Handbook of bilingualism: Psycholinguistic perspectives* (pp. 289-307). New York: Oxford University Press.

La Heij, W. (2005). Selection processes in monolingual and bilingual lexical access. In J. Kroll & A. M. B. de Groot (Eds.), *Handbook of bilingualism. Psycholinguistic approaches*. New York: Oxford University Press.

La Heij, W., Hooglander, A., Kerling, R., & van der Velden, E. (1996). Nonverbal context effects in forward and backward translation: Evidence for concept mediation. *Journal of Memory and Language, 35,* 648-665.

Laeufer, C. (1997). Towards a typology of bilingual phonological systems. In A. James & J. Leather (Eds.), *Second language speech* (pp. 324-342). Berlin: Mouton deGruyter.

Laufer, B., & Hulstijn, J. H. (2001). Incidental vocabulary acquisition in a second language: The construct of task induced involvement. *Applied Linguistics, 22,* 1-26.

Laver, J. (1980). Monitoring systems in the neurolinguistic control of speech production. In V. Fromkin (Ed.), *Errors in linguistic performance: Slips of the tongue, ear, pen and hand* (pp. 287-305). New York: Academic Press.

Leather, J. (1997). Interrelation of perceptual and productive learning in the initial acquisition of second-language tone. In A. James & J. Leather (Eds.), *Second language speech* (pp. 75-101). Berlin: Mouton deGruyter.

Leather, J. (1999). Second language speech research: An introduction. *Language Learning, 49,* 1-56.

Lee, M. W., & Williams, J. N. (2001). Lexical access in spoken word production by bilinguals: Evidence from the semantic competitor priming paradigm. *Bilingualism: Language and Cognition, 4,* 233-248.

Lennon, P. (1984). Retelling a story in English as a second language. In H. W. Dechert, D. Möhle, & M. Raupach (Eds.), *Second language productions* (pp. 50-68). Tübingen, Germany: Narr.

Lennon, P. (1990). Investigating fluency in EFL: A quantitative approach. *Language Learning, 40,* 387-417.

Lennon, P. (2000). The lexical element in spoken second language fluency. In H. Riggenbach (Ed.), *Perspectives on fluency* (pp. 25-42). Ann Arbor: University of Michigan Press.

Levelt, W. J. M. (1983). Monitoring and self-repair in speech. *Cognition, 33,* 41-103. 198

Levelt, W. J. M. (1989). *Speaking: From intention to articulation.* Cambridge, MA: MIT Press.

Levelt, W. J. M. (1992a). Accessing words in speech production: Stages, processes and representations. *Cognition, 42,* 1-22.

Levelt, W. J. M. (1993). Language use in normal speakers and its disorders. In G. Blanken, J. Dittmann, H. Grimm, J. C. Marshall & C-W. Wallesch (Eds.), *Linguistic disorders and pathologies* (pp. 1-15). Berlin: deGruyter.

Levelt, W. J. M. (1995). The ability to speak: From intentions to spoken words. *European Review, 3,* 13-23.

Levelt, W. J. M. (1999a). Language production: A blueprint of the speaker. In C. Brown & P. Hagoort (Eds.), *Neurocognition of language* (pp. 83-122). Oxford, England: Oxford University Press.

Levelt, W. J. M. (1999b). Models of word production. *Trends in Cognitive Sciences, 3,* 223-232.

Levelt, W. J. M., Roelofs, A., & Meyer, A. S. (1999). A theory of lexical access in speech production. *Behavioural and Brain Science, 22,* 1-38.

Levelt, W. J. M., Schriefers, H., Meyer, A. S., Pechmann, T., Vorberg, T., & Havinga, J. (1991a). Normal and deviant lexical processing: Reply to Dell and O'Seaghda. *Psychological Review, 98,* 615-618.

Levelt, W. J. M., Schriefers, H., Meyer, A. S., Pechmann T., Vorberg, T., & Havinga, J. (1991b). The time course of lexical access in speech production. A study of picture naming. *Psychological Review, 98,* 122-142.

Logan, G. D. (1988). Toward an instance theory of automatisation. *Psychological Review, 95,* 492-527.

MacKay, D. G. (1982). The problems of flexibility, fluency and speed-accuracy trade-off in skilled behaviour. *Psychological Review, 89,* 483-506.

MacKay, D. G. (1987). *The organization of perception and action: A theory for language and other cognitive skills.* New York: Springer.

MacKay, D. G. (1992). Awareness and error detection: New theories and research paradigms. *Consciousness and Cognition, 1,* 199-225.

MacLeod, C. M. (1991). Half a century of research on the Stroop effect: An integrative review. *Psychological Bulletin*, *109*, 163-203.

MacSwan, J. (2000). The architecture of the bilingual language faculty: Evidence from intrasentential code-switching. *Bilingualism: Language and Cognition, 3,* 37-54.

MacSwan, J. (2003). Code switching and grammatical theory. In C. J. Doughty & M. H. Long (Eds.), *Handbook of second language acquisition* (pp. 284-311). Malden, MA: Blackwell.

MacWhinney, B. (1997). Second language acquisition and the competition model. In A. de Groot & J. Kroll (Eds.), *Tutorials in bilingualism. Psycholinguistic perspectives* (pp. 113-142). Mahwah, NJ: Lawrence Erlbaum Associates.

MacWhinney, B. (2001). The competition model: the input, the context, and the brain. In P. Robinson (Ed.), *Cognition and second language instruction* (pp. 69-90). Cambridge, England: Cambridge University Press.

199 Major, R. (1987). A model for interlanguage phonology. In G. Ioup & S. Weinberger (Eds.), *Interlanguage phonology: The acquisition of a second language sound system* (pp. 101-124). New York: Newbury House.

Major, R., & Kim, E. (1999). The similarity differential rate hypothesis. *Language Learning, 49,* 275-302.

Mansouri, F. (2000). *Grammatical markedness and information processing in the acquisition of Arabic as second language*. München, Germany: Lincom.

Marslen-Wilson, W., & Tyler, L. (1980). The temporal structure of spoken language understanding. *Cognition, 8,* 1-71.

Matessa, M., & Anderson, J. R. (2000). Modelling focused learning in role assignment. *Language and Cognitive Processes, 15,* 263-292.

McLaughlin, B. (1990). Restructuring. *Applied Linguistics, 11,* 115-128.

McNamara, J. (1967). The bilingual's linguistic performance: A psychological overview. *Journal of Social Issues, 23,* 59-77.

McNamara, J., & Kushnir, S. L. (1972). Linguistic independence of bilinguals: The input switch. *Journal of Verbal Learning and Verbal Behaviour, 10,* 480-487.

Meara, P. (1984). The study of lexis in interlanguage. In A. Davies, A. Howart., & C. Criper (Eds.), *Interlanguage* (pp. 225-235). Edinburgh, Scotland: Edinburgh

University.

Meara, P. (1997). Towards a new approach to modeling vocabulary acquisition. In N. Schmitt & M. McCarthy (Eds.), *Vocabulary: Description, acquisition and pedagogy* (pp. 109-121). Cambridge, England: Cambridge University Press.

Meara, P. (2004). Modelling vocabulary loss. *Applied Linguistics, 25,* 137-155.

Meijer, P. J. A., & Fox Tree, J. E. (2003). Building syntactic structures in speaking: A bilingual exploration. *Experimental Psychology, 50,* 184-195.

Meisel, J. (1991). Principles of Universal Grammar and strategies of language learning: Some similarities and differences between first and second language acquisition. In L. Eubank (Ed.), *Point counterpoint: Universal grammar in the second language* (pp. 231-276). Amsterdam: Benjamins.

Meisel, J. M., Clahsen, H., & Pienemann, M. (1981). On determining developmental stages in natural second language acquisition. *Studies in Second Language Acquisition, 3,* 109-135.

Meringer, R. (1908). *Aus dem Leben der Sprache* [About the life of language]. Berlin: Behr.

Meuter, R. F. I., & Allport, A. (1999). Bilingual language switching in naming: Asymmetrical costs of language selection. *Journal of Memory and Language, 40,* 25-40.

Meyer, A. S. (1990). The time course of phonological encoding in language production: The encoding of successive syllables of a word. *Journal of Memory and Language, 29,* 524-545.

Meyer, A. S. (1991). The time course of phonological encoding in language production: The phonological encoding inside a syllable. *Journal of Memory and Language, 30*, 69-89.

Mohanan, K. P. (1986). *The theory of lexical phonology*. Dordrecht, Netherlands: Reidel.

Möhle, D. (1984). A comparison of the second language speech production of different 200
native speakers. In H. W. Dechert, D. Möhle, & M. Raupach (Eds.), *Second language productions* (pp. 50-68). Tübingen, Germany: Narr.

Moon, R. (1998). Frequencies and forms of phrasal lexemes in English. In In A. P.

Cowie (Ed.), *Phraseology: Theory, analysis, and applications* (pp. 79-100). Oxford, England: Oxford University Press.

Morton, J. (1969). Interaction of information in word recognition. *Psychological Review, 76,* 165-178.

Motley, M. T., Camden, C. T., & Baars, B. J. (1982). Covert formulation and editing of anomalies in speech production: Evidence from experimentally elicited slips of the tongue. *Journal of Verbal Learning and Verbal Behaviour, 21,* 578-594.

Mowrey, R. A., & MacKay, I. R. A. (1990). Phonological primitives: Electromyographic speech error evidence. *Journal of the Acoustical Society of America, 88,* 1299-1312.

Murre, J. M. J. (2005). Models of monolingual and bilingual language acquisition. In J. Kroll & A. M. B. de Groot (Eds.), *Handbook of bilingualism: Psycholinguistic perspectives* (pp. 154-173). New York: Oxford University Press.

Myers-Scotton, C. (1993). *Duelling languages: Grammatical structure in code-switching.* Oxford, England: Clarendon.

Myers-Scotton, C. (2005). Supporting a differential access hypothesis: Code-switching and other contact data. In J. Kroll & A. M. B. de Groot (Eds.), *Handbook of bilingualism: Psycholinguistic perspectives* (pp. 326-348). New York: Oxford University Press.

Myers-Scotton, C., & Jake, J. (1995). Matching lemmas in a bilingual language production model: Evidence from intrasentential codeswitching. *Linguistics, 33,* 981-1024.

Myers-Scotton, C., & Jake, J. (2000). Four types of morpheme: Evidence from aphasia, code-switching and second language acquisition. *Linguistics, 38,* 1053-1100.

Myles, F., Hooper, J., & Mitchell, R. (1998). Rote or rule? Exploring the role of formulaic language in classroom foreign language learning. *Language Learning*, *48,* 323-63.

Myles, F., Mitchell, R., & Hooper, J. (1999). Interrogative chunks in French L2: A basis for creative construction? *Studies in Second Language Acquisition*, *21,* 49-80.

Nation, I. S. P. (1990). *Teaching and learning vocabulary*. New York: Newbury House.

Neely, J. H. (1977). Semantic priming and retrieval from lexical memory: Roles of inhibitionless spreading activation and limited capacity attention. *Journal of*

Experimental Psychology: General, 106, 226-254.

Newell, A. (1990). *Unified theories of cognition.* Cambridge, MA: Harvard University Press.

Newell, A., & Rosenbloom, P. S. (1981). Mechanisms of skill acquisition and the law of practice. In J. R. Anderson (Ed.), *Cognitive skills and their acquisition* (pp. 1-55). Hillsdale, NJ: Lawrence Erlbaum Associates.

Nooteboom, S. G. (1980). Speaking and unspeaking: Detection and correction of phonological and lexical errors in spontaneous speech. In V. A. Fromkin (Ed.), *Slips of the tongue, ear, pen and hand* (pp. 87-95). New York: Academic Press.

Norman, D. A. (1981). Categorization of action slips. *Psychological Review, 88,* 1-15.

Nosofsky, R. M., & Palmeri, T. J. (1997). An examplar-based random walk model of 201
speeded classification. *Psychological Review, 104,* 266-300.

O'Connell, D. C. (1988). *Critical essays on language use and psychology.* New York: Springer.

O'Connor, N. (1988). Repairs as indicative of interlanguage variation and change. In T. J. Walsh (Ed.), *Georgetown University Round Table in Languages and Linguistics 1988: Synchronic and diachronic approaches to linguistic variation and change* (pp. 251-259). Washington, DC: Georgetown University Press.

Odlin, T. (1989). *Language transfer: Cross-linguistic influence in language learning.* Cambridge, England: Cambridge University Press.

Odlin, T. (2003). Cross-linguistic influence. In C. J. Doughty & M. H. Long (Eds.), *Handbook of second language acquisition* (pp. 436-486). Malden, MA: Blackwell.

Oomen, C. E., & Postma, A. (2001). Effects of time pressure on mechanisms of speech production and self-monitoring. *Journal of Psycholinguistic Research, 30,* 163-184.

Oppenheim, N. (2000). The importance of recurrent sequences for nonnative speaker fluency and cognition. In H. Riggenbach (Ed.), *Perspectives on fluency* (pp. 220-240). Ann Arbor: University of Michigan Press.

Palmeri, T. J. (1997). Examplar similarity and the development of automaticity. *Journal of Experimental Psychology: Learning, Memory, and Cognition, 23,* 324-354.

Paradis, M. (1994). Neurolinguistics aspects of implicit and explicit memory: Implications for bilingualism and SLA. In N. Ellis (Ed.), *Implicit and explicit learning of languages* (pp. 393-419). London: Academic Press.

Paradis, M. (1997). The cognitive neuropsychology of bilingualism. In A. de Groot & J. Kroll (Eds.), *Tutorials in bilingualism. Psycholinguistic perspectives* (pp. 331-354). Mahwah, NJ: Lawrence Erlbaum Associates.

Paradis, M. (2000). Cerebral representation of bilingual concepts. *Bilingualism: Language and Cognition, 3,* 22-24.

Pavlenko, A. (1997). *Bilingualism and cognition.* Unpublished doctoral dissertation, Cornell University, Ithaca, NY.

Pavlenko, A. (1999). New approaches to concepts in bilingual memory. *Bilingualism: Language and Cognition, 2,* 209-230.

Pawley, A., & Syder, F. H. (1983). Two puzzles for linguistic theory: Nativelike selection and nativelike fluency. In J. C. Richards & R. W. Schmidt (Eds.), *Language and communication* (pp. 317-331). London: Longman.

Peters, A. M. (1977). Language learning strategies: Does the whole equal the sum of the parts? *Language, 53,* 560-573.

Peterson, R. R., & Savoy, P. (1998). Lexical selection and phonological encoding during language production: evidence for cascaded processing. *Journal of Experimental Psychology: Learning, Memory, and Cognition, 24,* 539-557.

Phaf, R. H., van der Heijden, A. H. C., & Hudson. P. T. W. (1990). SLAM: A connectionist model for attention in visual selection tasks. *Cognitive Psychology, 22,* 273-341.

Pica, T. (1994). Research on negotiation: What does it reveal about second-language learning conditions, processes, and outcomes? *Language Learning, 44,* 493-527.

Pienemann, M. (1980). The second language acquisition of immigrant children. In S. W. Felix (Ed.), *Second language development: Trends and issues* (pp. 41-56). Tübingen, Germany: Narr.

202 Pienemann, M. (1998). Developmental dynamics in L1 and L2 acquisition: Processability theory and generative entrenchment. *Bilingualism: Language and Cognition, 1,* 1-20.

Pienemann, M. (in press). An introduction to processability theory. In M. Pienemann (Ed.), *Crosslinguistic aspects of L2 processability.* Amsterdam: Benjamins.

Pienemann, M., Di Biase, B., Kawaguchi, S., & Håkansson, G. (2005). Processing constraints on L1 transfer. In J. Kroll & A. M. B. de Groot (Eds.), *Handbook of bilingualism: Psycholinguistic perspectives* (pp. 128-153). New York: Oxford University Press.

Pienemann, M., & Håkansson, G. (1999). A unified approach towards the development of Swedish as L2: A processability account. *Studies in Second Language Acquisition, 21,* 383-420.

Pienemann, M., & Mackey, A. (1993). An empirical study of children's ESL development and rapid profile. In P. McKay (Ed.), *ESL development, language and literacy in schools* (Vol 2, pp. 115-259). Melbourne: Commonwealth of Australia and National Languages and Literacy Institute of Australia.

Poplack, S. (1979/1980). Sometimes I'll start a sentence in Spanish y termino en español. *Linguistics, 18,* 581-618.

Poplack, S. (1981). The syntactic structure and social function of code-switching. In R. Duran (Ed.), *Latino language and communicative behavior* (pp. 169-184). Norwood, NJ: Ablex.

Posner, M. I., & Boies, S. J. (1971). Components of attention. *Psychological Review, 78,* 391-408.

Postma, A. (2000). Detection of errors during speech production: A review of speech monitoring models. *Cognition, 77,* 97-131.

Postma, A., & Kolk, H. (1992). The effects of noise masking and required accuracy on speech errors disfluencies and self-repairs. *Journal of Speech and Hearing Research, 35,* 537-544.

Postma, A., & Kolk, H. (1993). The covert repair hypothesis: Prearticulatory repair processes in normal and stuttered disfluencies. *Journal of Speech and Hearing Research, 36,* 472-487.

Postma, A., Kolk, H., & Povel, D. J. (1990). On the relation among speech errors, disfluencies and self repairs. *Language and Speech, 33,* 19-29.

Postma, A., & Noordanus, C. (1996). Production and detection of speech errors in silent, mouthed, noise-masked and normal auditory feedback speech. *Language and Speech, 39,* 375-392.

Potter, M. C., & Lombardi, L. (1990). Regeneration in the short-term recall of sentences. *Journal of Memory and Language, 29,* 633-654.

Potter, M. C., So, K.-F., Von Eckardt, B., & Feldman, L. B. (1984). Lexical and conceptual representation in beginning and more proficient bilinguals. *Journal of Verbal Learning and Verbal Behaviour, 23,* 23-38.

Poulisse, N. (1993). A theoretical account of lexical communication strategies. In R. Schreuder & B. Weltens (Eds.), *The bilingual lexicon* (pp. 157-189). Amsterdam: Benjamins.

Poulisse, N. (1994). Communication strategies in a second language. In *The encyclopedia of language and linguistics* (Vol. 2, pp. 620-624). Oxford, England: Pergamon.

203 Poulisse, N. (1997a). Compensatory strategies and the principles of clarity and economy. In G. Kasper & E. Kellerman (Eds.), *Communication strategies: Psycholinguistic and sociolinguistic perspectives* (pp. 49-64). London: Longman.

Poulisse, N. (1997b). Language production in bilinguals. In A. de Groot & J. Kroll (Eds.), *Tutorials in bilingualism. Psycholinguistic perspectives* (pp. 201-224). Mahwah, NJ: Lawrence Erlbaum Associates.

Poulisse, N. (1999). *Slips of the tongue: Speech errors in first and second language production.* Amsterdam: Benjamins.

Poulisse, N., & Bongaerts, T. (1994). First language use in second language production. *Applied Linguistics, 15,* 36-57.

Poulisse, N., & Schils, E. (1989). The influence of task and proficiency related factors on the use of communication strategies: A quantitative analysis. *Language Learning, 39,* 15-48.

Prince, A. S., & Smolensky, P. (1993). *Optimality theory: Constraint interaction in generative grammar*. Unpublished manuscript, Rutgers University, New Brunswick, NJ, and the University of Colorado at Boulder.

Rahman, R. A., & Sommer, W. (2003). Does phonological encoding in speech production always follow the retrieval of semantic knowledge? Electrophysiological evidence for parallel processing. *Cognitive Brain Research, 16,* 372-382.

Raupach, M. (1984). Formulae in second language production. In H. W. Dechert, D. Möhle & M. Raupach (Eds.), *Second language productions* (pp. 114-137).

Tübingen, Germany: Narr.

Raupach, M. (1987). Procedural learning in advanced learners of a foreign language. In J. A. Coleman & R. Towell (Eds.), *The advanced language learner* (pp. 123-155). London: CILT.

Rehbein, J. (1987). On fluency in second language speech. In H. W. Dechert & M. Raupach (Eds.), *Psycholinguistic models of production* (pp. 97-105). Norwood, NJ: Ablex.

Rekart, D., & Dunkel, P. (1992). The utility of objective (computer) measures of the fluency of speakers of English as a second language. *Applied Language Learning, 3,* 65-85.

Rice, K. (1995, June). *What is a lateral?* Paper presented at the annual meeting of the Canadian Linguistics Association, Alberta, Canada.

Rice, K., & Avery, P. (1995). Variability in a deterministic model of language acquisition: A theory of segmental elaboration. In J. Archibald (Ed.), *Phonological acquisition and phonological theory* (pp. 23-42). Hillsdale, NJ: Lawrence Erlbaum Associates.

Riggenbach, H. (1991). Towards an understanding of fluency: A microanalysis of nonnative speaker conversation. *Discourse Processes, 14,* 423-441.

Roberts, B., & Kirsner, K. (2000). Temporal cycles in speech production. *Language and Cognitive Processes, 15,* 129-157.

Robinson, P. (1995). Attention, memory and the "noticing" hypothesis. *Language Learning, 45,* 283-331.

Robinson, P. (1997). Generalizability and automaticity of second language learning under implicit, incidental, rule-enhanced, and instructed conditions. *Studies in Second Language Acquisition, 19,* 223-248.

Robinson, P. (2003). Attention and memory during SLA. In C. J. Doughty & M. H. 204
Long (Eds.), *Handbook of second language acquisition* (pp. 631-671). Malden, MA: Blackwell.

Robinson, P., & Ha, M. A. (1993). Instance theory and second language rule learning under explicit conditions. *Studies in Second Language Acquisition, 15,* 413-438.

Roelofs, A. (1992). A spreading-activation theory of lemma retrieval in speaking.

Cognition, 42, 107-142.

Roelofs, A. (1997a). A case for non-decomposition in conceptually driven word retrieval. *Journal of Psycholinguistic Research, 26,* 33-67.

Roelofs, A. (1997b). The WEAVER model of word-form encoding in speech production. *Cognition, 64,* 249-284.

Roelofs, A. (1998). Lemma selection without inhibition of languages in bilingual speakers. *Bilingualism: Language and Cognition, 1,* 94-95.

Roelofs, A. (1999). Phonological segments and features as planning units in speech production. *Language and Cognitive Processes, 14,* 173-200.

Roelofs, A. (2000). Word meanings and concepts: What do the findings from aphasia and language specificity really say? *Bilingualism: Language and Cognition, 3,* 19-21.

Roelofs, A. (2003a). Goal-referenced selection of verbal action: Modeling attentional control in the Stroop task. *Psychological Review, 110,* 88-125.

Roelofs, A. (2003b). Shared phonological encoding processes and representations of languages in bilingual speakers. *Language and Cognitive Processes, 18,* 175-204.

Roelofs, A., Meyer, A., & Levelt, W. J. M. (1998). A case for the lemma/lexeme distinction in models of speaking: comment on Caramazza and Miozzo (1997). *Cognition, 69,* 219-230.

Rogers, S. (1978). Self-initiated corrections in the speech of infant-school children. *Journal of Child Language, 5,* 365-371.

Rosenbloom, P., & Newell, A. (1987). Learning by chunking: A production system model of practice. In D. Klahr, P. Langley, & R. Neches (Eds.), *Production system models learning and development* (pp. 221-286). Cambridge, MA: MIT Press.

Rubach, J. (1984). Rule typology and phonological interference. In S. Eliasson (Ed.), *Theoretical issues in contrastive phonology* (pp. 37-50). Heidelberg, Germany: Groos.

Sajavaara, K. (1987). Second language speech production: Factors affecting fluency. In H. W. Dechert & M. Raupach (Eds.), *Psycholinguistic models of production* (pp. 45-65). Norwood, NJ: Ablex.

Schiller, N. O., & Caramazza, A. (2003). Grammatical feature selection in noun phrase production: Evidence from German and Dutch. *Journal of Memory and Language, 48,* 169-194.

Schmidt, R. (1983). Interaction, acculturation, and acquisition of communicative competence. In N. Wolfson & E. Judd (Eds.), *Sociolinguistics and second language acquisition* (pp. 137-174). Rowley, MA: Newbury House.

Schmidt, R. (1990). The role of consciousness in second language learning. *Applied Linguistics, 11,* 129-158.

Schmidt, R. (1992). Psychological mechanisms underlying second language fluency. *Studies in Second Language Acquisition, 14,* 357-385.

Schmidt, R. (1993). Awareness and second language acquisition. *Annual Review of* 205
Applied Linguistics, 13, 206-226.

Schmidt, R. (1994). Deconstructing consciousness in search of useful definitions for applied linguistics. *AILA Review, 11,* 11-26.

Schmidt, R., & Frota, S. (1986). Developing basic conversational ability in a second language: A case study of an adult learner. In R. Day (Ed.), *Talking to learn* (pp. 237-326). Rowley, MA: Newbury House.

Schmitt, B. M., Meyer, A. S., & Levelt, W. J. M. (1999). Lexical access in the production of pronouns. *Cognition, 69,* 313-335.

Schmitt, N. (1998). Tracking the incremental acquisition of second language vocabulary: A longitudinal study. *Language Learning, 48,* 281-317.

Schmitt, N., & Meara, P. (1997). Researching vocabulary through a word knowledge framework: Verbal associations and verbal suffixes. *Studies in Second Language Acquisition, 19,* 17-36.

Schneider, W., Dumas, S. T., & Shiffrin, R. M. (1984). Automatic and controlled processing and attention. In R. Parasuraman & D. R. Davies (Eds.), *Varieties of attention* (pp. 1-27). New York: Academic Press.

Schneider, W., & Shiffrin, R. M. (1977). Controlled and automatic human information processing: I. Detection, search and attention. *Psychological Review, 84,* 1-66.

Schriefers, H. (1993). Syntactic processes in the production of nounphrases. *Journal of Experimental Psychology: Learning, Memory, and Cognition, 19,* 841-850.

Schriefers, H., & Jescheniak, J. D. (1999). Representation and processing of grammatical gender in language production: A review. *Journal of Psycholinguistic Research, 28,* 575-600.

Schwanenflugel, P. J., Harnishfeger, K. K., & Stowe, R. W. (1988). Context availability and lexical decisions for abstract and concrete words. *Journal of Memory and Language, 27,* 499-520.

Schwartz, B., & Sprouse, R. (1996). L2 cognitive states and the full transfer/full access model. *Second Language Research, 12,* 40-72.

Searle, J. (1969). *Speech acts.* Cambridge, England: Cambridge University Press.

Segalowitz, N. (2003). Automaticity and second languages. In C. J. Doughty & M. H. Long (Eds.), *Handbook of second language acquisition* (pp. 383-408). Malden, MA: Blackwell.

Segalowitz, N., & Segalowitz, S. (1993). Skilled performance, practice, and the differentiation of speed-up from automatization effects: Evidence from second language word recognition. *Applied Psycholinguistics, 14,* 369-385.

Segalowitz, S., Segalowitz, N., & Wood, A. (1998). Assessing the development of automaticity in second language word recognition. *Applied Psycholinguistics, 19,* 53-67.

Selinker, L. (1972). Interlanguage. *International Review of Applied Linguistics, 10,* 209-230.

Servan-Schreiber, E., & Anderson, J. R. (1990). Learning artificial grammars with competitive chunking. *Journal of Experimental Psychology: Learning, Memory, and Cognition, 16,* 592-608.

Shattuck-Hufnagel, S. (1979). Speech errors as evidence for a serial order mechanism in sentence production. In W. E. Cooper & E. C. T. Walker (Eds.), *Sentence
206 processing: Psycholinguistic studies presented to Merrill Garrett* (pp. 295-342). Hillsdale, NJ: Lawrence Erlbaum Associates.

Shiffrin, R. M., & Schneider, W. (1977). Controlled and automatic human information processing: II. Perceptual learning, automatic attending, and a general theory. *Psychological Review, 84,* 127-190.

Shiffrin, R. M., & Schneider, W. (1984). Automatic and controlled processing revisited. *Psychological Review, 91,* 269-276.

Sholl, A., Sankaranarayanan, A., & Kroll, J. F. (1995). Transfer between picture naming and translation: A test of asymmetries in bilingual memory. *Psychological Science, 6,* 45-49.

Skehan, P., & Foster, P. (1997). Task type and task processing conditions as influences on foreign language performance. *Language Teaching Research, 1,* 185-212.

Skehan, P., & Foster, P. (2001). Cognition and tasks. In P. Robinson (Ed.), *Cognition and second language instruction* (pp. 183-205). Cambridge, England: Cambridge University Press.

Starreveld, P. A., & La Heij, W. (1996). The locus of orthographic facilitation: Reply to Roelofs, Meyer, and Levelt (1996). *Journal of Experimental Psychology: Learning, Memory, and Cognition, 22,* 252-255.

Stemberger, J. P. (1985). An interactive activation model of language production. In A.W. Ellis (Ed.), *Progress in the psychology of language* (Vol. 1, pp. 143-186). Hillsdale NJ: Lawrence Erlbaum Associates.

Swain, M. (1985). Communicative competence: Some roles of comprehensible input and comprehensible output in its development. In S. M. Gass & C. G. Madden (Eds.), *Input in second language acquisition* (pp. 235-253). Rowley, MA: Newbury House.

Swain, M. (1995). Three functions of output in second language learning. In G. Cook & B. Seidlhofer (Eds.), *Principle and practice in applied linguistics: Studies in honour of H. G. Widdowson.* Oxford, England: Oxford University Press.

Swain, M., & Lapkin, S. (1995). Problems in output and the cognitive process they generate: A step towards second language learning. *Applied Linguistics, 16,* 371-391.

Swan, M. (1997). The influence of the mother tongue on second language vocabulary acquisition and use. In N. Schmitt & M. McCarthy (Eds.), *Vocabulary: Description, acquisition and pedagogy* (pp. 156-180). Cambridge, England: Cambridge University Press.

Talamas, A., Kroll, J. F., & Dufour, R. (1995). *Form-related errors in second language learning: A preliminary stage in the acquisition of L2 vocabulary.* Unpublished manuscript, Pennsylvania State University, University Park.

Tarone, E. (1977). Conscious communication strategies in interlanguage: A progress report. In H. D. Brown, C. A. Yorio, & R. C. Crymes (Eds.), *On TESOL '77* (pp. 194-203). Washington, DC: TESOL.

Tarone, E. (1980). Communication strategies, foreigner talk, and repair in interlanguage. *Language Learning, 30,* 417-431.

Tarone, E. (1983). On the variability of the interlanguage system. *Applied Linguistics, 4,* 143-63.

Tarone, E. (1985). Variability in interlanguage use: A study of style-shifting in morphology and syntax. *Language Learning, 35,* 373-403.

207 Tarone, E., Cohen, A. D., & Dumas, G. (1976). A closer look at some interlanguage terminology: A framework for communication strategies. *Working Papers on Bilingualism, 9,* 76-90.

Tarone, E., & Parrish, B. (1988). Task-related variation in interlanguage. The case of articles. *Language Learning, 38,* 21-44.

Tonkyn, A. (2001, September). *The many voices of fluency.* Paper presented at the annual meeting of the BAAL, Reading, England.

Towell, R., Hawkins, R., & Bazergui, N. (1996). The development of fluency in advanced learners of French. *Applied Linguistics, 17,* 84-119.

Trammell, R. L. (1993). English ambisyllabic consonants and half-closed syllables in language teaching. *Language Learning, 43,* 195-238.

Tree, J. E. F., & Mejer, P. A. J. B. (1999). Building syntactic structure in speaking. *Journal of Psycholinguistic Research, 28,* 71-92.

Truscott, J., & Sharwood-Smith, M. (2004). Acquisition by processing: A modular perspective on language development. *Bilingualism: Language and Cognition, 7,* 1-20.

Tulving, E. (1972). Episodic and semantic memory. In E. Tulving & W. Donaldson (Eds.), *Organization of memory* (pp. 381-403). New York: Academic Press.

Ullman, T. (2001). The neural basis of lexicon and grammar in first and second language: The declarative/procedural model. *Bilingualism: Language and Cognition, 4,* 105-112.

Vainikka, A., & Young-Scholten, M. (1994). Direct access to X'theory: Evidence from Korean and Turkish adults learning German. In T. Hoekstra & B. Schwartz (Eds.),

Language acquisition studies in generative grammar (pp. 265-316). Amsterdam: Benjamins.

van Gelderen, A. (1994). Prediction of global ratings of fluency and delivery in narrative discourse by linguistic and phonetic measures—oral performances of students aged 11-12 years. *Language Testing, 11,* 291-319.

van Hell, J. G., & de Groot, A. M. B. (1998). Conceptual representation in bilinguals memory: Effects of concreteness and cognate status in word association. *Bilingualism: Language and Cognition, 1,* 193-211.

van Hest, E. (1996). *Self-repair in L1 and L2 production*. Tilburg, Netherlands: Tilburg University Press.

Vanderplank, R. (1993). Pacing and spacing as predictors of difficulty in speaking and understanding English. *English Language Teaching Journal, 47,* 117-125.

van Turennout, M., Hagoort, P., & Brown, C. M. (1997). Electrophysiological evidence on the time course of semantic and phonological processes in speech production. *Experimental Psychology: Learning, Memory, and Cognition, 23,* 787-806.

van Turennout, M., Hagoort, P., & Brown, C. (1999). The time course of grammatical and phonological processing during speaking: Evidence from event-related brain potentials. *Journal of Psycholinguistic Research, 28*, 649-676.

VanPatten, B. (1990). Attending to form and content in the input. *Studies in Second Language Acquisition, 12,* 287-301.

VanPatten, B. (1994). Evaluating the role of consciousness in SLA: Terms, linguistic features, and research methodology. *AILA Review, 11,* 27-36.

VanPatten, B. (1996). *Input processing and grammar instruction.* New York: Ablex. 208

VanPatten, B., & Cadiorno, T. (1993). Explicit instruction and input processing. *Studies in Second Language Acquisition, 15,* 225-243.

Váradi, T. (1980). Strategies of target language learner communication: Message adjustment. *IRAL*, *18*, 59-71.

Verhoeven, L. T. (1989). Monitoring in children's second language speech. *Second Language Research, 5,* 141-155.

Vigliocco, G., Lauer, M., Damian, M. F., & Levelt, W. J. M. (2002). Semantic and syntactic forces in noun phrase production. *Journal of Experimental Psychology:*

Learning, Memory, and Cognition, 28, 46-58.

Vigliocco, G., Vinson, D. P., Indefrey, P., Levelt, W. J. M., & Hellwig, F. (2004). Role of grammatical gender and semantics in German word production. *Journal of Experimental Psychology: Learning Memory, and Cognition, 30,* 483-497.

Vosse, T., & Kempen, G. (2000). Syntactic structure assembly in human parsing: a computational model based on inhibition and lexicalist grammar. *Cognition, 75,* 105-143.

Warner, R. M. (1979). Periodic rhythms in conversational speech. *Language and Speech, 22,* 381-396.

Wennerstrom, A. (2000). The role of intonation in second language fluency. In H. Riggenbach (Ed.), *Perspectives on fluency* (pp. 102-127). Ann Arbor: University of Michigan Press.

Wei, L. (2000). Unequal election of morphemes in adult second language acquisition. *Applied Linguistics, 21,* 106-140.

Weinreich, U. (1953). *Languages in contact*. New York: Linguistic Circle of New York.

Widdowson, H. (1978). *Teaching language as communication*. Oxford, England: Oxford University Press.

Wiese, R. (1984). Language production in foreign and native languages: Same or different? In H. Dechert, D. Möhle, & M. Raupach (Eds.), *Second language productions* (pp. 11-25). Tübingen, Germany: Narr.

Wheeldon, L. R., & Levelt, W. J. M. (1995). Monitoring the time course of phonological encoding. *Journal of Memory and Language, 34,* 311-334.

White, L. (1996). Universal grammar and second language acquisition: current trends and new directions. In W. Ritchie & T. Bhatia (Eds.), *Handbook of second language acquisition* (pp. 85-120). New York: Academic Press.

White, L. (2003). *Second language acquisition and Universal Grammar*. Cambridge, England: Cambridge University Press.

Wilks, C., & Meara, P. (2002). Untangling word webs: Graph theory and the notion of density in second language word association networks. *Second Language Research, 18,* 303-324.

Wolter, B. (2001). Comparing the L1 and L2 mental lexicon: A depth of individual word knowledge model. *Studies in Second Language Acquisition, 23,* 41-69.

Wong Fillmore, L. (1976). Individual differences in second language acquisition. In C. J. Fillmore, D. Kempler, & W. S.-Y. Wang (Eds.), *Individual differences in language ability and language behaviour* (pp. 203-228). London: Academic Press.

Woolford, E. (1983). Bilingual code-switching and syntactic theory. *Linguistic Inquiry, 14,* 520-536.

Wray, A. (2002). *Formulaic language and the lexicon*. Cambridge, England: 209
Cambridge University Press.

Yarmohammadi, L., & Seif, S. (1992). More on communication strategies: Classification, resources, frequency and underlying processes. *IRAL, 30,* 223-232.

Yorio, C. A. (1989). Idiomaticity as an indicator of second language proficiency. In K. Hyltenstam & L. K. Obler (Eds.), *Bilingualism across the lifespan: Aspects of acquisition, maturity, and loss* (pp. 55-72). Cambridge, England: Cambridge University Press.

Young-Scholten, M. (1997). Interlanguage and post-lexical transfer. In A. James & J. Leather (Eds.), *Second language speech* (pp. 351-360). Berlin: Mouton deGruyter.

Yule, G. (1997). *Referential communication tasks*. Mahwah, NJ: Lawrence Erlbaum Associates.

Yule, G., & Tarone, E. (1991). The other side of the page: Integrating the study of communication strategies and negotiated input in SLA. In R. Phillipson, E. Kellerman, L. Selinker, M. Sharwood Smith, & M. Swain (Eds.), *Foreign/second language pedagogy research: A commemorative volume for Claus Færch* (pp. 162-171). Clevedon, England: Multilingual Matters.

Zhang, Y. (in press). Processability: Acquisition of L2 Chinese grammatical morphemes. In M. Pienemann (Ed.), *Cross-linguistic perspectives in second language processing*. Amsterdam: Benjamin.

作者索引

※ 索引所标页码为英文版页码，即本汉译版的边码。

D

E

F

M

N

O

W

Y

Z

主题索引

※ 索引所标页码为英文版页码，即本汉译版的边码。

D

E

F

M

N

O